政府和社会资本合作的实施效率

发展中国家规律与中国特征

THE IMPLEMENTATION EFFICIENCY OF

PUBLIC-PRIVATE PARTNERSHIP

THE LAW OF DEVELOPING COUNTRIES AND THE CHARACTERISTICS OF CHINA

杜 月 著

社会科学文献出版社
SOCIAL SCIENCES ACADEMIC PRESS (CHINA)

摘　要

　　发展中国家面临巨大的基础设施投融资需求，社会资本已成为基础设施供给的重要参与者。近年来，中国的 PPP 发展成就与问题并存，需评估和反思其成效。当前对 PPP 效率的文献呈现以下特点：零散研究多，系统研究少；案例和规范分析多，实证研究少；对发达国家研究多，对发展中国家和中国的研究少。

　　在此背景下，本书运用世界银行 PPI 数据库和中国 PPP 综合信息管理平台项目库的相关数据，对 PPP 的实施效率从项目成功率、投资成本和国别投入产出效率的角度进行系统实证研究和评价，并比较中国特征与发展中国家规律的异同，探讨 PPP 方式的适用性，提出进一步提高中国 PPP 项目实施效率的政策建议。本书对 PPP 效率文献在研究对象、研究方法和研究观点等方面具有边际贡献。

项目成功率方面，本书定义发展中国家的成功项目为"处于活跃状态和完结状态的项目"，中国的成功项目为"继续保留在 PPP 综合信息管理平台项目库或新增的项目"，用 Logit 和 Probit 模型对项目成功率的影响因素进行分析。研究发现：（1）发展中国家 PPP 项目的成功率高于纯私有化项目，但优势随人均收入和人口密度的增加而减少。（2）项目所在国的人口密度越大、制度质量评分越高、融资成本越低，项目成功率越高。（3）中国 PPP 项目成败的大部分影响因素与发展中国家一致，但人口密度的影响方向不一致，这主要缘于省际和国际人口流动壁垒的差异。（4）采购方式竞争性越强、付费机制中政府的份额越大、总投资规模越大、合作期限越长、所处阶段越靠后，中国 PPP 项目的成功率越高。

项目投资成本方面，本书将投资成本界定为单位产能所需投资，以能源发电行业为例，在分析各国成本优势的基础上，运用 IRLS、稳健 OLS、分位数回归等方法对其影响因素进行了分析。研究发现：（1）发展中国家 PPP 项目投资成本高于纯私有化项目，但这种劣势随人均 GDP 增加和人口密度上升而递减。（2）建立了信息披露机制，并且项目所在国人口密度大、制度质量高、融资成本低、成功项目经验丰富的项目投资成本相对较低，而更高的人均收入、更多的社会资本方参与不利于项目降低成本。（3）中国发电项目成本的影响因素基本符合国际规律，但人口密度对投资成本的影响方向不同，其原因可能也来自省际与国际人口流动壁垒的差异。

国别投入产出效率方面，运用二阶段 DEA 模型和超效率 DEA 模型测算了各国各年的投入产出效率，研究了发展中国家的动态和收敛特征并评价了中国的效率水平，并运用 Tobit 模型和 IRLS 方法对各国综合技术效率的影响因素进行估计。研究发现：（1）发展中国家 PPP 项目的综合技术效率和纯技术效率都经历了"先升、后降、再升"的趋势，进一步研究发现，起步、发展和成熟阶段的主导影响因素依次是规模因素、环境因素和技术因素。（2）更高收入、PPP 项目经验更丰富国家的技术效率和规模效率更高。（3）中国的 PPP 效率整体表现较好：传统 DEA 模型下，大多数年份中国的 PPP 项目投入产出位于技术前沿面；在超效率模型下，中国的 PPP 综合技术效率排名相对靠前，且波动相对较小。（4）人均 GDP、人口规模、社会稳定程度、外汇储备水平、受教育程度和 PPP 经验对 PPP 综合技术效率和纯技术效率有正向影响，而资本存量、通货膨胀率、短期债务对 PPP 综合技术效率和纯技术效率有负向影响。

综上，本书的主要结论是：（1）PPP 方式提供基础设施不一定带来效率提升，具有一定的适用范围；（2）市场规模对 PPP 实施效率有双向影响；（3）制度质量、成功项目经验对 PPP 实施效率的影响始终为正；（4）较少的社会资本方数量、较低的融资成本、较强的财政支付能力、公开的信息披露机制有利于提升 PPP 的项目效率；（5）项目所在国较高的外汇储备水平和居民受教育程度、较低的资本存量水平、通货膨胀率和短期债务水平有利于提升 PPP 的国别投入产出效率；（6）随着一国 PPP 经验的积累，国家投入产出效率在起步、发展和成熟阶段的主导影响因素依次是规模因素、环境因素和技术因素。

基于研究结论，本书提出了对正确认识 PPP 模式、提高中国 PPP 效率的政策建议：（1）审慎科学推动 PPP 规范发展：一是完善事前评估制度，界定 PPP 项目的适用范围；二是在项目建设前充分论证，防止重复建设、过度投资。（2）提升政府治理能力：一是促进地方政府确立市场意识，二是继续理顺 PPP 协调管理机制，三是加快完善 PPP 相关法律法规和相关配套政策。（3）优化项目融资环境：一是加强政策性融资支持，二是创新融资工具，拓宽融资渠道。（4）强化债务风险防控：一是加强对潜在债务的甄别，二是加强对债务和支出责任的管理。

目　录

第一章

引　言

一　研究背景

（1）发展中国家仍面临较大的基础设施投融资需求

基础设施为一国居民提供基本公共服务，满足居民在日常生活中的基础性公共需求，对经济发展、减少贫困和不平等、创造工作机会都发挥着非常关键的作用（Aschauer，1989；Nadiri 和 Mamuneas，1994）。而基础设施不足会制约经济增长和居民生活水平的提高。

当前，全球基础设施的投融资需求仍然较大。据世界经济论坛估计，每年全球基础设施的投资缺口至少有1万亿美元，而世界银行估计这种超额需求相当于全球 GNP 的 1.3%，并且资金缺口仍呈扩大趋势。在发达国家，尽管大规模较高水平的基础设施项目已建设完成，但仍面临运营、服务、维护、更新的问题，并且可能需要为适应新需求而进行进一步的扩建、更新和改造。在发展中国家，一方面，随着城镇化和工业化过程的快速推进，产生了大量的基础设施投融资建设需求；另一方面，公共财政收入水平和增速仍相对不足，基础设施供给短缺问题尤为突出。据估计，截至 2016 年，全球仍有 24 亿人口缺乏良好的卫生设施，至少 6.63 亿人缺少安全的饮用水，超过 10 亿人没有生活用电，至少 1/3 的农村人口不具备气候适应性的公路。

在快速城镇化的背景下，中国也面临着巨大的基础设施投融资缺口。据估计，中国未来十年新型城镇化预计带动 40 万亿 ~50 万亿元的投资，养老金缺口及相应投资也面临数十亿元的资金缺口（吉富星，2017）。而另一方面，随着我国经济进入高质量发展阶段，经济增速的放缓也带来财政收入的放缓，但公共支出规模攀升、政府债务和存量问题依旧存在，公共资金也无法满足庞大的基础设施投融资需求。

（2）社会资本成为世界基础设施供给的重要参与者

基础设施的提供除依靠政府外，也吸引了社会资本的广泛参与。发达国家于 20 世纪七八十年代普遍在基础设施领域进行了市场化改革，以建立竞争机制，吸引社会资本参与。如美国自 1978 年起开始对航空、铁路、通信、天然气行业放松和取消管制，鼓励和保障民间资本进入。英国自 1979 年起开始对主要石油、电信、天然气等行业的国有公司进行私有化改革，并在各自然垄断部门（如供水、污水处理和电力部门）引入民间资本。法国通过分别在 1977 年和 1998 年颁布的《特许经营行为准则》和《萨班法》，完善了特许经营模式。

在发展中国家，长期以来基础设施融资主要依靠开发性援助和多边国际机构的支持，社会资本参与相对较少。20 世纪 90 年代以来，随着发展中国家经济发展水平提高、民营经济实力增强，越来越多的社会资本开始参与基础设施投资。据世界银行统计，截至 2018 年上半年，全球发展中国家社会资本参与基础设施投资总额达 1.79 万亿美元，广泛分布于能源、通信、交通、供水和污水处理等行业，已成为发展中国家基础设施融资的一个重要途径。

（3）中国的 PPP 发展成就与问题并存，需评估和反思其成效

早在 20 世纪 80 年代，中国就开始探索 PPP 模式，最早的 PPP 项目是 1984 年以 BOT 模式建设的深圳沙角 B 电厂。2013 年以来，随着国家在能源、交通运输、水利、环境保护、农业、林业、科技、保障性安居工程、医疗、卫生、养老、教育、文化等公共服务领域的投资限制逐步放开，围绕增加公共品和公共服务供给积极推广 PPP 模式，全国各级 PPP 项目加速开展和落地，中国在数年内一跃成为全球最大的 PPP 市场。截至 2018 年 12 月 31 日，全国政府和社会资本合作（PPP）综合信息平台项目管理库[①]累计登记项目 8654 个，投资总金额达 13.2 万亿元。

在 PPP 发展取得巨大成就的同时，也出现了 PPP 泛化滥用、合规性欠缺、民营企业参与不足、重建设轻运营、明股实债等多个不规范现象，部分地方政府将中央鼓励 PPP 的政策视为新一轮刺激政策，希望"抓住稻草"多上项目，不仅带来了过度投资的效率损失，也增加了不规范操作中政府兜底、担保的债务隐患。2017 年以来，财政部出台多项政策，通过规范项目库管理、强化支出约束等措施，促进 PPP 在我国的持续健康发展。2019 年 3 月 7 日，财政部发布《关于推进政府和社会资本合作规范发展的实施意见》，进一步提出了推动 PPP 规范发展的要求和措施。

[①] 在全国 PPP 综合信息平台项目库中，管理库包含了处于准备、采购、执行和移交阶段的项目，处于识别阶段的项目未被包含在内。

总之，近年来，中国的 PPP 发展经历了从全面铺开转向规范有序发展的过程。因此，有必要对 PPP 项目的实施效率从一般规律上进行研究和评价，探讨 PPP 方式的适用性，寻求进一步提升中国 PPP 项目实施效率的政策建议。

二 研究意义

第一，本书从三个维度界定了 PPP 的实施效率，建立了对 PPP 实施效率实证研究的基本分析框架。已有对 PPP 效率的研究较为零散，多从单个国家或单个行业分析和比较 PPP 模式的实施效率，而本书从项目成功率、投资成本和国家投入产出效率的角度对发展中国家和中国的 PPP 实施效率进行系统分析，具有一定的理论和学术意义。

第二，本书比较了 PPP 方式和纯私有化供给方式在项目成功率和投资成本方面的差异，证明了 PPP 方式具有一定的适用范围，并不一定带来效率提升。这说明中国在实践中应对 PPP 项目进行审慎科学决策，不能盲目上项目，进行重复建设。这在当前防控地方政府隐形债务风险的背景下，为中国 PPP 规范发展提供了决策依据。

第三，本书结合中国特征与发展中国家规律的比较，对中国的 PPP 实施效率进行了客观评价。在对项目成功率和投资成本影响因素的研究中，本书运用国家层面和国内省级层面的数据，分别对发展中国家的一般规律和中国的实践特征进行了分析和对比。在对国家投入产出效率的研究中，本书分析了发展中国家的 PPP 效率动态趋势，并重点观察了中国在投入产出效率方面的相对排名和动态趋势。这为相关研究提供了来自中国的经验证据。

第四，结合 PPP 效率的影响因素实证研究，提出提升中国 PPP 实施效率的政策建议。本书在对全文结论进行总结的基础上，分别讨论了项目供给方式、市场规律、制度质量、项目经验等因素对 PPP 三类效率的综合影响，并根据影响因素提出了具有针对性的政策建议，为促进我国 PPP 规范发展的科学决策提供了借鉴。

三　研究对象与基本概念

（一）政府和社会资本合作

从 20 世纪 90 年代至今，由于全球各国的实践处于不同发展阶段，PPP 至今没有形成一个统一定义。表 1-1 列举了不同国家与机构对 PPP 的定义，可以看出，虽然概念众多，没有形成一致的表述，但政府和社会资本方的合作应是 PPP 的本质。本书给出 PPP 定义如下：PPP 是指政府和社会资本方为提供基础设施而建立的长期伙伴关系。双方发挥自身专业优势，并进行风险共担、利益共享。其中，社会资本方发挥技术和管理等专业化优势，建设公共设施、提供公共服务，有利于提高公共设施的供给效率；而政府部门确定公众对基础设施和公共服务的要求，对社会资本方进行监管，以保证设施和服务可以满足公共需要。

（二）PPP 的实施效率

已有研究并未对 PPP 的实施效率进行明确定义，对其分析也尚未形成统一框架。本书在研究过程中，将 PPP 的实施效率定义为政府和社会资本合作在实践过程中成本与收益的匹配程度。本文对 PPP 实施效率的研究从三个维度展开，分别是项目成功率、项目的投资成本和国别投入产出效率。

表 1-1　世界各国与国际机构对 PPP 的定义

国家／机构	定　义
英国	PPP 以公共部门和社会资本相互合作为主要特征。从最广义的层面看，PPP 可以包括从公共部门独立运作到私人部门独立运作之间的各种合作执行政策、提供服务和建造基础设施的方式
美国	PPP 是政府机构与私人部门的合同协议，通过这一正式协议，共同利用公私双方的技能和资产，为公众提供服务或设施，在资源共享的同时，公私双方分担风险并分享利益
加拿大	PPP 是指公司部门之间基于各自的专长而建立的风险合作关系，通过适当的资源分配、风险分担和利益共享机制，最好地满足事先清晰界定的公共需求
中国	政府和社会资本合作模式是在基础设施及公共服务领域建立的一种长期合作关系。通常是由社会资本承担设计、建设、运营、维护基础设施的大部分工作，并通过"使用者付费"及必要的"政府付费"获得合理投资回报；政府部门负责基础设施及公共服务价格和质量监管，以保证公共利益最大化
欧盟	PPP 是公共部门与私营部门之间的一种合作关系，双方根据各自的优势共同承担风险和责任，以提供传统上由公共部门负责的公共项目或服务
世界银行	PPP 是指政府部门和社会资本之间就公共品或公共服务的提供而签订的长期合同。在此合同下，社会资本承担一定的风险和管理职能，其报酬与业绩挂钩
亚洲开发银行	PPP 是为开展基础设施建设和提供其他服务、在公共部门和私营部门之间建立的一系列合作伙伴关系
联合国	PPP 涵盖了不同社会系统倡导者之间的所有制度化合作方式，目的是解决当地或区域内的某些复杂问题。它包含两层含义：其一是为满足公共品需要而建立的公共和私人倡导者之间的各种合作关系；其二是为满足公共品需要，公共部门和私人部门建立伙伴关系进行的大型公共项目的实施
国际货币基金组织	PPP 通常是指两个主体的长期合约，在该合约中，一个主体获取或建设一种资产或一系列资产，运营一段时期，然后把资产转移给第二个主体，这种合约通常发生在私营企业和政府之间

资料来源：作者整理。

项目成功率是本文衡量项目效率的第一个维度，体现了社会资本参与基础设施提供的交易成本。本书认为，失败的项目是无效率的，因为它耗费了政府和社会资本双方的人力物力，产生了效用损失。具体研究中，本书将发展中国家处于取消状态和不良状态的项目定义为失败项目，将处于活跃状态和完结状态的项目定义为成功项目；将中国被清理退库的项目定义为失败项目，将继续保留在项目库或新增的项目定义为成功项目。

投资成本是本书衡量项目效率的第二个维度，体现了项目的财务成本是否节约。效率的内涵之一，是指利用既定资源生产出最大产量。本文认为，当其他条件不变，在给定基础设施产出水平的情况下，成本越节约、投资越少的项目越有效。具体研究中，本章聚焦于能源发电行业，将投资成本界定为投资规模与项目产能之比，即单位产能所需投资。

国别投入产出效率是本书衡量效率的第三个维度，它体现出国家层面在 PPP 领域的综合效率。具体研究中，本书利用 DEA 模型和超效率模型，对各国各年的投入产出数据进行分析，测算得出各国各年的综合技术效率、纯技术效率和规模效率值，并据此进行经验总结和实证分析。

四 研究框架、研究方法和技术路线

（一）研究框架

对于发展中国家和中国的政府与社会资本合作的实施效率问题，本书试从项目成功率、投资成本和国别投入产出效率等三个维度进行研究，分别对每种效率进行现状描述和影响因素实证分析。本书关注的核心命题包括：一是研究 PPP 方式的适用性，测算 PPP 与纯私有化供给项目的效率是否存在差异，何种条件下效率更高；二是对中国的 PPP 效率进行评价，并验证中国特征是否符合发展中国家规律；三是探讨经济发展水平、制度质量、融资成本、项目股权结构等因素对 PPP 效率的影响，并提出提高我国 PPP 效率的政策建议。全书的研究框架如下。

第一章是引言。主要介绍本书的研究背景、研究意义、研究对象、研究框架、研究方法和创新之处。

第二章是理论基础与文献综述。主要聚焦于对 PPP 效率相关理论和文献的梳理，重点介绍国内外学者对 PPP 产生动因、PPP 效率识别与衡量，以及 PPP 效率影响因素的研究，并评述已有文献在 PPP 效率实证研究方面的不足，提出本书的边际贡献。

第三章对世界 PPP 市场的发展现状进行概括。首先对全球 PPP 市场发展概况进行了分析，说明各国在发展水平上仍存在较大差距，并对发达国家和发展中国家的 PPP 发展特征进行了总结。接下来分析了中国 PPP 市场的现状、问题和最新特征，说明了提升 PPP 实施效率的必要性。

第四章研究了 PPP 项目的成功率现状和影响因素。首先分析发展中国家规律，在界定了项目成功的含义（项目处于活跃状态和完结状态）、计算了各国平均成功率的基础上，用 Logit 模型和 Tobit 模型对项目成功与否的影响因素进行分析，并重点关注了 PPP 项目和纯私有化项目在不同条件下的成功率差异。接下来分析中国的成功项目（继续保留在项目库或新增的项目），在总结了项目退库的行业和地区特征后，从微观特征和所在省份宏观环境的角度对影响中国项目成功率的主要因素进行分析，并比较中国与发展中国家影响因素和影响方向的异同。

第五章研究了 PPP 项目投资成本的现状和影响因素。首先对发展中国家发电 PPP 项目的经验数据进行分析，在界定了投资成本（单位产能所需投资）的基础上，对不同国家、不同能源发电技术的电厂投资成本进行了比较，并识别出各国在不同能源发电方面的成本优势，还运用 IRLS 和稳健 OLS 方法对项目投资成本的影响因素进行了分析，仍重点关注 PPP 项目和纯私有化供给项目在不同条件下的投资成本差异。接下来对中国发电项目的投资成本现状和省级层面的影响因素进行分析，并比较中国的影响因素是否符合发展中国家的规律。

第六章研究了 PPP 的国别投入产出效率。在对配电、发电、高速公路建设、港口建设和污水处理五个行业的微观项目数据进行国别加总的基础上，首先运用产出导向的两阶段 DEA 模型，对各国各年的投入产出效率进行了测算，总结了发展中国家在各类效率上的整体动态趋势和收敛趋势。接下来运用超效率 DEA 模型重新计算了各国相对排名，对中国的相对效率水平进行了评价。最后，运用 Tobit 模型和 IRLS 模型对各国综合技术效率的影响因素进行了分析，并按不同阶段识别出不同的主要影响因素。

第七章是结论与建议。对全书的研究结论进行回顾和总结，并归纳出各因素对 PPP 三类实施效率的综合影响。基于研究结论，提出了对正确认识 PPP 模式、提高中国 PPP 效率的政策建议。

（二）研究方法

第一，文献研究法。本书对 PPP 效率及相关领域的经典和前沿文献进行了梳理和回顾，介绍了最新的实证研究现状，在进行效率测算和影响因素指标选取等方面充分考虑了已有文献的基础。

第二，计量分析。本书在对三类 PPP 效率的影响因素进行分析时，综合运用了多种计量方法进行测算，具体包括二值分析的 Logit、Probit 估计，加权迭代最小二乘法（IRLS）和稳健（OLS）估计、分位数估计，以及截断数据的 Tobit 估计，并在稳健性分析中充分考虑了因相同收入群体、相同国家或相同技术产生的组内相关，运用聚类稳健标准误进行了分析。

第三，非参数估计。本书在对国家的综合投入产出效率进行测算时，运用了产出导向二阶段 DEA 模型和超效率 DEA 模型的非参数估计方法。其中，产出导向的二阶段 DEA 模型计算出了各国各年在规模报酬可变和规模报酬不变情况下的综合技术效率、纯技术效率和规模效率值。超效率模型对已处于技术前沿面的决策单元进一步测算，计算出了各年各国效率更精确的排名。

第四，微观研究与宏观研究相结合。研究对象方面，本书既关注微观 PPP 项目成功和投资成本，也分析了一国五个领域的 PPP 综合投入产出效率。影响因素方面，本书既包含了项目层面如项目股权结构、合作期限、采购机制、付费机制、信息披露机制等微观特征，也包括了如项目所在地的人均 GDP 水平、人口密度、制度质量、融资成本、人力资本等宏观因素。

第五，国际规律与中国特征研究相结合。本书在研究过程中，一方面注重对发展中国家 PPP 项目效率的一般性规律进行总结，另一方面也关注中国在 PPP 三类效率方面的表现，并试图验证中国特征是否符合发展中国家规律，从而为提高中国 PPP 实施效率提供借鉴。

（三）技术路线

针对 PPP 项目的实施效率问题，本书的技术路线见图 1–1。

研究背景
1.发展中国家面临基础设施投融资缺口，社会资本参与供给成为重要方式
2.中国PPP飞速发展，成就与问题并存，需要反思

文献综述
1.零散研究多，系统研究少
2.案例和规范分析多，实证研究少
3.对发达国家研究多，对发展中国家和中国研究少

研究主题：PPP的实施效率
核心问题：
1.PPP模式的适用性，PPP与私人供给方式的效率比较
2.中国的PPP效率评价，是否符合发展中国家规律
3.PPP实施效率的主要影响因素

PPP的项目成功率
1.发展中国家规律
（1）成功率现状
（2）成功率的影响因素
2.中国特征
（1）成功率现状
（2）成功率的影响因素

PPP的项目投资成本
1.发展中国家规律
（1）投资成本现状
（2）投资成本影响因素
2.中国特征
（1）投资成本现状
（2）投资成本影响因素

PPP国家投入产出效率
1.投入产出效率现状
（1）发展中国家整体特征
（2）国别差异
2.投入产出效率影响因素
（1）全样本研究
（2）分阶段研究

研究结论
1.研究结论回顾
2.各因素对PPP实施效率的影响

政策建议

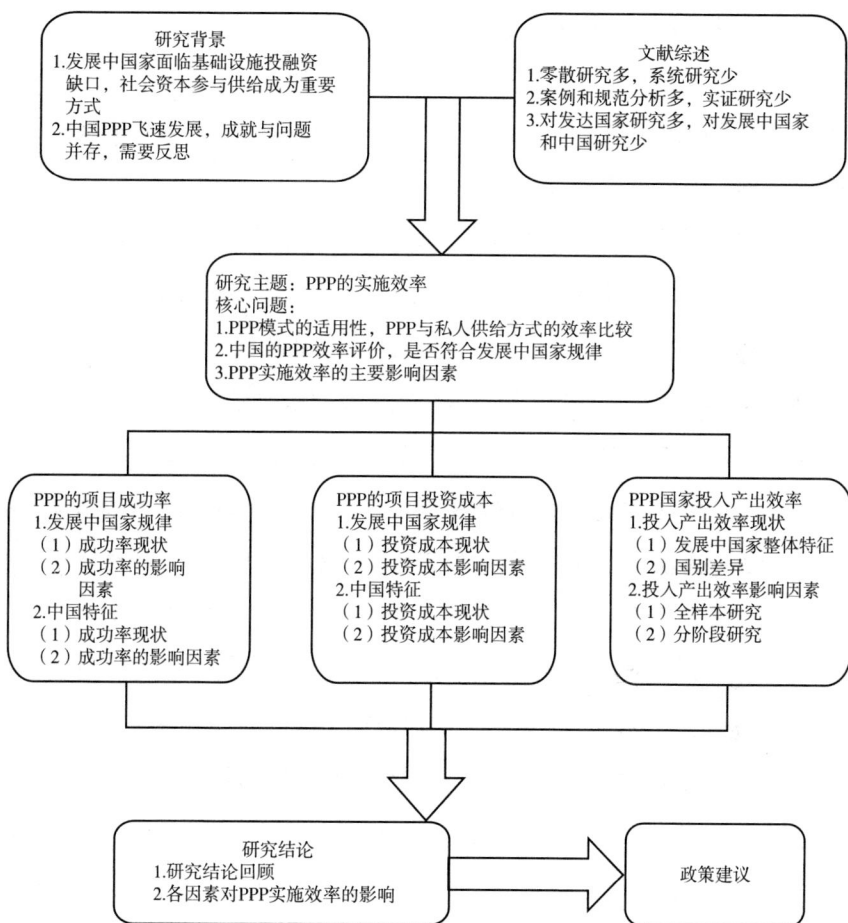

图1-1 本书的技术路线图

五 研究创新

总体来看，本书填补了 PPP 实施效率领域较少实证研究的空白，为该领域增加了经验证据。已有研究对 PPP 的事前分析多，效果评价少；案例和

调查多，实证研究少；对国际和中国的对比研究少。本书从项目成功率、投资成本和国别投入产出效率三个维度对 PPP 实施效率进行实证研究，为评价 PPP 方式的适用性和绩效提供了经验证据，为研究提高实施效率的政策措施提供了依据。

在项目成功率和投资成本部分，本书首次区分了 PPP 项目和纯私有化项目的效率差异，计算出基础设施供给方式对项目效率的边际影响。研究发现，与纯私有化提供方式相比，PPP 方式对成功率和投资成本的边际影响随市场规模增加而递减。文章利用发展中国家数据和中国省际数据分别实证并比较异同，发现中国省级层面的特征大部分与国际规律相符，但人口密度对项目成功率和投资成本的影响方向相反，这可能与省际和国际人口流动的壁垒差异有关，为项目效率的研究提供了更多视角的经验证据。首次尝试对中国特色的"被清理退库项目"进行特征总结和实证分析，对 PPP 效率实证研究具有边际贡献。

在投入产出效率部分，本书首次对发展中国家社会资本参与基础设施供给的投入产出效率进行了核算，并进行了整体特征的总结和国别差异的比较，发现收入水平越高、PPP 项目经验越丰富的国家更有可能拥有高技术效率和高规模效率，并且中国的 PPP 效率整体表现较好。影响因素分析方面，本书的实证数据来自微观项目数据的国别加总，比已有文献直接采用一个地区的宏观投入和产出数据精度更高；将参与的社会资本方数量作为 PPP 项目的投入变量之一，避免了仅以投资效率这一个维度测量，更能体现投入产出效率的内涵；并且发现随着一国 PPP 经验的积累，国家投入产出效率在起步、发展和成熟阶段的主导影响因素依次是规模因素、环境因素和技术因素。

第 二 章

理论基础与文献综述

　　PPP 是一个实践先于理论的领域。尽管对公共品理论和公共品供给方式的讨论早已有之，但对现代 PPP 理念和相关理论的研究主要在 20 世纪 90 年代后才开始出现。至今，PPP 领域已积累了较为丰富的研究文献，已有对 PPP 的研究涉及基本概念、风险识别与分担、机制设计、效率表现、项目融资、政府治理与监管等各方面，本书仅对 PPP 实施效率相关的部分理论和文献进行回顾和总结。

一　理论基础

（一）PPP 的理论基础

1. 公共品

自萨缪尔森于 1954 年提出了公共品的概念以来，经过蒂鲍特、马斯格雷夫、布坎南、恩德勒等经济学家的拓展，基本形成了较为系统的公共品理论。公共品具有三个基本特征：非竞争性、非排他性和效用的不可分割性。在理论上，纯公共品应由政府提供，纯私人物品由市场来决定生产和销售。但实际生活中，大部分具有公共品属性的物品介于纯公共品和纯私人物品之间，部分具有非竞争性或非排他性，或者同时兼有部分非排他性和非竞争性，这些物品也被称为准公共品。

2. 公共品的供给

由于公共品具有很强的外部性，很容易出现供给不足等问题，政府提供公共品可以帮助提高供给和生产效率。但在产品效用可分割、产权明晰、法律健全的前提下，私人部门进行公共品供给也是有效率的，经典案例为科斯的"灯塔"。同时，根据瓦格纳法则，随着国民收入水平的提高，政府支出占 GDP 的比重增加，仅靠政府资金提供基础设施，很难满足公众对公共品的需求。公共品提供的私人参与也是现实需求。此外，公共品还可由第三部门（非营利组织）提供，在现实中也是政府和私人部门提供的有效补充。

3. PPP 模式下的公共品供给

与公共品供给的单一主体相比，PPP 模式是公共部门和私人部门以合作方式共同提供公共品。在理论上，PPP 模式一方面发挥了私人部门的效率优势（余晖、秦虹，2006），有利于减轻政府在短期内的财政支出压力（Grimsey 和 Lewis，2002；贾康、孙洁，2014），控制项目的建设和运营成本（Engel 等，1997）；另一方面发挥了政府的监管作用，有利于监督公共品的提供质量，并保证公共品的价格维持在合理水平。同时，通过政府和私人部门的风险共担、收益共享机制，有利于项目成本和收益在各利益主体之间得到最优配置（Akintoye 等，2003；李农，2009）。

（二）PPP 实施效率的相关理论

1. 委托 – 代理理论

委托 – 代理理论认为，代理人的行为不容易被观测，并追求自身的效用最大化，在信息不对称的情况下就会产生效率损失。委托 – 代理的关键是契约设计，委托人授权代理人从事某项活动行为，通过合理的机制设计，委托人希望以更低的成本来激励代理人在工作中有更好的表现，而代理人从委托人处获得报酬，进行代理行为。

在 PPP 项目中，也存在双方的信息不对称和目标函数不一致等问题，委托 – 代理问题通过代理成本和激励不相容等方面影响 PPP 效率。首先，在政府和社会资本合作过程中，社会资本方的计划投资和预期回报率的真实情况并不被政府掌握，可能在后期产生较大的行为偏差，PPP 项目会产生较高的再谈判和监管成本。其次，若无法进行有效的机制设计，由于社会资本方在项目实施过程中的行为和绩效也并非完全可被观测，在这种情况下，可能产生道德风险问题，增加了项目的交易成本，也制约了 PPP 项目发挥效率优势。

2. 不完全契约理论

委托－代理理论假设了契约设计的完全性，但现实中的契约往往是不完全的（Williamson，1979；Hart，2003）。由于缔约当事人存在有限理性，并不能预知未来将要发生的所有情形。在这种情况下，可能增加交易和协商成本，从而会带来投资效率的损失。

杨瑞龙、聂辉华（2006）认为，在现实生活当中，完全契约几乎不存在。解决不完全契约问题的关键就在于对事前的权利进行机制设计和安排。这是因为在不完全契约下，由于当事人的有限理性，无法完全考虑未来情况，也无法对双方的权利和责任进行完全界定，因此当争议发生时，还需依赖于再谈判解决问题。

PPP 也基于契约实现，不完全契约的因素也影响了 PPP 的效率。已有研究表明，影响 PPP 效率的关键在于剩余控制权在公私部门之间的配置。Besley 和 Ghatak（2001）认为，公共品和服务的剩余控制权应当由对其价值判断较高的一方来掌握；Francesconi 和 Muthoo（2006）认为，公共部门和私人部门的相对投资重要程度、对产品的价值判断，以及产品的公共化程度均影响剩余控制权的最佳配置方式，当剩余控制权无法实现最佳配置时，PPP 项目的交易成本将大幅增加。

二　文献综述

（一）PPP 的产生动因

1. 规范研究

从产生动因看，PPP 是基础设施区别于传统公共部门或纯私人部门提供的另一种供给方式，最早发源于英国。已有对 PPP 产生动因的研究主要从以下几个维度进行。

第一，弥补基础设施资金缺口。基础设施投资一般规模较大，通过 PPP 模式吸引社会资本方参与，政府无须一次性拿出大额资金，可以缓解财政约束压力。这也解决了公共设施成本和收益的期限错配问题。此外，减轻政府支出压力也有利于政府同时开展多个项目，有利于加快基础设施建设进度，提升当地的基础设施硬件水平。Grimsey（2002）认为，公共部门与民间资本合作提供基础设施的建设和运营，主要原因是公共资金有限。Beauregard（2001）认为，美国地方公共部门在城市建设和管理等领域面临越来越沉重的负担，这导致公私合作伙伴关系的出现。高明（2010）认为，PPP 模式将公共部门和社会资本方有机结合，可以解决农村基础设施融资不足的问题。孙洁（2005）认为，我国的城镇化建设面临巨大的基础设施投融资需求，而财政资金并不能完全负担，因此必须通过财政资金的杠杆作用，带动社会资金共同参与，而 PPP 模式是其中一种较好的方式。刘禹等（2010）认为，只有通过民间资本的参与，才能解决城市基础设施供给不足的问题。

第二，规避财政预算约束。一项英国上议院甄选委员会于 2010 年对私人融资计划（PFI）[1]的调查发现，PPP 项目中的公共部门承诺出资通常不被计算为公共债务的一部分，从而有利于该方式的推广。Hammami（2006）认为，当政府的债务负担沉重时，PPP 往往应用得更为普遍。李以所（2012）基于德国经验，发现 PPP 模式是规避公共预算约束的手段之一。

第三，实现了制度创新，发挥了双方优势。Jacbos（1997）研究发现，PPP 模式在欧洲经济发展中发挥了重要作用，关键在于这种模式可以激发革新，整合各方利益，并具有共同目标。孙洁（2005）认为，PPP 模式打破了政府公共部门的垄断经营，私人部门也可参与竞争，这将促进公共服务效率的提升。陈柳钦（2005）认为，PPP 模式可将政府社会责任、远景规划协调能力和民营企业的创业精神、民间资金和管理效率结合到一起，优势在于减少费用超支、减轻财政负担、合理分配风险。曹远征（2015）认为，PPP 模式是一种对基础设施的制度安排和制度创新形式，属于一种帕累托改进的方式，社会影响深远。贾康和孙洁（2014）认为 PPP 是解决城镇化过程中基础设施和公共服务建设资金难题的有效途径，可以实现多方多赢，提高公共品供给效率，拓宽企业的发展空间。

2. 实证研究

也有部分实证研究对采用 PPP 方式的影响因素进行了分析，主要关注在什么条件下 PPP 模式更多被使用。

Hammami 等（2006）首次运用实证方法研究了基础设施建设中的 PPP 项目的决定因素。该文使用世界银行 PPI 数据库中发展中国家的面板数据，以 PPP 的项目数、投资额为因变量，重点关注政府财政约束、政治环境、市场条件三种影响因素，研究发现：当政府债务负担沉重、市场规模较大时，

---

[1] PPP 的其中一种模式。

更倾向于采用 PPP 模式。

Krumm 和 Mause（2010）用英国 PFI 项目库的面板数据，分析了是何种因素导致不同地方政府推进 PFI 项目产生差异，文章以是否有 PPP 项目为因变量，以财政支出压力、党派、行政区划等因素为解释变量，研究发现只有行政区划类型对 PPP 模式实施具有显著影响。Evis Gjebrea 和 Oltjana Zoto（2015）对新兴发展中国家的 PPP 项目进行了分析，发现净债务、GDP、通胀率等宏观指标表现较好的国家，采用 PPP 模式的可行性更大。Chen、Daito 和 Gifford（2015）对美国各州的面板数据进行了分析，旨在验证政府财政约束是否会成为高速公路 PPP 项目成功实施的影响因素，通过添加政治、法制、经济因素等控制变量，发现财政约束变量对 PPP 方式的实施影响并不显著。

国内研究方面，吴思康（2017）运用面板数据计量模型进行分析，发现公民对 PPP 项目的需求水平、经济自由度、创新力、制度建设和公共部门市场理念等宏观环境因素对推行 PPP 项目的影响较为显著，而公共部门债务的影响并不显著。袁诚、陆晓天和杨骁（2017）利用财政部 PPP 项目库的交通设施类项目，探究了财政约束对地区政府采用 PPP 模式的影响。郑子龙（2017）对发展中国家的面板数据进行检验，发现公共治理水平对民间投资 PPP 项目的可能性、投资总规模产生了显著影响。

（二）PPP 的效率来源

1. 实现了专业化管理

在 PPP 模式下，私人部门得以更广泛地参与到基础设施项目的各个环节，充分发挥了私人部门的技术、经验、创造性等效率优势，而政府部门得以更有效地发挥行政协调、政策支持、质量和安全监督等公共职能，实现了各方的比较优势。Irwin（1987）针对美国市县级基础设施进行调查，发现缺乏专业知识、节省投资成本和运营费用等是社会资本参与基础设施供给的最主要原因。Stevens（2010）在研究私人部门和公共部门的效率时认为，公共部门与私人部门存在差距的原因是权责不明晰，缺乏明确的工作标准、清晰准确的任务界定和责任追求等。

2. 实现了阶段间的正外部性

PPP 模式将基础设施的建设和运营过程作为一个整体，可以激励承包商在建设阶段注重质量，以节约运营阶段的维护成本，从而可以提高项目的整体效率。Hart（2003）基于 HSV 模型创立了 PPP 的基本分析框架，提出当建设投资能降低运营成本且提高服务效率时，PPP 具有激励优势。Bennett 和 Iossa（2006）认为，当建设和运营阶段存在正外部性时，PPP 能够促进项目各阶段整体效率的提升。宋小宁等（2014）认为基础设施的建造合同具有不完全性和动态性双重特点，发现传统的公共部门采购模式更适用于两个阶段的创新投入对运营成本的影响存在互补关系的基础设施；PPP 模式更适用于两个阶段的创新投入对运营成本的影响存在替代关系的基础设施。

3. 实现了风险共担

PPP 模式的关键问题之一是实现风险分担。学界认为，由最善于管理某种特定风险的一方来承担该风险，有利于实现效率最大化（Abednego 等，2006；Martins 等，2011）。通过对风险的合理分配，由政府和社会资本方共担风险，有利于成本的降低和效率的提升，具体表现为：第一，由私人部门承担建造和运营、维护风险，可以部分降低工期延长风险，因为在 PPP 模式下，只有完工才能收到政府或用户的付费。第二，由于超过预算的成本由私人部门承担，为了确保项目的盈利性，私人部门会积极采取措施并通过创新来节约成本。第三，在典型的 PPP 结构中，项目资金有相当一部分来自大型金融机构，而这些机构有风险控制的要求，可帮助改进项目方案，帮助控制风险和成本。

（三）PPP 的效率衡量

在实证研究中，国内外文献主要通过问卷调查或案例分析等方式研究 PPP 的效率问题。基本方法是对 PPP 模式与传统模式的项目执行情况从时间、成本和质量三方面进行比较，以衡量是否带来了效率提升。

1. 基于项目时间的比较

部分研究发现 PPP 模式提供的项目更有可能在期限内完成（MacDonald，2002）。然而，也有一些学者研究发现 PPP 模式不能按时完成建设目标。例如 Raisbeck 等（2010）发现在澳大利亚项目中，PPP 模式比传统模式的耗时更长，并认为可能的原因是 PPP 模式的合同更复杂，需要花费更多的时间进行谈判。此外，由于 PPP 模式中的部分资金由私人部门筹集，难度更大，可能出现融资难等现象，也会延误项目时间（Henjewele，2013）。

2. 基于项目成本的比较

基于项目成本的比较包含两类文献，一类文献**比较了 PPP 项目和传统项目的预算超支情况**。如 MacDonald（2002）回顾了英国的 50 个大型项目，发现 11 个 PPP 项目中仅有 1 个存在成本超支问题，而高达 47% 的传统项目都有成本超支问题。但也有不同的研究结论，如 Henjewele 等（2014）采用问卷调查和访谈法收集了大量 PPP 项目的信息，发现成本超支问题相当突出，而这种问题在医疗行业表现得更为明显。

另一类文献**比较了 PPP 模式和传统模式的相对成本大小**。Hirose 等（2003）对英国国防部签订的 PPP 合同的价值以及合同期限进行分析比较，发现 PPP 模式比传统模式节省 5%~40% 的成本。但部分研究发现 PPP 模式增加了项目成本。例如 Allan（1999）发现 PPP 项目的总投标成本比传统模式高出了 3 倍。这主要是由于竞标成本较高，阻碍了潜在合作者参与竞标，破坏事前竞争，从而限制了 PPP 提高生产效率的途径。Guasch（2004）分析了美国和加勒比海地区的 PPP 项目案例，详细介绍了公私合作设计不足与实施过程不理想，导致了再谈判与成本增大，PPP 企业遭遇再谈判的比例较高。Blanc-Brude 等（2017）分析了 1990~2005 年 200 多个欧洲公路项目的成本数据，发现 PPP 模式下公路的建造成本比传统模式下高出大约 24%。

3. 基于项目质量的比较

项目质量方面，已有的文献也从两个角度展开，一是**对 PPP 模式和传统模式供给的基础设施质量优劣进行横向比较**。Meduri 等（2012）通过整理印度 1996~2010 年公共道路的 PPP 模式及传统模式两种模式，结合公路长度、财团性质等项目要素进行对比回归，发现比起传统模式，PPP 项目下的公路质量更高。但 Willoughby（2013）通过分析多个圣地亚哥的公路和城市交通案例，发现在 PPP 项目的后期，公共服务的质量会下降，其将原因解释为竞争压力不足，或服务质量监管不到位。Hoppe 等（2013）运用随机模拟的方式，选取了 400 名不同专业的大学生，验证 Hart（2003）关于生产性投资和非生产性投资的理论，发现利用 PPP 模式确实会导致非生产性投资过度、公共服务的质量下降。

二是研究了 PPP 模式是否带来质量提升。Fink、Mattoo 和 Rathindran（2003）、发现私有化有助于降低行业门槛，降低电信产品价格，大幅度提高电信产品的质量。Estache 和 Rossi（2004）研究了多个国家的供水数据，发现随着私人部门的参与，自来水和排水设施也不断增加，而且相应的供水效率也更高。王宏伟和郑世林（2011）运用中国 35 个重点城市 1998~2008 年的面板数据，发现私人部门的参与显著提高了城市供水行业综合生产能力和用水普及率。苑德宇（2013）利用中国 35 个大中城市 2002~2009 年面板数据，考察了社会资本对整体基础设施绩效提高有改进效用，但其长期效应并不显著。冀福俊（2015）利用 2006~2012 年中国省级面板数据研究发现，社会资本参与城市基础设施建设对城镇化率的提升有显著的推动作用，其中对东中部地区的影响低于西部地区。

4. 物有所值评价

在实践中，一般采用物有所值（VFM）评价来衡量是否采用 PPP 模式，即比较传统模式和 PPP 模式的净现值。但学者也提出了物有所值评价的缺陷，如 Grimsey 和 Lewis（2005）指出，该方式只考虑了同一个项目两种采购模式的资金差异，并且根据物有所值评价，可能在选择标准上仅考虑成本，而忽略了风险等其他因素。

（四）PPP 效率的影响因素

已有研究对 PPP 效率的影响因素探讨并没有统一框架，也没有系统的实证研究，大部分文献集中于从合约设计、制度质量、风险因素等单一角度探讨对 PPP 效率的影响。

1. 合约设计

在 PPP 的实施过程中，政府和社会资本方签订契约，按合约履行各方的权利和义务。因此，合约设计是影响 PPP 效率的重要因素之一。已有研究中，合约对 PPP 效率的影响可分为三个角度。

第一，建设和运营合约的捆绑使 PPP 在实施过程中产生了阶段间正外部性时，有利于项目效率的提升。对 PPP 效率影响因素最早的研究就起源于 Hart（2003）基于合约设计的讨论。该文章认为，当建设投资能降低运营成本、提高服务质量时，PPP 合约就可以提升效率。Bennett 和 Iossa（2006）认为，当建设和运营阶段存在正外部性时，PPP 能够促进项目各阶段整体效率的提升。Iossa 和 Martimort（2012）证明，阶段正外部性是影响 PPP 效率最重要的因素。因此，当建设阶段的投资能够降低运营阶段的成本时，PPP 模式基于整个项目生命周期可以实现收益最大化，从而提升各阶段的总体效率。

第二，不完全契约的特性制约了 PPP 效率优势的发挥，关键影响因素是控制权分配。Tirole（1999）认为，契约不完全的原因包括以下三种：一是当事人的有限理性，使其无法成功预见将来要发生的所有情况；二是缔约的困难性，即使当事人能够成功预见未来，以无争议的语言进行缔约的可能性并不大；三是判别的难度大，如果双方发生争执，仲裁机构（如法院）很难判别双方的责任。Levin 和 Tadelis（2010）通过对 PPP 合同的实证研究发现，PPP 模式具有一定适用性，一般不适用于较难定义、执行或调整质量标准的服务，或公众对质量的敏感性较强的项目。Lindqvist（2007）则认为，当质量无法完美度量时，激励不相容的机制可能导致公共部门无法有效监管，故 PPP 更适用于质量要求低的服务。

控制权分配方面，张喆（2007）在强调 PPP 的契约本质的基础上，指出 PPP 区别于传统的企业间合作模式的三大特点是：合作方性质不同、产品公共化程度高以及合作期长，影响 PPP 效率的关键是控制权的最优配置。张喆等（2009）通过建立 PPP 项目中控制权分配与合作效率之间的数理模型，发现政府对 PPP 项目的引导不一定能带来合作效率的提升，此时最优控制权配置方案不再是将控制权交给价值评价较高的一方。

第三，在合约中设立适当的激励机制有利于促进 PPP 的效率提升。Bennet、Iossa（2006）重点研究了产权移交对 PPP 效率的影响，发现当双方对资产在合同期末的剩余价值不确定，并且私人的努力不可验证时，私人部门对投资的激励不足，会削弱 PPP 的效率，除非移交时具有再谈判机制和一定补偿措施。Guasch 和 Straub（2006）认为 PPP 项目参与者之间签订契约，可以在一定程度上减轻公共部门的行政压力、提高公共服务效率，但由于各方参与者的利益和目标函数不同，导致了不同的行为方式，从而制约了效率发挥。张万宽（2008）构建了 PPP 分析的理论框架，认为涉及结合关系性合约理论、合作博弈理论、产权经济学和交易成本理论。赖丹馨、费方域（2010）认为，PPP 模式实现公共服务供给效率的最重要因素是适当的合约及规制设计，关键在于在政府和私人部门之间适当配置收益和风险。胡丽、张卫国等（2011）等基于 SHAPELY 修正的 PPP 项目利益分配模型，研究实现各方利益最大化的分配方式，证明存在实现帕累托最优的利益分配方式。

2. 制度质量

制度质量也是文献中 PPP 效率的重要影响因素之一。项目所在地区的制度环境、政府治理能力与政策的持续性和稳定性都影响项目的成效和成本。

规范研究方面，Estache 和 Serebrisky（2004）认为，政策缺乏连贯性容易导致 PPP 的再谈判或提前终结，坚实的政治承诺对于 PPP 项目实施的可持续性非常重要。Gurgan 等（2013）总结 7 个国家的 PPP 模式，认为对 PPP 项目的成功发挥关键作用的是合理的宏观经济环境、完善的法律制度和合同机制、公众的支持、规范的执法过程等因素。Brench（2015）通过总结中东欧国家在交通、水务、能源等行业的 PPP 项目经验发现，由于转型时期不利的制度环境、不完善的项目设计以及不现实的需求预测，PPP 在这些国家中的应用并未达到预期效果。

实证研究方面，Hammami 等（2006）发现，良好的制度质量，如较少的腐败、有效的法律法规等，是促进一国采用 PPP 模式的重要因素。Guasch 等（2007）基于拉美地区的基础设施特许经营合约，强调了有缺陷的制度环境将提高合约再谈判的概率，而腐败在降低公共部门再谈判的概率的同时提高了私人企业发起再谈判的概率。陈志敏等（2015）提出，政府采购和招投标过程中的合谋串标、贪污腐败等问题导致了 PPP 项目竞争性不足，效率不高。刘穷志等（2016）认为，各地的制度质量、经济环境在不同程度上影响着 PPP 项目的效率，他以我国的水务基础设施 PPP 项目为例进行实证研究发现，完善的法律法规、公共部门干预的减少能够促进 PPP 项目的成功。罗煜等（2017）基于"一带一路"沿线 46 个发展中国家 2002~2013 年 2485 个基础设施 PPP 项目的数据，研究被投资国的制度质量和国际金融机构的参与度如何影响 PPP 项目的成效。研究发现，民间资本在 PPP 项目中承担的风险越多，PPP 项目越容易失败，制度质量可以通过影响民间资本风险分担程度进而影响 PPP 的成效。McMillan 等（2017）通过美国相关数据的实证分析得出，更高的制度质量可以使公共部门从投资中获得更高的收益份额，因为政治风险降低，政府和社会资本方缔结长期合约的资本成本更低。霍伟东等（2018）利用非洲国家 2002~2016 年 552 个 PPP 基础设施项目数据，探讨项目所在地的制度质量和多边金融机构支持对 PPP 项目风险结构设计和成效的影响。实证研究结果发现，制度质量和多边金融机构支持会通过影响民间资本对项目风险分担程度的选择而影响 PPP 项目成效。

3. 风险因素

PPP 发挥效率优势的重要原因之一是实现了利益共享、风险分担，减轻了由一方完全承担风险的效率损失。已有文献研究了风险对 PPP 项目成败和成本的影响。Tiong 等（1996）提出在项目合同谈判期间，政府部门倾向于将利率和汇率等更多风险转移给私人部门，但这些风险可能超出私人部门的承担能力，很可能会导致项目失败。宋志东（2004）认为，科学合理的风险分配是 PPP 项目成功的关键，在签订契约时，应根据各方的风险承担能力、风险控制能力和风险管理效率，在合同条款中清晰界定项目各参与方的责任和权利，可以提升 PPP 项目成功的可能性。石磊、孙晓丽（2011）研究了日本失败的 BOT 项目，发现风险分担不明确容易引起招投标中发生"赢者诅咒"，从而引发风险转移的悖论问题。柯永建等（2011）回顾分析了英法海峡隧道项目的风险分担问题，提出特定风险应该由对该风险最有控制力的一方承担。Carpintero 等（2014）分析了西班牙 5 个轻轨 PPP 项目，认为科学有效的风险识别和风险评价是项目成功实施的关键环节。具体风险上，亓霞等（2009）系统地分析了我国 PPP 项目失败或出现问题的案例，总结出项目失败或出现问题的主要风险因素，具体包括法律变更、审批厌恶、决策失误/冗长、政治反对、政府信用、不可抗力、融资、市场收益不足、项目唯一性、配套设备服务提供、市场需求变化、收费变更、腐败等。

（五）文献评述

现代意义上的 PPP 项目兴起于 20 世纪 90 年代，发展至今已成为世界各国公共品供给的重要方式之一。而对 PPP 的研究来源于实践经验，涉及经济、政治、法律以及各特定的基础设施行业领域。对 PPP 的经济学研究方面，近年来出现的丰富文献分布于项目财务、采购、风险识别、治理等各领域，尚未形成统一的分析框架。本书对 PPP 效率这一细分领域的文献进行了梳理，总结特点如下。

第一，零散研究多，系统研究少。已有与 PPP 效率相关的文献，既涉及对不完全契约、委托代理、控制权分配、阶段外部性等理论问题的讨论，也涉及对特定行业或国家项目效率的问卷调查分析，还涉及对项目成功关键因素等指标体系的探讨，但这些研究并未对 PPP 效率进行界定，也未对 PPP 效率形成系统分析框架。

第二，**案例和规范分析多，实证研究少**。受制于微观数据的可获得性，已有研究对 PPP 效率的分析以案例比较和规范性分析为主。也有部分研究的数据来自对特定行业或国家的问卷调查，但受样本选取方法和样本量限制，在代表性方面存在缺陷，可能因样本不同得到相反的结论。而在对世界银行 PPI 数据进行实证研究的文献中，大部分集中于对一国 PPP 数量和规模的影响因素进行分析，对是否采用 PPP 项目进行事前研究，而对 PPP 实施效率的实证分析仍为空白。

第三，**对发达国家研究多，对发展中国家和中国的研究少**。由于发达国家已具备相对成熟的 PPP 项目经验和相对完善的 PPP 市场，已有研究较多对发达国家的经验教训进行总结，而对发展中国家的研究仍相对不足，对中国的 PPP 项目关注更少。部分实证研究基于世界银行 PPI 数据库对中国的 PPP 发展特征进行了分析，但该数据库仅收录了中国的部分项目，并未体现出中国自 2013 年以来 PPP 飞速发展的特点。中国 PPP 综合信息数据平台项目库的数据最能体现中国 PPP 发展的全貌，但基于该数据库对中国的实证研究也几乎是空白。

综上，本书将综合运用世界银行 PPI 数据库和中国 PPP 综合信息管理平台项目库的相关数据，对 PPP 效率从项目成败、投资成本和国家投入产出的角度进行系统实证研究，并比较中国特征与发展中国家规律的异同，对已有文献在研究对象、研究方法和研究角度等方面具有边际贡献。

第三章

世界PPP市场的发展现状

一 世界 PPP 市场发展现状

（一）世界 PPP 市场发展概况

从世界看，社会资本参与基础设施供给的历史悠久。英国从 18 世纪开始，就有大商人联合设立类似信托的公司，向私人部门借钱修路，并将道路收费作为还款来源。在 19 世纪中叶，英国的铁路建设进入鼎盛时期，私人部门就在其中广泛参与投资建设。而现代意义上的 PPP 模式出现于英国在 1992 年启动的 PFI 计划，并在世界各地取得了显著进展。

当前，发达国家在 PPP 市场仍处于领先地位。德勤（2007）提出了基于九要素的 PPP 市场成熟度理论①，根据各国PPP市场不同的灵活性和专业化程度，将世界PPP市场划分为三个阶段（见表3-1）。其中，处于第一阶段的市场大都是发展中国家，开始或正在构建PPP市场，PPP市场灵活性和专业化程度较低，一般已建立了相关的政策和法律框架，但具体操作规范尚需完善；处于第二阶段的市场包括西班牙、新西兰、法国等大多数发达国家，拥有了较为活跃、灵活的PPP市场，已经建立了PPP专业机构，并能创新运用多种PPP模式服务于不同项目，融资来源于市场金融机构；处于第三阶段的市场主要是英国、澳大利亚、爱尔兰等国，拥有较为成熟的PPP市场，一般能创新PPP模式，而且融资来源更为充分，包括养老基金和私募基金。根据2012年Partnerships Bulletin和德勤会计师事务所的调查，加拿大、美国、法国、比荷卢经济联盟和英国为全球五大最活跃的PPP市场，这五大市场也都是发达经济体。

表3-1 PPP发展阶段及代表性国家

	第一阶段 发展中的 PPP 市场	第二阶段 拥有活跃的 PPP 市场	第三阶段 拥有成熟的 PPP 市场
代表国家	中国、印度、墨西哥、巴西等发展中国家	西班牙、新西兰、希腊、法国、加拿大等多数发达国家	澳大利亚、英国及爱尔兰
主要特征	PPP 模式较为单一，相关政策和法律框架及具体操作规范尚需完善，政府、私人部门之间合约关系不明确，无法有效规避风险	PPP 市场机制具有一定的灵活性，社会资本方较专业，建立了国家层面的 PPP 专业机构	PPP 市场及有关制度安排的灵活性和专业化程度均很高

资料来源：Deloitte Research，2007。

---

① 九个要素分别是：对风险转移原则的理解程度，公共部门运用 PPP 的经验，私人部门运用 PPP 的经验，公众与利益相关者的支持，市场规模，公共部门稳定，强力支撑的氛围，资金的可获得性，意识到并能够实现预期结果和创新以及法律框架和商业结构的状况。详见 Deloitte Research，"Closing America's Infrastructure Gap: The role of Public-Private-Partnership"，Deloitte Services LP，2007。

近年来，发展中国家迅速崛起，成为全球 PPP 市场上不可忽视的重要力量。2015 年，毕马威国际会计公司（KPMG）重新划分了全球六大 PPP 市场，包括成熟停滞市场（如英国）、成熟增长市场（如美国、加拿大、澳大利亚）、高速增长市场（如巴西、中国、俄罗斯等）、低速增长市场（如哈萨克斯坦、土耳其、沙特等）、成熟稳定市场（如南非、法国、德国、西班牙等）以及发展中的小规模市场（如墨西哥、部分北欧国家和南部非洲国家）。这种划分不再以国家收入为标准，而是充分考虑了 PPP 市场的现状和发展动态，肯定了发展中国家的作用。但总体来看，大多数成熟市场仍位于发达国家。

（二）发达国家 PPP 市场的总体特征

建立了专业指导和管理机构。发达国家 PPP 市场较成熟，很多都建立了国家 PPP 中心甚至地方 PPP 中心。这些机构实行专业化管理，并建立了强大的行业专家库，可为政府提供专业技术支持，有利于解决政府在 PPP 管理上的专业性不足问题，对成功推行 PPP 发挥着至关重要的作用。

如英国在 2000 年成立了合作伙伴关系组织（Partnerships UK）来推广 PFI 理念，对本国的 PPP 交易提供指导和技术支持；英国还在 2009 年成立了地方合作伙伴关系（Local Partnerships），这一地方性 PPP 指导机构旨在为地方政府提供 PPP 项目技术援助、帮助其制定标准化的合同并提供评估。澳大利亚政府也设立了国家层面的 PPP 机构——澳大利亚基础设施局（Infrastructure Australia，IAU），以严格的审计和绩效评价机制管理 PPP 项目。再如加拿大 PPP 市场的管理机构是加拿大 PPP 国家委员会（CCPPP），并于 2007 年设立了 PPP 基金和加拿大 PPP 局（PPP Canada），由后者负责管理基金在全国范围内使用，以更好支持各级政府的基础设施项目。

当前，发达国家 PPP 指导机构的工作重心开始由提供技术支持和援助转向分析项目的物有所值、完善项目评估方法学、帮助项目持续获得政治支持等更丰富的内容，以更好适应 PPP 市场进一步的发展。

应用范围广。在 PPP 市场较为成熟的国家，由于管理经验较为丰富，社会资本方参与意愿强，PPP 模式可应用于较多的领域。例如在英国，PPP 方式的应用范围涉及交通运输、环境、卫生、文化、教育、能源等众多领域。在加拿大，PPP 模式已被运用于多个领域，成为政府解决财政资金短缺和更新改造陈旧的基础设施日益重视采用的方式。图 3-1 展示了 1991~2016 年加拿大 PPP 项目在各行业应用的数量和规模。从项目数量来看，健康医疗是加拿大运用 PPP 最多的行业，共有 92 个项目，其次是交通运输领域（60 个）。从项目金额来看，交通领域的 PPP 项目总交易规模最大，达到 523.98 亿加元；健康医疗次之，为 265.81 亿加元，约为交通项目金额的一半。虽然能源 PPP 项目数量排第七位，但交易金额达到 260.91 亿加元，列第三。供水和污水处理领域则 PPP 项目数量较多，排第四位，但交易金额为 9.9 亿加元，位列倒数第二，仅高于信息技术。其他发达国家的 PPP 适用的范围也在众多基础设施领域分布较广，包括收费公路、轻轨系统、地铁、铁路、桥梁、隧道、机场设施、电厂、电信设施、监狱、污水处理和垃圾处理等。

信息披露制度成熟。发达国家普遍要求 PPP 项目全面公开信息，包括 PPP 方案论证相关文件，PPP 合同及采购相关信息，PPP 项目的交易结构、财务模型、风险分配，政府的保障和支持措施，PPP 项目执行过程中的绩效等。如英国对 PPP 项目信息公开有严格的要求，并且在修订后实施的第二代 PFI 中做了进一步的强化。法国、德国、澳大利亚、爱尔兰等国对 PPP 项目的信息披露也提出了明确要求。

政府服务
4个
2%

建筑
7个
3%

能源
11个
4%

娱乐文化
16个
6%

教育
16个
7%

供水和污水处理
18个
7%

司法
20个
8%

信息技术
4个
2%

健康医疗
92个
37%

交通运输
60个
24%

项目数量

建筑
25.46亿加元
2%

政府服务
10.08亿加元
1%

能源
260.91亿加元
22%

娱乐文化
12.93亿加元
1%

教育
26.3亿加元
2%

供水和污水处理
9.9亿加元
1%

司法
54.24亿加元
4%

信息技术
7.73亿加元
1%

健康医疗
265.81亿加元
22%

交通运输
523.98亿加元
44%

项目金额

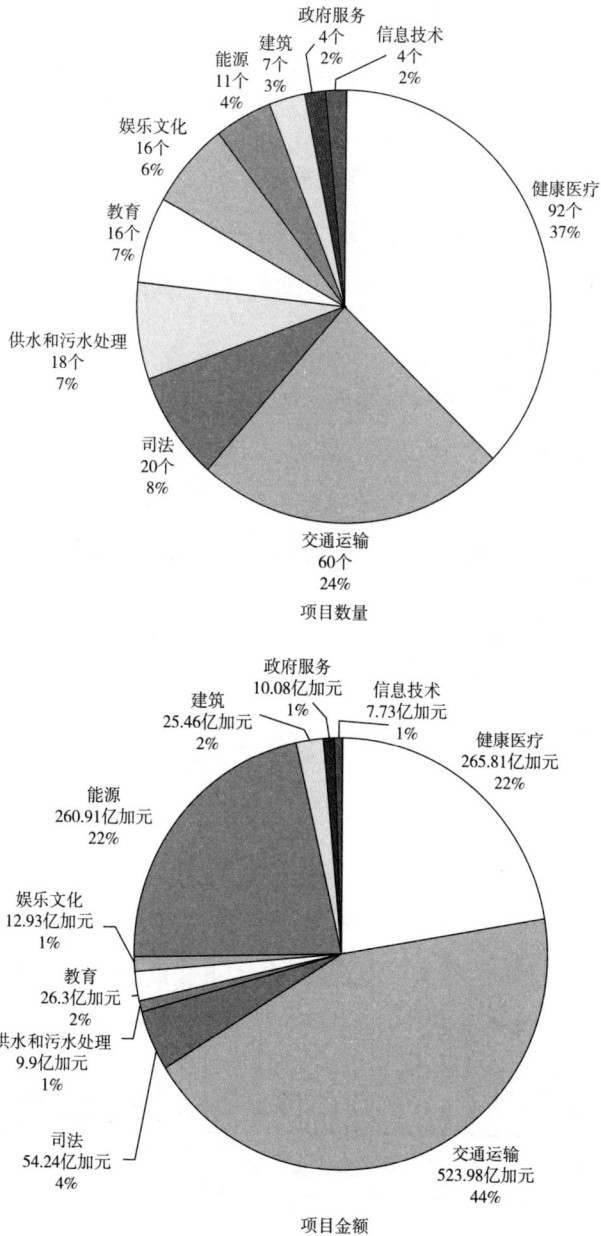

图3-1　加拿大PPP项目行业分布（1991~2016年）

资料来源：加拿大PPP理事会PPP项目数据库。

（三）发展中国家 PPP 市场的总体特征

长期以来，发展中国家的基础设施融资主要依靠开发性援助和多边国际机构的支持，社会资本参与相对较少。20 世纪 90 年代以来，随着发展中国家经济发展水平提高、民营经济实力增强，PPP 已成为发展中国家基础设施融资的一个重要途径。

投资规模和项目数量波动较大。从 1990~2018 年上半年社会资本参与基础设施（PPI）供给的情况看，发展中国家的投资总规模和项目数量波动较大，经历了先升后降的过程（见图 3-2）。在 2012 年以前，除在亚洲金融危机时期发生了小幅调整外，社会资本参与基础设施的实践总体呈增长趋势，并在 2012 年达到了 1496.3 亿美元、621 个项目的峰值。在此之后，PPI 市场逐渐冷却并回归理性，PPI 项目的投资规模和项目数量都有所下降。

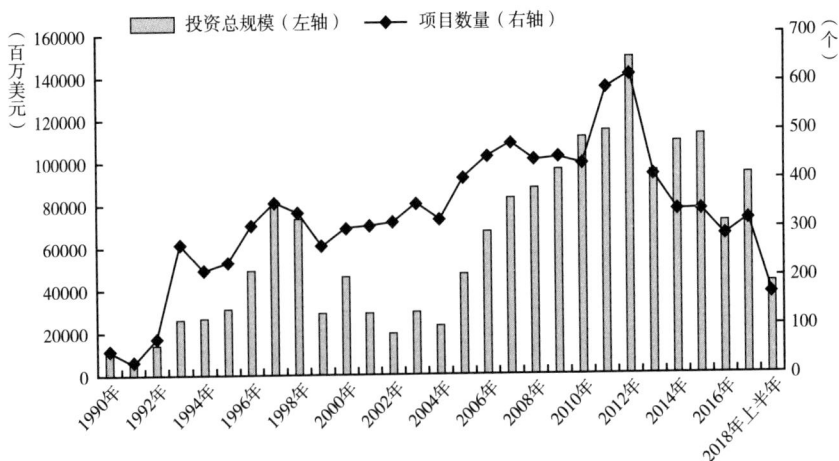

图 3-2 1990 年至 2018 年上半年发展中国家 PPI 项目数和投资额

资料来源：世界银行 PPI 项目数据库。

　　区域发展不均衡，国家间差距较大。从地区来看，截至2018年6月，全球PPI项目最活跃的地区分别是拉丁美洲和加勒比地区、东亚和太平洋地区以及南亚地区（见图3-3）。从国别来看，PPI总投资最多的十个国家分别是：巴西、印度、中国、土耳其、墨西哥、俄罗斯、印度尼西亚、菲律宾、阿根廷和马来西亚，这十个国家的投资金额之和占发展中国家总投资金额的75%以上，其中前五名国家的投资金额之和占发展中国家总投资金额的58.7%。这反映出发展中国家PPI市场在国家间存在较大差距。

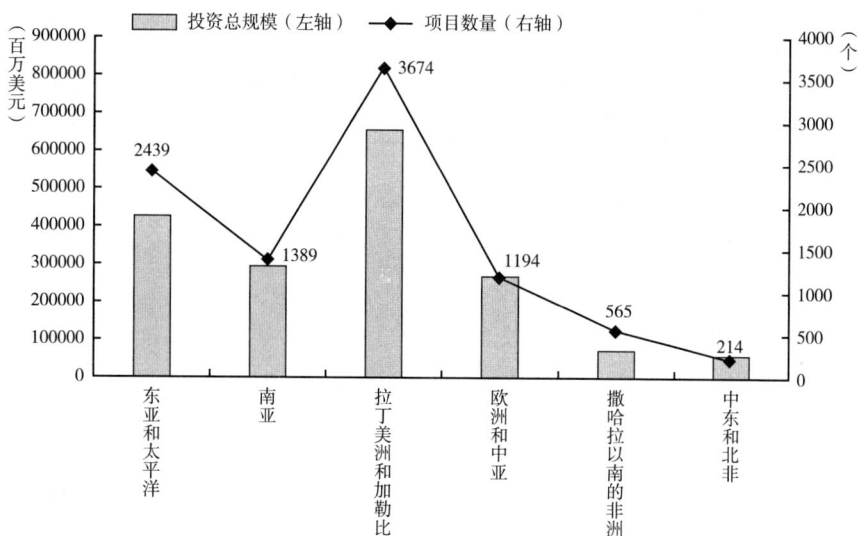

图3-3　1990年至2018年上半年发展中国家PPI项目的地区分布

资料来源：世界银行PPI数据库。

　　行业分布不均衡，集中于电力和收费公路领域。从一级行业看，发展中国家的PPI项目在能源和交通领域居多，通信和水务领域较少，四个行业的投资总规模分别是：9716.3亿美元、6111.8亿美元、1211.2亿美元和840.6亿美元，总项目数量分别是5626个、2187个、538个和1124个。从二级行业看（见图3-4），绝大部分PPP项目投资于电力领域，其次是收费公路。机场、铁路等领域尽管项目数量较少，但投资总规模分别排名第四和第五；而天然气、污水处理、港口等领域的项目数量虽多，但投资总规模较小。

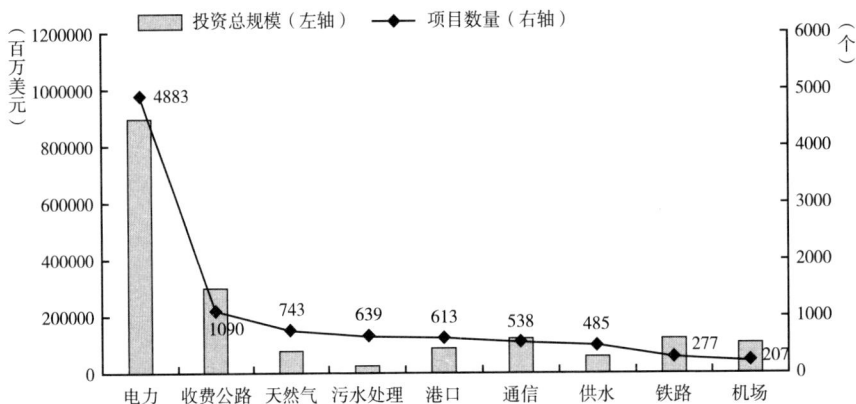

图3-4 1990年至2018年上半年发展中国家PPI项目的行业分布

资料来源：世界银行PPI数据库。

制度建设取得了一定成效。尽管发展中国家的PPP市场亟待完善，但部分PPP经验较为丰富的国家在PPP立法和制度建设方面成效初显，相关制度和法律体系不断完善。例如墨西哥在2012年通过了新的PPP法律，确保了在PPP项目出现争议时有法可依，进一步提高了PPP合同的透明度；再如巴西政府2016年宣布大幅改善相关监管框架以促进PPP模式的推广，鼓励外国企业参与基础设施领域项目的特许经营；而印度沿袭了英国传统，建立了一套示范性合同文本制度，从资格预审到签署PPP合同等采购全流程上均设有示范性文本，通过对PPP文件的标准化工作（包括《特许经营协议模板》《申请资格审查模板》《征求建议书模板》等）统一了PPP文本的格式和质量，减少了人力物力的额外支出。

二　中国 PPP 市场的发展现状

（一）发展概况

1. 由全面铺开转向规范发展

党的十八届三中全会提出"让市场在资源配置中发挥决定作用，正式允许社会资本通过特许经营等方式，参与城市基础设施投资运营，并研究建立城市基础设施、住宅政策性金融机构"。2013 年以来，财政部、发展改革委、住建部等多个部委出台多项政策文件，鼓励社会资本参与基础设施投资和运营，社会资本参与基础设施项目供给的热情高涨。PPP 项目的成交数量和规模在 2014~2017 年呈快速增长趋势，并在 2017 年达到成交趋势的顶峰（见图3-5）。而随着 2017 年第四季度各项防风险、化债务政策的出台，尤其是《关于规范政府和社会资本合作（PPP）综合信息平台项目库管理的通知》（财办金〔2017〕92 号）的出台，PPP 市场进一步规范管理。在 2018 年，随着《关

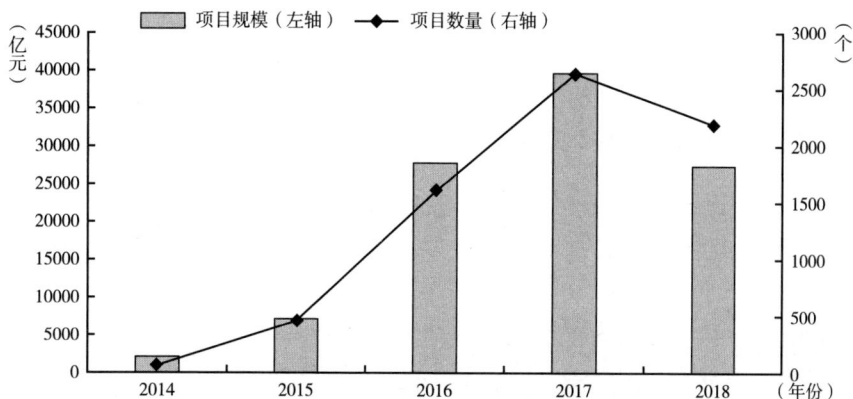

图3-5　2014~2018 年中国 PPP 项目的年度成交情况

资料来源：明树数据、财政部 PPP 项目综合信息平台。

于进一步加强政府和社会资本合作（PPP）示范项目规范管理的通知》（财金〔2018〕54 号）、资管新规和 PPP 绩效管理等政策的出台，PPP 项目的开展和实施趋于谨慎，PPP 项目成交数量和规模均出现了下降趋势。

具体来看，截至 2018 年 12 月末，全国政府和社会资本合作（PPP）综合信息平台项目管理库（下文简称"项目管理库"）累计登记项目 8654 个，投资总金额达 13.2 万亿元。其中，2018 年管理库同比净增加 1517 个项目，投资金额达 2.4 万亿元。若不考虑清退项目，2018 年总成交项目数为 2185 个，总投资规模为 2.73 万亿元，较 2017 年的 2633 个项目和 3.96 万亿元都有明显下滑。

2. 行业集中于市政工程、交通运输和生态建设

行业分布方面，市政工程、交通运输类 PPP 项目成交规模在各行业中保持领先。按细分领域统计，市政工程项目主要集中在市政道路、污水处理、垃圾处理、管网等细分领域，其中，轨道交通类项目数量少，但投资规模较大；交通运输项目主要集中在一级公路、二级公路、高速公路等细分领域。

截至 2018 年 12 月 31 日，全国市政工程、交通运输、生态建设和环境保护行业的 PPP 项目数量最多，分别为 3381 个、1236 个、827 个，合计占管理库项目总数的 63%（见图 3-6）。而市政工程、交通运输和城镇综合开发的 PPP 项目投资规模最大，分别为 4.0 万亿元、3.8 万亿元和 1.8 万亿元，合计占管理库总投资额的 73.1%。

3. 东、中、西部均有发展

2018 年我国各省份管理库 PPP 项目数量情况如图 3-7 所示。按累计项目数排序，管理库前三位是山东、河南、贵州，分别为 754 个、642 个、513

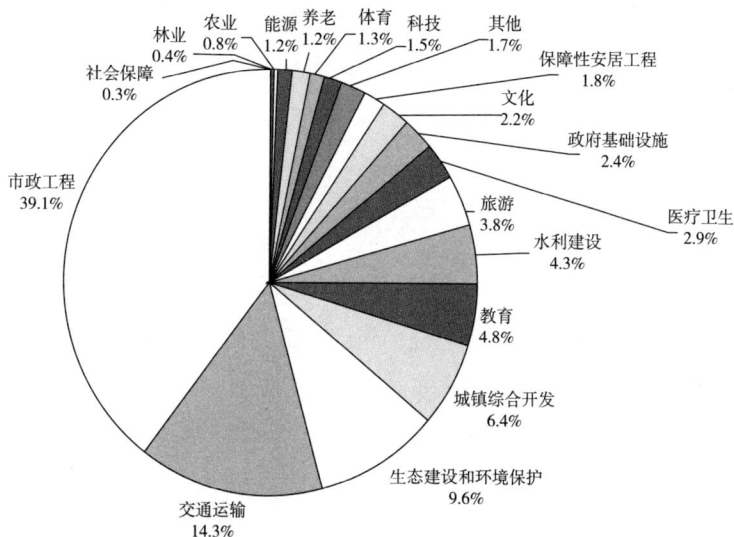

图3-6 中国PPP项目的行业分布（按数量）

资料来源：全国PPP综合信息平台。

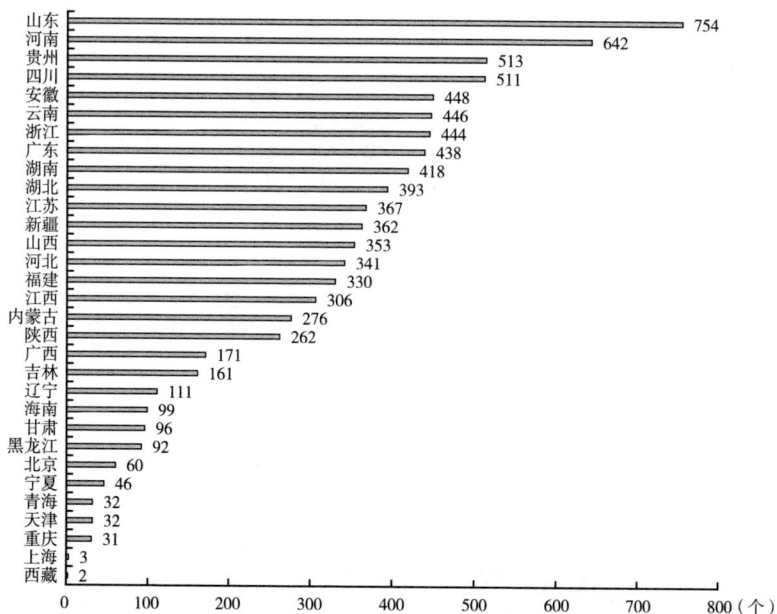

图3-7 中国PPP项目的地区分布（按数量）

资料来源：全国PPP综合信息平台。

个，合计占入库项目总数的 22%。按累计投资额排序，管理库前三位是云南、贵州、浙江，分别为 11138 亿元、10083 亿元、9725 亿元，合计占入库项目总投资额的 24.0%。

4. 社会资本合作方呈现多元化趋势

我国 PPP 市场社会资本合作方呈现多元化趋势。目前，国有企业在大部分基础设施建设领域占据主导地位，而民营企业和外商企业则在部分收入稳定、可预见的领域较为活跃，如供水、收费公路等。

截至 2018 年，4691 个落地项目中社会资本所有制信息完善的项目共4550 个，涉及社会资本共 7781 家，包括民营 2713 家、港澳台 116 家、外商 54 家、国有 4035 家，另有类型不易辨别的其他 863 家，民营企业占比34.9%，超过三分之一（见图 3-8）。

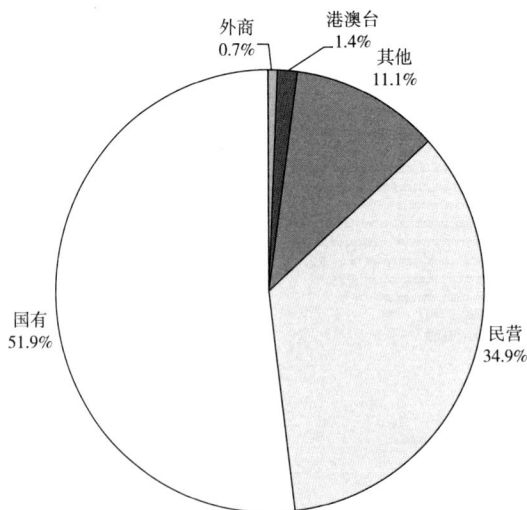

图 3-8 中国 PPP 项目的社会资本类型分布

资料来源：全国 PPP 综合信息平台。

社会资本方性质也具有行业差异性。在技术门槛较低的行业，如市政工程、环境保护等，竞争较为充分，民营和外商投资较多，但存在恶意低价竞争等行为。而在部分专业化程度较高或建设规模较大的行业，如轨道交通、片区开发等，自然垄断性质较强，经验较为丰富的建筑类央企、国企与具有运营和维护经验的国企往往组成联合体，中标具有更大优势。

5. 可行性缺口补助是主流回报机制

回报机制方面，我国PPP项目按回报机制主要分为三种：使用者付费类项目、可行性缺口补助（即政府市场混合付费）类项目、政府付费类项目。截至2018年，管理库累计使用者付费类项目626个、投资额1.1万亿元，分别占管理库的7.2%和8.3%；累计可行性缺口补助类项目4721个、投资额8.7万亿元，分别占管理库的54.6%和65.9%；累计政府付费类项目3307个、投资额3.4万亿元，分别占管理库的38.2%和25.8%（见图3-9）。

（二）目前存在的主要问题

1. 理念认识仍存在差距

在中国实践过程中，尽管政府和社会资本方对项目的管理和运作能力进一步提升，但双方对PPP理念认识不足的问题依旧存在。地方政府对PPP的认识差距主要体现在：第一，政府部门没有将自身定位成平等的参与者。强势政府的现象普遍存在，项目主要依靠政府自上而下推动，过于强调了政府的主导性。第二，在运作过程中，地方政府仍然依靠行政化方式推动，配套财政补贴、提供政策倾斜成为各地推动PPP模式的主要手段。第三，部分地方政府将中央鼓励PPP政策视为新一轮刺激政策，将没有盈利能力的项目包装成"假PPP"项目进行推动，增加了政府的债务风险隐患。

使用者付费
7.2%

政府付费
38.2%

可行性缺口补助
54.6%

项目数

使用者付费
8.3%

政府付费
25.8%

可行性缺口补助
65.9%

投资额

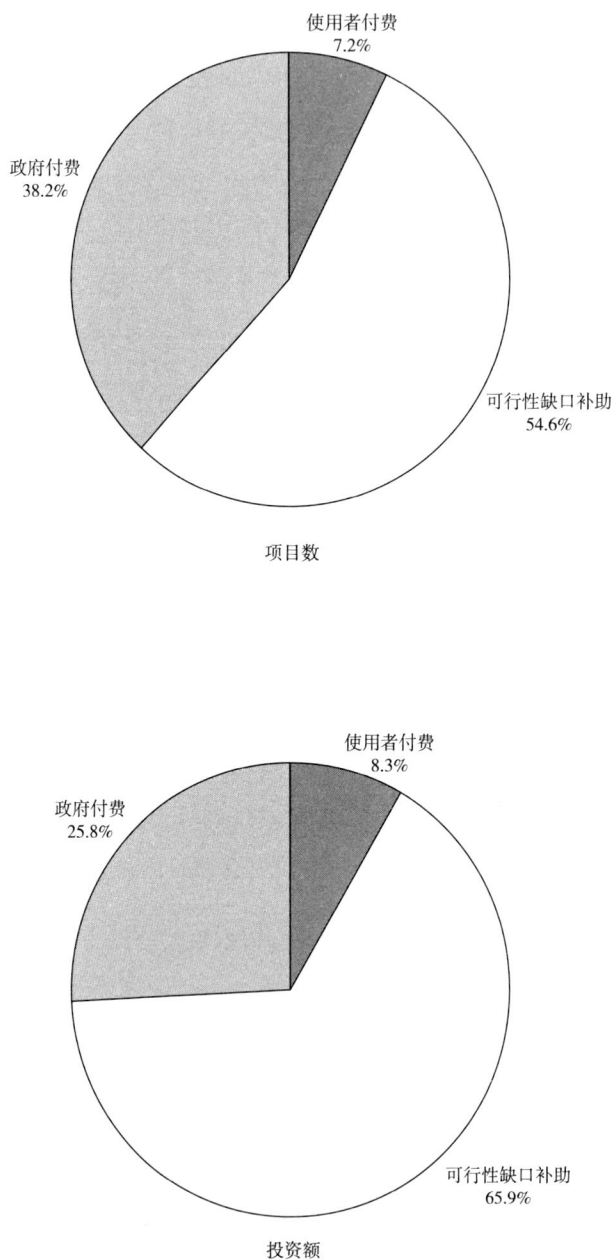

图 3-9 中国 PPP 项目的回报机制分布

资料来源：全国 PPP 综合信息平台。

而我国的社会资本方也同样存在认识误区。部分社会资本方缺乏社会责任意识，参与PPP项目中仍存在赚快钱、赚大钱等一夜暴富的思想，缺乏长期规范的经营计划。还有部分社会资本方对PPP项目的可持续性存疑，认为未来因更换领导、政策变动而影响项目的长期稳定，投资权益难以得到有效保障。

2. 缺乏统一有效的协调机制

在国家层面，财政部从清理存量资产、化解地方风险债务的角度，国家发展改革委从吸引社会资本、拉动经济增长的角度，住建、国土等行业部门按各自职能，都分别出台了相应推动PPP的系列政策措施。尤其是财政部和国家发展改革委这两个主管部门，由于职能和视角不同，在政策理念、组织方式和保障措施等方面，仍存在差异和协调不足的地方。而在地方层面，主管部门也并不明确，财政和发改部门牵头的地方都大量存在。同时，财政和发改系统各自建立PPP项目库，既浪费了行政资源，也增加了项目的识别成本和管理费用。

从操作流程上，PPP项目多为组合性、系统性大型项目，结构相对复杂，涉及的审批和核准环节较多，周期较长，再加上PPP项目特有的财政承受能力论证和物有所值评价要求，也给项目增加了交易成本。当前，部分地区仍未建立部门联审机制，部门间的协调不力也不利于项目的顺利落地和后期监管。

3. 配套政策和法律体系有待完善

2013年以来，尽管我国PPP项目发展迅速，但配套政策和法律体系仍有待完善，具体体现为以下几个方面。第一，立法工作仍相对滞后。PPP模式合作期限长、风险大，若没有法律以及配套机制提供稳定的制度保障，民间资本仍存在顾虑，参与性不强。第二，部门间协调不足，政策缺位。财政部、住建部、发改委等部门出台大量指导性文件，但口径不一致，甚至相互矛盾。而对 PPP 项目的关键环节，如价值评估、招投标、监管、绩效考核等，仍缺乏明确的规定与指导。第三，融资支持政策不足。PPP 项目公司的资产规模和现金流较小，融资支持不到位也影响了项目公司的融资能力，制约了 PPP 市场的发展。

4. 民间资本参与度有待提升

在我国 PPP 的实践过程中，社会资本方大部分来自国有企业，民营资本参与相对较少。究其原因，一方面，社会资本方对 PPP 的认识仍存在偏差。很多社会资本方仅着眼于自身收益，当项目的投资收益率不能达到预期时，则投资热情不高。另一方面，部分地方政府并未对国企和民企一视同仁。地方政府重国企、轻民企的现象仍较为突出。部分地方融资平台、国有企业与地方政府的联系较多，利益相对固化，地方政府为了促进当地国企参与中标，在招标过程中设置了隐形壁垒。此外，尽管部分地方政府设立了一些 PPP 引导基金，但出资人仍然以财政资金和国有金融机构为主，民营资本进入投资基金还面临诸多限制。

第四章

PPP项目的成功率及其
影响因素

一　项目的成功率

项目的成功率是本书衡量项目效率的第一个维度，它体现了社会资本参与基础设施提供的交易成本。在发展中国家政府和社会资本合作的实践中，由于经济发展水平和制度完善程度有待提升，政府和社会资本双方的谈判水平和项目管理能力也有待提高，项目失败的案例时有发生。本书认为，失败的项目是无效率的，因为它耗费了政府和社会资本双方的人力物力，产生了效用损失。

从理论上看，与公共部门直接供给基础设施相比，社会资本参与基础设施供给的交易成本主要来自三方面：一是契约不完全，由于基础设施的建设和运营期限一般较长，社会资本方和公共部门签订契约时，无法事前规定在未来各种情况发生时当事人的权利和责任，因此如果缔约双方发生争议和纠纷，就只能借助于后来的再谈判来解决。二是信息不对称，由于公共部门和社会资本方无法掌握对方完全的情况，政府部门对合作方的风险偏好、收益要求、财务状况和技术管理水平无法真正了解，社会资本方对政府部门的政策稳定性、财政承受能力、未来履约情况也无法掌握真实信息。因此，在信息不对称的情况下，极易产生委托代理问题，也会产生交易成本。三是激励不相容，由于政府和社会资本方的效用函数不同，追求的利益也不一样，若签订的合约无法对双方形成有效的约束，也将增加项目的交易成本。

在已有研究中，部分学者对成功 PPP 项目的影响因素进行了讨论。Trebilcock 等（2015）通过总结发展中国家 PPP 项目的现状、经验及相关文献，发现 PPP 项目的制度设计、实施机构的能力以及所在国家的制度质量和已有的项目经验会影响 PPP 项目的成效。Galilea 和 Medda（2010）通过对交通部门 PPP 项目的实证检验，发现制度质量、成功经验、所在地区等因素会影响项目是否成功。国内学者（刘穷志等，2016；霍伟东等，2018）也探讨了制度质量、经济环境、多边金融机构支持等因素对项目成效的影响。

本章旨在考察发展中国家社会资本参与基础设施项目供给的成功率，以及项目成功的影响因素。与已有文献不同，本章重点关注 PPP 项目和纯私有化方式供给的差别。此外，本章还关注中国特色的项目"成功"与否，即将财政部发布《关于规范政府和社会资本合作（PPP）综合信息平台项目库管理的通知》后各地被清理退库的项目定义为失败项目，并研究中国项目成功率的影响因素。

二　发展中国家项目的成功率

（一）项目成功的定义及其测算方式

在本节中，发展中国家基础设施供给的项目数据来自世界银行主导建立的 PPI（Private Participation in Infrastructure）数据库，该数据库记录了发展中国家自 1990 年起社会资本参与基础设施提供的项目情况。该库中的项目状态分为四类：活跃、完结、取消和不良项目。活跃状态指正在建设或正在运营的项目；完结状态指合同期限已经到期并且政府或运营商既未续签也未延长的项目；取消状态包括以下几种情形：社会资本方在履行合同之前将其经济利益出售或转让给政府，或遣散所有管理人员和职工，或在吊销许可证或解除合同后，停止运营、服务提供或施工的时间达到特许期的 15% 或以上；不良项目指政府或运营商要求终止合同或进行国际仲裁的项目。

本节将发展中国家处于活跃状态和完结状态的项目定义为成功项目，将处于取消状态和不良状态的项目定义为失败项目。需要说明的是，通常情况下，项目是否成功需要一定的观察期，若包含近期的样本，会高估项目的成功率，影响估计效果（Marcelo et al.，2017）。在 PPI 数据库中，项目从融资结束到取消的平均时长为 5.89 年（Marcelo 等，2017），据此本节删除了项目持续时长低于 6 年的样本，仅考虑 2012 年以前的项目。

（二）发展中国家项目的成功率

本书根据 PPI 数据库，以国家为单位计算了各国基础设施供给的成功率。由于各国基础设施项目的数量和规模差异较大，为减少成功项目的偶然性，主要观察项目数量最多的 10 个国家（见表 4-1）。这些国家成功率由大至小排列分别是：俄罗斯、土耳其、巴西、泰国、中国、印度、哥伦比亚、秘鲁、墨西哥和阿根廷。除阿根廷外，其余 9 个国家的项目成功率在 0.92 以上。中国的平均项目成功率在 10 个国家中排名第 5，但成功项目总数排名第 2，这说明在发展中国家中，中国社会资本参与基础设施供给的成功经验相对丰富，项目成功率表现良好。此外还可以看出，10 个国家中有 5 个是拉丁美洲国家，这说明拉丁美洲的基础设施也具有较好的公私合作基础。

表 4-1　项目数最多的十个国家的基础设施供给成功率

序号	国家	所在地区	收入组别	总实际投资（百万美元）	项目数量（个）	成功项目数量（个）	成功率
1	巴西	拉丁美洲	中高收入	380027.80	1498	1473	0.983
2	中国	东亚和太平洋	中高收入	172815.80	1231	1195	0.971
3	印度	南亚	中低收入	270767.80	895	861	0.962
4	阿根廷	拉丁美洲	中高收入	82531.34	551	334	0.606
5	俄罗斯	欧洲和中亚	中高收入	75688.20	410	407	0.993
6	墨西哥	拉丁美洲	中高收入	79663.73	286	263	0.920
7	哥伦比亚	拉丁美洲	中高收入	31060.41	223	214	0.960
8	土耳其	欧洲和中亚	中高收入	81367.88	191	189	0.990
9	秘鲁	拉丁美洲	中高收入	29668.92	177	165	0.932
10	泰国	东亚和太平洋	中高收入	40021.64	164	161	0.982

资料来源：世界银行 PPI 数据库。

三　影响发展中国家项目成功率的主要因素

（一）模型设定

本节旨在考察影响发展中国家社会资本参与基础设施供给项目成功率 [①] 的影响因素，并重点关注不同的基础设施供给方式 [②] 对项目成功率的影响，即当其他条件不变时，选择 PPP 方式或纯私有化供给方式对项目的成效是否有显著影响。已有文献并未区分供给方式对项目成败的影响，并将 PPI 数据库中所有项目视为 PPP 项目。而本节借鉴 Marcelo 等（2017）对 PPP 项目的区分方法，加入了是否 PPP 方式这一核心解释变量。模型设立为：

$$Success_i = \beta_0 + \beta_1 PPP_i + \beta_2 E_i + \beta_3 Z_i + \varepsilon_i$$

其中，被解释变量表示该项目成功的概率，即当项目成功，$Success_i$ 取值为 1；否则，取值为 0。解释变量中，PPP_i 表示项目的供给方式；E_i 表示一组核心解释变量，代表可能对项目成败产生影响的因素，包括项目所在国的成功经验、人均 GDP、人口密度、制度质量、是否国际开发协会（International Development Association,IDA）成员国，以及该项目是否有多方社会资本参与等；Z_i 表示控制变量，包括项目所属行业和项目建设年份；ε_i 代表随机扰动项。

[①]　本节成功率指成功概率。

[②]　社会资本参与基础设施供给有两种途径：一是单独提供，即通过公共设施的纯私有化方式完成；二是与政府合作提供，即通过 PPP 方式完成。本章将区分这两种方式对项目效率的影响，并将项目供给方式定义为：纯私有化或 PPP 项目。

（二）变量描述与研究假设

1. 核心解释变量与研究假设

PPP。这一变量数据来自世界银行 PPI 数据库。该库中的项目分为管理与租赁合同、棕地项目（已建成项目）、绿地项目（未开发项目）和资产剥离（私有化项目）四大类别，并细分为管理合同、租赁合同、ROT、RLT、BROT、BLT、BOT、BOO、商业化、租赁、部分资产剥离、全部资产剥离等 12 个子类别（见表 4-2）。借鉴 Marcelo 等（2017）的方法，本节将仅涉及私人部门的全部资产剥离项目和商业化项目定义为纯私有化项目，PPP 变量取 0；而其他项目均涉及政府和社会资本方的合作，则定义为 PPP 项目，PPP 变量取 1。

表 4-2　社会资本参与基础设施供给的主要类型

类别	子类别	含义	类别
管理与租赁合同（Management & Lease Contract）	管理合同	政府将特定公共设施的管理权委托给社会资本方，向社会资本方支付相应的管理费用	PPP
	租赁合同	政府将公共设施有偿出租给社会资本方进行运营和维护	PPP
棕地项目（Brownfield）	ROT（Rehabilitate-Operate-Transfer）	改建—运营—移交，社会资本方修复现有设施，并在合同期内承担运营和维护设施的责任，最终移交给政府	PPP
	RLT（Rehabilitate-Lease-Transfer）	改建—租赁—移交，社会资本方修复现有设施，并从政府租赁、运营和维护该设施，最终移交给政府	PPP
	BROT（Build-Rehabilitate-Operate-Transfer）	建设—改建—运营—移交，社会资本方对已有设施进行扩建和改建，并在合同期内承担运营和维护设施的责任，最终移交给政府	PPP

续表

类别	子类别	含义	类别
绿地项目 （Greenfield）	BLT （Build–Lease–Transfer）	建设—租赁—移交，社会资本方在建设新设施后将所有权转让给政府，并从政府租赁设施并运营该设施，在合同期结束后获得设施的所有权	PPP
	BOT （Build–Operate–Transfer）	建设—运营—移交，社会资本方建设新设施并自担风险进行运营，在合同期结束时将设施移交给政府	PPP
	BOO （Build–Owner–Operate）	建设—所有—运营，社会资本方建设新设施并自担风险进行运营，拥有该设施的所有权	PPP
	商业化 （Merchant）	社会资本方在没有政府担保或补助的情况下在自由市场上建立新设施，自担建设、运营和市场等所有风险	纯私有化
	租赁 （Lease）	社会资本方向政府租赁一项新资产，并自担运营等风险	PPP
资产剥离 （Divestiture）	部分资产剥离 （Partial Divestiture）	政府将该资产所属国有公司的一部分转移给社会资本方，私人部门不一定拥有资产管理权	PPP
	全部资产剥离 （Full Divestiture）	政府将该资产所属国有公司的所有股权转移给社会资本方	纯私有化

从所有年份的分布来看（见表4–3），数据库中约有94%的项目属于PPP项目，其中通过BOT、BOO方式建设和运营的绿地项目，以及通过BROT方式改建的棕地项目所占比例最大。数据库中约有6%的项目通过纯私有化方式提供，其中全部资产剥离项目和商业化项目占纯私有化项目的比重分别为48%和52%。

与纯私有化供给基础设施相比，PPP方式是由政府和社会资本方合作供给基础设施，优势在于：一是降低了融资成本。在国际实践中，很多PPP项目有政府补贴和担保等支持，有利于社会资本方在融资时获得更低成本的资金，降低了因项目成本过高而导致失败的概率。二是分散了部分风险。PPP

表4-3 基础设施供给类型的数量分布

单位: 个

	项目类型	低收入国家	中低收入国家	中高收入国家	合计
PPP	BLT	1	10	15	26
	BOT	50	425	1460	1935
	BOO	45	783	913	1741
	BROT	8	419	854	1281
	租赁合同 （Lease contract）	3	6	14	23
	管理合同 （Management contract）	2	6	11	19
	部分资产剥离 （Partial Divestiture）	8	107	312	427
	RLT	6	7	20	33
	ROT	12	69	290	371
	租赁 （Lease）	14	41	6	61
	合计	149	1873	3895	5917
纯私有化	全部资产剥离 （Full Divestiture）	1	76	114	191
	商业化 （Merchant）	4	53	148	205
	合计	5	129	262	396

资料来源：世界银行 PPI 数据库。

的重要特征之一是政府和社会资本方风险共担，根据财政部《政府和社会资本合作模式操作指南（试行）》（财金〔2014〕113 号）中的规定，原则上项目设计、建造、财务和运营维护等商业风险，法律、政策和最低需求等风险由政府承担，不可抗力等风险由政府和社会资本合理共担。因此，政府分担部分风险也有利于提高项目的成功率。三是增加了监督力度。PPP 方式中，政府和社会资本密切配合，政府需对项目的建设、运营、维护等过程进行监督，也降低了项目失败的概率。

此外，PPP 的优势在更低收入、更低人口密度的国家可能更为突出，在更高收入、更高人口密度的国家有所减弱。这是因为低收入国家的私人部门实力相对更弱，更需要与政府合作完成。同时，更低人口密度国家的公共设施使用率更低，项目收益更难保证，项目的公益性更强，也更需政府的参与。据此，本节提出第一个假设：

假设 4.1：与纯私有化供给方式相比，PPP 方式供给基础设施有利于提高项目成功率，并且在收入更低、人口密度更低的国家表现更好。

项目成功经验。本节用该项目开始时该国已累计成功的项目数量代表项目成功经验，数据根据世界银行 PPI 数据库计算。本书计算了每国截至最近一年的成功经验数量（见表 4-4[①]），从分布可发现，经济发展水平越高的国家一般成功项目经验越丰富，而巴西、中国和印度在项目经验方面遥遥领先于其他国家。

表 4-4　各收入组别的成功项目数量

单位：个

	低收入国家		中低收入国家		中高收入国家	
成功项目合计	146		1935		3933	
最多三国的成功项目数合计	尼泊尔	33	印度	905	巴西	1138
	乌干达	23	菲律宾	140	中国	1067
	塞内加尔	17	印度尼西亚	98	墨西哥	242

资料来源：世界银行 PPI 数据库。

已有研究认为，社会资本参与基础设施供给的失败原因主要来自不可预见的风险、缺乏有效的执行、未能有效评估政策和项目等，而既往的成功经验是一种公开信号，说明本地区政府和社会资本具有管理项目的能力，能够消除信息不对称的部分障碍，促进 PPP 项目的成功推进（Hammami 等，

---

① 此处仅针对成功项目经验做描述统计，不涉及成功率，故包含了所有年份的项目。

2006）。部分实证研究（Galilea 和 Medda，2010；Marcelo 等，2017）发现，一个国家的 PPP 项目成功经验降低了该国 PPP 项目取消率。在实践中，政府部门通常会将成功项目经验进行推广，并通过培训、编写手册等方式提高政府部门的管理和监督能力，这将有利于提高项目成功率。因此，本节提出假设：

假设 4.2：项目所在国积累的成功项目数越多，该项目的成功率越高。

项目股权结构。本节用项目中是否有多方社会资本参与来定义项目的股权结构，来源于 PPI 数据库的计算。从分布看，所有项目中，发展中国家约有 69% 的项目仅有一个社会资本方，31% 的项目拥有多个社会资本方。其中，低收入国家、中低收入国家和高收入国家拥有多个社会资本方项目的占比分别为 38.3%、29.1% 和 30.8%。

当项目中有多方社会资本参与时，较为复杂的股权结构可能会增加协商难度，降低合作效率（Galilea 和 Medda，2010；刘穷志等，2016），增加更多交易成本，从而增加了项目失败的风险。因此，本节提出假设：

假设 4.3：当项目有多方社会资本参与时，该项目的成功率更低。

融资成本。本节用是否可获得国际开发协会（IDA）优惠贷款来描述项目的融资成本，数据来源于世界银行 PPI 数据库。对中低收入国家而言，资金往往是制约基础设施供给的最主要因素之一。Estache 等（2004）、Galilea 和 Medda（2010）发现，国际金融机构的参与能够提升 PPP 项目的成功率。世界银行下属的国际开发协会（IDA）旨在对中低收入国家的公共工程和发展项目提供比世界银行条件更为宽松的信贷资金[①]。当一国项目可获得 IDA 贷款时，本书认为这种较低的融资成本有利于降低项目的整体成本，从而减

[①] 该贷款只针对会员国进行发放，不收利息，只收 0.75% 的手续费，对未用部分的信贷收 0.5% 的承担费。信贷期限较长，可达 50 年，并有 10 年的宽限期（头 10 年不必还本），第二个 10 年，每年还本 1%，其余 30 年每年还本 3%。

少了项目因成本过高而失败的概率。因此，本节提出假设：

假设 4.4： 项目所在国可获得 IDA 优惠贷款时，该项目的成功率更高。

市场规模。 本节选取了项目所在国的人均 GDP 和人口密度两个指标代表市场规模，单位分别是按购买力平价方式计算的 2011 年不变价国际元、每平方公里的人口数量，数据来源于世界银行的世界发展指数（WDI）数据库。

从已有研究看，人均 GDP 和人口密度对公共服务效率的消极和积极影响同时存在。人均 GDP 对公共服务效率的消极影响表现在，经济越发达的地区，由于缺少控制政府成本的内在机制，导致官僚机构膨胀和政府效率降低，越容易造成公共资金的滥用。但也有研究证明有积极作用。这是因为在居民收入较高的地区，公众的政治影响能力也会较高，因此会迫使政府高效地供给公共服务（Zhuravskaya，2000）。人口因素方面，Childs 等（1998）认为人口密度和人口规模对政府效率有负向影响。但 Grossman 等（2000）指出，一个地区的人口密度较大，有利于降低政府的管理和监督成本，说明公共部门供给也存在规模效应。

市场规模一定程度上反映了该公共设施的市场需求，当人均收入越高、人口密度越大时，意味着将有更多人使用该项公共设施，那么使用者付费的方式将更多覆盖建设和运营成本，减轻政府支出压力，提高供给方的收入，则项目更有可能获得成功。然而，当市场规模发展至一定阶段，可能出现项目饱和的现象，新建的基础设施项目反而因需求不足而导致失败，而这种现象发生于 PPP 项目而非纯私有化项目的可能性更大，因为纯私有化项目参加收益低项目的可能性更小。因此，本节提出假设：

假设 4.5： 项目所在国的市场规模对 PPP 项目和非 PPP 项目的影响有差别。

制度质量。 本节的制度质量指标来自世界银行的全球治理指数（WGI）数据库，该数据库对全球不同国家的治理水平进行打分，涉及话语权和问责、政治稳定性、政府有效性、管制质量、法治程度、腐败控制等方面。良好的制度质量有利于项目建设和运营方对未来政策的持续性形成稳定预期，完备的法律体系、较高的政策执行力、有力的监管都可对项目的成功运行形成良好保障。刘穷志和芦越（2016）、霍伟东（2018）等的研究发现，良好的制度质量有利于促进 PPP 项目的成功。因此，本节提出假设：

假设 4.6：项目所在国的制度质量越高，项目的成功率越高。

2. 控制变量

本节用项目所属行业和项目建设年份作为控制变量，以消除行业特征和时间趋势对估计结果的影响，数据均来自世界银行 PPI 数据库。其中，该数据库包含能源、通信、交通和水务四类行业，并细分为发电、天然气、通信、收费公路、铁路、机场、港口、污水处理、供水等九个子行业。

时间方面，如前文分析，PPI 数据库项目从融资结束到取消的平均时长为5.89 年（Marcelo 等，2017），据此本节删除了项目持续时长低于 6 年的样本，仅考虑 2012 年及以前的项目。而受 WGI 数据库的数据可得性的影响，本节最终包含的年份为 1998 年、2000 年以及 2002~2012 年，合计 13 年。

3. 变量总结和描述性统计

综上，本节涉及主要变量的定义、含义和取值及数据来源如表 4–5 所示。

表 4–5　相关变量的定义、含义和取值及数据来源

变量	定义	含义和取值	数据来源
Success	项目成功与否	当项目状态为活跃或完结时取值为 1，状态为取消或不良时取值为 0	世界银行 PPI 数据库
PPP	项目是否 PPP 方式提供	当项目是 PPP 方式提供时取值为 1，纯私有化方式提供时取值为 0	世界银行 PPI 数据库

续表

变量	定义	含义和取值	数据来源
lnSucnum	项目所在国的成功经验	在该项目建立时该国已有的成功项目数量，取对数值	世界银行 PPI 数据库
lnGDP	项目所在国的人均 GDP	项目所在国当年的人均 GDP 取对数值，按购买力平价方式计算的 2011 年不变价国际元衡量	世界银行 WDI 数据库
plGDP	PPP 和人均 GDP 的交互项	PPP×lnGDP	作者计算
lnPopden	项目所在国的人口密度	项目所在国当年的人口密度取对数值，单位是人 /km²	世界银行 WDI 数据库
plPopden	PPP 和人口密度的交互项	PPP×lnPopden	作者计算
Regulatory	项目所在国的监管能力	项目所在国当年的监管质量评分	世界银行 WGI 数据库
IDA	项目所在国是否国际开发协会（IDA）成员国	当项目所在国是 IDA 成员国，或有资格获得 IDA 资源时取值为 1，否则取值为 0	世界银行 PPI 数据库
Multispon	项目是否有多方社会资本参与	当项目有多方社会资本主体参与取值为1，否则取值为 0	世界银行 PPI 数据库
IY	项目建设年份	项目开始建设的年份	世界银行 PPI 数据库
sector	项目所属行业	项目所在行业，包括能源、通信、交通和水务四类，基准是能源行业	世界银行 PPI 数据库
ssector	项目所属细分行业	项目所在细分行业，包括发电、天然气、通信、收费公路、铁路、机场、港口、污水处理、供水等九类，基准是机场行业	世界银行 PPI 数据库

　　本节将对 1998~2012 年全球发展中国家的社会资本参与基础设施供给项目进行分析，验证供给方式（是否为 PPP 项目）和其他核心解释变量是否对项目的成功率产生影响。涉及变量的描述性统计见表 4-6。

表 4-6　相关变量的描述性统计

变量	样本观测值	均值	标准误	最小值	最大值
Success	4717	0.94	0.25	0	1
PPP	4717	0.93	0.26	0	1
lnSucnum	4701	4.43	1.72	0	6.71
lnGDP	4637	8.92	0.68	6.21	10.13

变量	样本观测值	均值	标准误	最小值	最大值
plGDP	4637	8.37	2.23	0	10.13
lnPopden	4645	4.14	1.18	0.39	7.10
plPopden	4645	4.15	1.55	0	7.10
Regulatory	3859	-0.13	0.39	-2.19	1.24
IDA	4717	0.09	0.29	0	1
Multispon	4717	0.30	0.46	0	1

（三）实证结果

本节对社会资本参与基础设施供给项目成功率的影响因素进行了分析。由于因变量是成功或失败的二值变量，本节分别用 Logit 和 Probit 方法进行了估计，并对是否增加市场规模和制度质量等核心解释变量、是否增加行业和年份等控制变量设定了模型（1）~ 模型（6），估计结果如表 4-7 所示。

表 4-7　影响发展中国家 PPP 项目成功率的主要因素

变量	模型（1） （Logit）	模型（2） （Probit）	模型（3） （Logit）	模型（4） （Probit）	模型（5） （Logit）	模型（6） （Probit）
PPP	0.055	0.015	16.774**	8.296**	24.419***	12.006***
	（0.244）	（0.120）	（7.730）	（4.093）	（8.007）	（4.189）
lnSucnum	0.167***	0.086***	0.172***	0.106***	0.047	0.050*
	（0.047）	（0.024）	（0.052）	（0.025）	（0.061）	（0.029）
lnGDP			1.802**	0.880**	1.833**	0.920**
			（0.793）	（0.411）	（0.808）	（0.415）
plGDP			-1.673**	-0.811*	-2.478***	-1.201***
			（0.808）	（0.417）	（0.836）	（0.426）

续表

变量	模型（1）（Logit）	模型（2）（Probit）	模型（3）（Logit）	模型（4）（Probit）	模型（5）（Logit）	模型（6）（Probit）
lnPopden			1.186***	0.610***	1.064***	0.560***
			（0.366）	（0.187）	（0.368）	（0.189）
plPopden			-0.720*	-0.395**	-0.809**	-0.430**
			（0.376）	（0.191）	（0.379）	（0.193）
Regulatory			1.229***	0.591***	1.721***	0.820***
			（0.187）	（0.091）	（0.213）	（0.102）
IDA	0.699***	0.341***	1.302***	0.665***	0.276	0.158
	（0.268）	（0.128）	（0.380）	（0.177）	（0.398）	（0.191）
Multispon	-0.556***	-0.287***	-0.736***	-0.315***	-0.610***	-0.257***
	（0.123）	（0.061）	（0.152）	（0.074）	（0.156）	（0.076）
IY	0.059***	0.029***			0.122***	0.055***
	（0.012）	（0.006）			（0.022）	（0.010）
ICT	0.745*	0.333			0.515	0.217
	（0.446）	（0.203）			（0.548）	（0.255）
Transport	-0.371***	-0.203***			-0.607***	-0.367***
	（0.142）	（0.070）			（0.187）	（0.090）
Water	-0.323	-0.137			-0.143	-0.099
	（0.202）	（0.101）			（0.263）	（0.124）
Constant	-115.487***	-56.133***	-17.398**	-8.539**	-261.752***	-117.783***
	（24.412）	（12.003）	（7.536）	（4.013）	（44.749）	（21.273）
Observations	4703	4703	3852	3852	3852	3852

说明：括号内为标准误，*** p<0.01，** p<0.05，* p<0.10。

首先考察 *PPP* 变量对项目成功率的影响。可以看出，在控制了相关变量后，采用 PPP 模式比纯私有化模式供给对成功率有显著正向影响。但同时，PPP 和人均 GDP、PPP 和人口密度的交互项符号显著为负，这说明 PPP 模式对成功率的积极影响随国家收入的增加、人口密度的增加而减弱，PPP 在较低收入、人口密度更低的国家更有优势。这与前文的假设相符。在模型（1）和模型（2）中，由于没有控制国家收入水平、人口密度及其相关变量，PPP 仅有不显著的正向影响，而这种影响在模型（3）、模型（4）和模型（5）、模型（6）中，随着控制变量的增加而更加显著，而这些控制变量大部分也是显著的，这说明这些行业、时间和国家特征应该加以控制。

为进一步分析 *PPP* 变量对项目成功率的影响，本节估计了 *PPP* 变量在不同人均 GDP 水平和人口密度下的边际效应（见表 4-8）。可以发现，*PPP* 变量的优势的确随人均 GDP 和人口密度的增加而减弱，当 *lnGDP* 高于 8.5、*lnPopden* 高于 4，即购买力平价衡量的人均 GDP 水平高于 4915 美元、人口密度大于 55 人 /km² 时，PPP 方式对项目成功率有负影响。而这种消极影响随人均 GDP 水平和人口密度的增加而持续增加，但在人口密度高于 665 人 /km² 时，消极影响开始变小。

表 4-8　PPP 变量在不同人均 GDP 和人口密度下的边际效应

lnGDP 取值	*PPP* 变量的边际效应		*lnPopden* 取值	*PPP* 变量的边际效应	
	Logit 模型	Probit 模型		Logit 模型	Probit 模型
6	0.616	0.572	0	0.378**	0.377**
6.5	0.452	0.423	0.5	0.310**	0.309**
7	0.297	0.283	1	0.244**	0.244*
7.5	0.171	0.166	1.5	0.183*	0.184*
8	0.078	0.078	2	0.130*	0.131*
8.5	0.147	0.014	2.5	0.085	0.086
9	-0.029***	-0.279***	3	0.049	0.050
9.5	-0.061***	-0.059***	3.5	0.022	0.022
10	-0.090***	-0.085**	4	0.003	0.002
10.5	-0.121***	-0.110***	4.5	-0.010	-0.011

续表

lnGDP 取值	PPP 变量的边际效应		lnPopden 取值	PPP 变量的边际效应	
	Logit 模型	Probit 模型		Logit 模型	Probit 模型
11	-0.156***	-0.137***	5	-0.018	-0.019
11.5	-0.198**	-0.167***	5.5	-0.022	-0.023*
12	-0.245**	-0.201**	6	-0.024**	-0.025**
12.5	-0.300**	-0.239**	6.5	-0.024**	-0.024***
13	-0.360*	-0.280**	7	-0.023**	-0.023***
13.5	-0.425*	-0.324**	7.5	-0.021**	-0.021**
14	-0.493*	-0.371**	8	-0.020**	-0.018**
14.5	-0.560**	-0.421**			
15	-0.627**	-0.471**			

说明：*** $p<0.01$，** $p<0.05$，* $p<0.10$。

其次考察核心解释变量对项目成功率的影响。从实证结果可以看出，第一，**项目成功经验**在大部分模型中都显著为正，这个发现符合 Galilea 和 Medda（2010）、Iossa 和 Martimort（2015）及霍伟东等（2018）的研究结果。这说明一个国家可以通过推广项目成功经验等方式扩散学习效应，提高该国的项目成功率。第二，**制度质量**对项目的成功率在各模型中也有显著的积极影响，这说明政府更高的监管水平和治理水平将有利于项目顺利开展，减少项目的失败可能性。这一发现也与刘穷志和芦越（2016）等的研究结论相一致。第三，**融资成本**方面，可获得 IDA 贷款的国家具有更高的成功率，该变量在各模型中都显著为正，并在前 4 个模型中都较为显著，这说明更低的融资成本有利于提升项目成功率。第四，**股权结构**方面，多个社会资本方在所有模型中均显著为负，Galilea 和 Medda（2010）、刘穷志等（2016）得到了类似的结论，这说明多方参与可能增加了项目的交易成本，从而增加了项目的失败概率。

而在**市场规模**方面，由于存在和供给方式的交互项，本节也估计了人均
GDP 水平和人口密度在不同供给方式下的影响（见表 4-9）。可以看出，当
基础设施为纯私有化方式供给时，人均 GDP 和人口密度的影响都为正；当
基础设施为 PPP 方式供给时，人均 GDP 对项目成功率的影响为负，人口密
度的影响为正，但小于纯私有化方式供给时的边际影响。这可能由于人口密
度大反映出基础设施的使用需求大，边际收益更高，项目成功率高；而人均
GDP 高反映出项目所在地区更可能已具有较为完备的基础设施，边际投资过
剩的可能性高，项目成功率反而降低。而与 PPP 项目相比，纯私有化方式投
资更灵活，投资项目收益低的可能性更小。

表 4-9　人均 GDP 水平和人口密度对 PPP 和纯私人项目的边际效应

PPP 取值	*lnGDP* 变量的边际效应		PPP 取值	*lnPopden* 变量的边际效应	
	Logit 模型	Probit 模型		Logit 模型	Probit 模型
0	0.046*	0.047*	0	0.027***	0.028***
1	-0.030***	-0.027***	1	0.012**	0.012***

说明：*** $p<0.01$，** $p<0.05$，* $p<0.10$。

最后考察控制变量项目建设年份和项目所属行业的影响。可以看出，
项目建设年份在模型（1）、模型（2）、模型（5）、模型（6）中均显著为
正，这说明全球 PPP 项目成功率确实随项目建设年份有所提高，这一方面
得益于各国经济发展水平的提高，另一方面受益于世界银行等国际组织通
过编写《政府和社会资本合作参考手册》等方式，对社会资本参与基础设
施投资的操作规范和成功经验进行大力推广。而从行业比较来看，四个模
型的估计较为一致，通信行业的成功率略微高于能源行业，而交通和水务
部门的成功率低于能源行业，并且交通行业的成功率显著最低。

（四）稳健性检验

1. 基础设施供给方式对项目取消率的影响

已有部分文献用"项目取消率"来衡量基础设施项目的成效，用政府治理有效性打分来评价一国制度质量。为了进一步验证上文的结论，本节也将项目供给方式对项目取消率的影响进行了估计，并控制相关变量，回归结果见表4-10。

表4-10　影响发展中国家 PPP 项目取消率的主要因素

变量	模型（1）（Logit）	模型（2）（Probit）	模型（3）（Logit）	模型（4）（Probit）	模型（5）（Logit）	模型（6）（Probit）
PPP	-0.180	-0.091	-25.743**	-14.669**	-36.403***	-19.311***
	（0.362）	（0.157）	（11.028）	（5.940）	（10.591）	（5.789）
lnSucnum	-0.157**	-0.070**	-0.252***	-0.112***	-0.156*	-0.056
	（0.066）	（0.030）	（0.074）	（0.032）	（0.092）	（0.040）
lnGDP			-3.551***	-1.878***	-3.642***	-1.999***
			（1.203）	（0.635）	（1.087）	（0.600）
plGDP			2.556**	1.461**	3.621***	1.946***
			（1.215）	（0.640）	（1.131）	（0.614）
lnPopden			-1.190***	-0.620***	-1.147**	-0.610***
			（0.435）	（0.215）	（0.479）	（0.234）
plPopden			1.084**	0.583***	1.353***	0.670***
			（0.450）	（0.220）	（0.499）	（0.241）
Effectiveness			0.121	0.050	-0.486	-0.209
			（0.416）	（0.174）	（0.445）	（0.194）

续表

变量	模型（1） （Logit）	模型（2） （Probit）	模型（3） （Logit）	模型（4） （Probit）	模型（5） （Logit）	模型（6） （Probit）
IDA	-0.566	-0.244	-2.242***	-0.944***	-0.971*	-0.431*
	（0.394）	（0.172）	（0.553）	（0.230）	（0.590）	（0.257）
Multispon	-0.167	-0.073	0.048	0.019	-0.113	-0.060
	（0.176）	（0.081）	（0.230）	（0.099）	（0.236）	（0.105）
IY	-0.092***	-0.043***			-0.107***	-0.048***
	（0.017）	（0.008）			（0.030）	（0.013）
ICT	-0.027	-0.008			0.933	0.437
	（0.516）	（0.225）			（0.609）	（0.291）
Transport	1.415***	0.669***			1.436***	0.643***
	（0.191）	（0.085）			（0.255）	（0.110）
Water	1.288***	0.548***			1.040***	0.389***
	（0.253）	（0.117）			（0.336）	（0.147）
Constant	181.373***	83.569***	32.691***	17.160***	246.161***	114.369***
	（34.042）	（15.398）	（10.867）	（5.883）	（60.571）	（27.202）
Observations	4703	4703	3852	3852	3852	3852

说明：括号内为标准误，*** $p<0.01$，** $p<0.05$，* $p<0.10$。

可以看出，该估计结果与上文的假设和估计结果基本一致。PPP 方式对项目取消率有显著的负向影响，且这种影响随着人均收入和人口密度的上升而减弱。同时，项目成功经验积累越多、人均收入越高、人口密度越高、制度质量越高，更易获得优惠贷款的国家项目取消率越低。但多个社会投资方对项目的取消率也有微弱的负向影响，这可能是因为多方参与对项目的消极影响主要体现在不良项目中，而非体现在取消项目上。

2. 添加细分行业控制变量

在前文的模型（3）~ 模型（6）中，主要区分了能源、通信、交通和水务4大类行业的成功率差异。世界银行 PPI 数据库还将各项目细分为9个细分行业，分别为发电、天然气、通信、铁路、收费公路、机场、港口、污水处理和供水。考虑到细分行业的异质性，本节进一步控制细分行业的特征进行估计，实证结果见表 4-11。可以看出，该估计结果与上文结论基本一致，符合前文假设。

表 4-11 影响发展中国家 PPP 项目成功率的主要因素（按细分行业）

变量	模型（1）（Logit）	模型（2）（Probit）	模型（3）（Logit）	模型（4）（Probit）	模型（5）（Logit）	模型（6）（Probit）
PPP	16.774**	8.296**	-0.019	-0.002	22.753***	11.540***
	（0.030）	（0.043）	（0.941）	（0.989）	（0.003）	（0.004）
lnSucnum	0.172***	0.106***	0.175***	0.093***	0.101	0.071**
	（0.001）	（0.000）	（0.000）	（0.000）	（0.109）	（0.019）
lnGDP	1.802**	0.880**			1.718**	0.902**
	（0.023）	（0.032）			（0.029）	（0.025）
plGDP	-1.673**	-0.811*			-2.267***	-1.139***
	（0.038）	（0.052）			（0.005）	（0.006）
lnPopden	1.186***	0.610***			1.072***	0.567***
	（0.001）	（0.001）			（0.005）	（0.003）
plPopden	-0.720*	-0.395**			-0.851**	-0.450**
	（0.055）	（0.039）			（0.031）	（0.021）
Regulatory	1.229***	0.591***			1.384***	0.662***
	（0.000）	（0.000）			（0.000）	（0.000）

续表

变量	模型（1）（Logit）	模型（2）（Probit）	模型（3）（Logit）	模型（4）（Probit）	模型（5）（Logit）	模型（6）（Probit）
IDA	1.302***	0.665***	0.565**	0.258**	0.077	0.071
	（0.001）	（0.000）	（0.043）	（0.050）	（0.850）	（0.717）
Multispon	-0.736***	-0.315***	-0.406***	-0.166***	-0.393**	-0.156*
	（0.000）	（0.000）	（0.001）	（0.010）	（0.017）	（0.050）
IY			0.051***	0.025***	0.099***	0.045***
			（0.000）	（0.000）	（0.000）	（0.000）
Electricity			0.258	0.125	0.417	0.251
			（0.670）	（0.655）	（0.507）	（0.381）
Nature Gas			-1.656***	-0.872***	-1.375**	-0.685**
			（0.007）	（0.003）	（0.033）	（0.024）
Railroads			-0.976	-0.493	-0.772	-0.333
			（0.138）	（0.118）	（0.285）	（0.335）
Seaports			0.178	0.093	0.088	0.129
			（0.813）	（0.788）	（0.909）	（0.717）
Telecom			0.585	0.297	0.532	0.311
			（0.432）	（0.385）	（0.513）	（0.407）
Toll Roads			-0.545	-0.285	-0.711	-0.348
			（0.376）	（0.320）	（0.275）	（0.245）
Treatment plant			-0.307	-0.125	-0.086	0.010
			（0.631）	（0.675）	（0.900）	（0.975）
Water Utility			-0.897	-0.427	-0.313	-0.108
			（0.189）	（0.197）	（0.689）	（0.768）
Constant	-17.398**	-8.539**	-99.284***	-49.294***	-214.824***	-98.641***
	（0.021）	（0.033）	（0.000）	（0.000）	（0.000）	（0.000）
Observations	4703	4703	3852	3852	3852	3852

说明：括号内为标准误，*** $p<0.01$，** $p<0.05$，* $p<0.10$。

3. 聚类稳健标准误的检验

考虑到项目的成功与否可能带有国家特征和异方差特征，本节对各系数的聚类稳健标准误（按国家聚类）和异方差稳健标准误进行了估计，结果见表 4-12。研究发现，修正异方差后，与上文估计结果仍较为一致，对各系数估计的显著性无明显影响。

表 4-12　影响发展中国家 PPP 项目成功的主要因素（稳健标准误）

变量	原模型		报告聚类稳健标准误		报告异方差稳健标准误	
	模型（1）（Logit）	模型（2）（Probit）	模型（3）（Logit）	模型（4）（Probit）	模型（5）（Logit）	模型（6）（Probit）
PPP	24.419***	12.006***	24.419***	12.006***	24.419***	12.006***
	（8.007）	（4.189）	（6.950）	（3.558）	（7.723）	（3.989）
lnSucnum	0.047	0.050*	0.047	0.050	0.047	0.050*
	（0.061）	（0.029）	（0.172）	（0.075）	（0.063）	（0.028）
lnGDP	1.833**	0.920**	1.833**	0.920**	1.833**	0.920**
	（0.808）	（0.415）	（0.830）	（0.437）	（0.810）	（0.410）
plGDP	-2.478***	-1.201***	-2.478***	-1.201***	-2.478***	-1.201***
	（0.836）	（0.426）	（0.728）	（0.358）	（0.844）	（0.420）
lnPopden	1.064***	0.560***	1.064***	0.560***	1.064***	0.560***
	（0.368）	（0.189）	（0.329）	（0.168）	（0.337）	（0.168）
plPopden	-0.809**	-0.430**	-0.809*	-0.430**	-0.809**	-0.430**
	（0.379）	（0.193）	（0.416）	（0.196）	（0.354）	（0.172）
Regulatory	1.721***	0.820***	1.721**	0.820**	1.721***	0.820***
	（0.213）	（0.102）	（0.715）	（0.369）	（0.264）	（0.118）
IDA	0.276	0.158	0.276	0.158	0.276	0.158
	（0.398）	（0.191）	（0.592）	（0.285）	（0.361）	（0.168）

续表

变量	原模型		报告聚类稳健标准误		报告异方差稳健标准误	
	模型（1）（Logit）	模型（2）（Probit）	模型（3）（Logit）	模型（4）（Probit）	模型（5）（Logit）	模型（6）（Probit）
Multispon	-0.610***	-0.257***	-0.610*	-0.257	-0.610***	-0.257***
	（0.156）	（0.076）	（0.326）	（0.163）	（0.152）	（0.073）
IY	0.122***	0.055***	0.122**	0.055**	0.122***	0.055***
	（0.022）	（0.010）	（0.059）	（0.027）	（0.023）	（0.010）
ICT	0.515	0.217	0.515	0.217	0.515	0.217
	（0.548）	（0.255）	（0.903）	（0.409）	（0.679）	（0.298）
Transport	-0.607***	-0.367***	-0.607	-0.367*	-0.607***	-0.367***
	（0.187）	（0.090）	（0.475）	（0.204）	（0.186）	（0.087）
Water	-0.143	-0.099	-0.143	-0.099	-0.143	-0.099
	（0.263）	（0.124）	（0.436）	（0.191）	（0.259）	（0.120）
Constant	-261.752***	-117.783***	-261.752**	-117.783**	261.752***	-117.783***
	（44.749）	（21.273）	（113.714）	（50.988）	（45.989）	（20.365）
Observations	3852	3852	3852	3852	3852	3852

说明：括号内为标准误，*** $p<0.01$，** $p<0.05$，* $p<0.10$。

（四）模型结论

项目成功与否是衡量项目效率的标准之一。基于世界银行 PPI、WDI 和 WGI 数据库，本节对 1998~2013 年全球中低收入国家社会资本参与基础设施供给的 3852 个项目成功率进行了分析。实证研究发现：（1）在控制其他因素后，PPP 项目的成功率高于纯私有化项目，并且这种优势在人均收入水平较低、人口密度较低的国家更加明显；（2）一国的成功项目经验越多、人均 GDP 越高、人口密度越大、政府监管能力越强，越能显著增加项目的成功率；（3）多方社会资本参与可能增加了项目的交易成本，对项目成功率有消极影响；（4）优惠贷款的可获得性对项目成功率也有积极影响，因为项目融资成本可能更低，有利于避免项目因过高成本而导致失败。

研究结论说明在较低收入水平国家，PPP 方式而非纯私有化方式供给基础设施可能成功率更高。这是由于低收入国家的私人部门实力相对较弱，抵抗风险能力较差，选择与政府合作，一方面可以获得政府担保、补助等支持政策，既降低了融资成本、减轻了社会资本方的资金压力，也分摊了项目在建设过程中的风险，从而减少了不良项目产生的可能性；另一方面社会资本方接受了政府更严格更全面的监管，信息不对称和委托代理问题可得到部分缓解，也督促了项目的正常运作，提高了项目的成功可能性。

四　中国 PPP 项目的成功率

（一）中国 PPP 项目成功的定义

上文研究了发展中国家基础设施供给的成功率问题，本节将研究中国社会资本参与基础设施供给项目的成功率及影响因素。与发展中国家相比，中国项目具有特殊性：一是项目总体数量大、成功项目占比高：中国在 PPI 数据库的 1231 个项目中，成功项目数量有 1195 个，取消或不良项目仅有 36 个，成功率高达 97.1%；二是纯私有化项目少：在 PPI 数据库的 1231 个项目中，中国仅有 7 个是纯私有化项目，PPP 项目占比高达99.4%。由于被解释变量与核心解释变量的变化均不明显，无法采用上文数据进行分析。

在实践中，中国的 PPP 市场发展具有自身特点。如本书第三章分析，自 2013 年党的十八届三中全会提出"让市场在资源配置中发挥决定作用，正式允许社会资本通过特许经营等方式，参与城市基础设施投资运营，并研究建立城市基础设施、住宅政策性金融机构"以来，财政部、发展改革委、住建部等多个部委出台多项政策文件，鼓励社会资本参与基础设施投资和运营，社会资本参与基础设施项目供给的热情高涨。从财政部 PPP 综合信息平台项目库登记的数据看，处于采购和执行阶段的新增 PPP 项目在 2015 年比 2014 年增加了 5 倍多，并在 2016~2017 年继续增加（见图 4-1），而处于识别和准备阶段的项目数量更多。

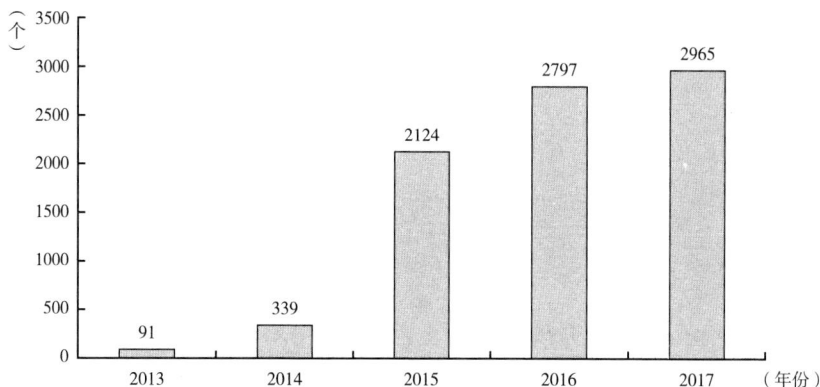

图 4-1 2013 年至 2017 年 11 月中国处于采购和执行阶段的 PPP 项目数量

资料来源：明树数据。

2017 年末，针对一些地方泛化滥用 PPP，甚至借 PPP 变相融资等不规范操作的问题，出于防控地方政府隐性债务风险的考虑，财政部于 2017 年 11 月 10 日发布了《关于规范政府和社会资本合作（PPP）综合信息平台项目库管理的通知》（财办金〔2017〕92 号），要求各地财政部门将操作不规范、实施条件不具备、信息不完善的项目清理出库，进一步加强了对 PPP 项目的规范管理。

据明树数据统计，从财办金〔2017〕92号文发布之日，截至2019年3月11日，全国PPP综合信息平台减少项目共计6514项，其中：管理库减少项目共计2309项（即92号文发布之时处于准备采购执行移交阶段的项目），储备清单减少项目共计4203项（即92号文发布之时处于识别阶段的项目）。

在此背景下，本节将基于财政部PPP综合信息平台的项目数据，将被清理退库的项目定义为失败项目，将继续保留在项目库或新增的项目定义为成功项目。由于本书的研究对象是已开始实施的项目效率，本节将选择处于采购、执行和移交阶段的项目（本节定义为"实施阶段"）进行分析，对识别和准备阶段的项目暂不考虑。时间方面，由于92号文发布后不会再有新增退库项目，本节选择项目的发起时间范围是2013年1月1日至2017年11月10日。

（二）中国PPP项目的成功率

从全国总体情况看，2013年至2017年全国实施阶段共有8316个项目，其中包括1080个退库项目和7236个保留项目。在时间分布方面，本节计算了2013~2017年各年的成功项目数量占比，可以看出该比例在逐年提升，由2013年的58.2%上升至2017年的95.1%（见表4-13），这体现了中国的PPP项目逐步规范和完善的过程。在鼓励政策出台初期，地方政府和社会资本方对PPP的理解都存在偏差，各类以保底承诺、回购安排、明股实债等方式安排融资的"伪PPP"项目大量涌现；随着系列规范性政策的逐步出台和地方政府性债务加强管理，地方政府对PPP项目的认识和定位逐步清晰，管理能力逐步提升，真正意义上的PPP项目逐渐增加，"失败项目"占比稳步下降。

表 4-13 2013~2017 年中国的 PPP 项目数量

	2013 年	2014 年	2015 年	2016 年	2017 年	合计
所有项目数量（个）	91	339	2124	2797	2965	8316
被清理项目数量（个）	38	100	412	386	144	1080
成功项目数量（个）	53	239	1712	2411	2821	7236
成功项目占比（%）	58.2	70.5	80.6	86.2	95.1	87.0

资料来源：明树数据。

在行业分布方面，本节计算了 20 个一级行业的成功项目数量和成功项目占比（见表 4-14）。可以看出，成功项目占比较高的行业主要在传统基础设施领域，包括如生态建设和环境保护、林业、市政工程、水利建设、交通运输和政府基础设施等，占比均在 89% 以上，这些领域在中国起步较早，自 20 世纪末就以特许经营或 BOT 等方式开始探索，政府和社会资本方在这些领域都具有相对丰富的经验。而成功项目占比较低的行业主要是 PPP 领域的新兴行业，如保障性安居工程、养老、社会保障等公共服务行业，以及文化、科技等新领域，这些行业的 PPP 模式相对欠成熟，政府和社会资本方仍处于摸索中，故失败项目占比相对较大。

表 4-14 2013~2017 年中国 PPP 项目的行业分布

行业	被清理项目数量（个）	成功项目数量（个）	所有项目数量（个）	成功项目占比（%）
生态建设和环境保护	59	649	708	91.7
林业	3	27	30	90.0
市政工程	337	2931	3268	89.7
水利建设	37	311	348	89.4

续表

行业	被清理项目数量（个）	成功项目数量（个）	所有项目数量（个）	成功项目占比（%）
交通运输	126	1042	1168	89.2
政府基础设施	21	173	194	89.2
体育	11	80	91	87.9
教育	49	347	396	87.6
城镇综合开发	77	440	517	85.1
旅游	46	255	301	84.7
医疗卫生	40	209	249	83.9
农业	11	50	61	82.0
其他	30	124	154	80.5
文化	42	158	200	79.0
保障性安居工程	44	142	186	76.3
养老	31	87	118	73.7
能源	34	83	117	70.9
社会保障	12	22	34	64.7
科技	70	106	176	60.2
合计	1080	7236	8316	87.0

资料来源：明树数据。

在地区分布方面，本节计算了各省级行政区的成功项目数量和成功项目占比（见表4-15）。除天津、西藏、重庆、上海等项目总数较少的省份外，东中部地区的成功项目占比较高，西部地区的成功率相对较低。

表 4-15 2013~2017 年中国 PPP 项目的地区分布

省份	所有项目数量 （个）	成功项目数量 （个）	成功项目占比 （%）	所属区域
天津市	25	25	100.0	东部
西藏自治区	2	2	100.0	西部
广东省	359	353	98.3	东部
湖北省	376	365	97.1	中部
山西省	243	234	96.3	中部
安徽省	384	369	96.1	中部
北京市	62	59	95.2	东部
江西省	255	242	94.9	中部
浙江省	430	405	94.2	东部
四川省	532	501	94.2	西部
江苏省	340	320	94.1	东部
河北省	318	297	93.4	东部
福建省	298	278	93.3	东部
陕西省	250	232	92.8	西部
广西壮族自治区	145	134	92.4	西部
吉林省	131	121	92.4	东北
海南省	112	103	92.0	东部
黑龙江省	85	78	91.8	东北
河南省	654	591	90.4	中部
青海省	31	28	90.3	西部
贵州省	415	365	88.0	西部
云南省	396	342	86.4	西部
辽宁省	120	100	83.3	东北
内蒙古自治区	318	247	77.7	西部
宁夏回族自治区	63	48	76.2	西部
甘肃省	89	67	75.3	西部
上海市	4	3	75.0	东部
山东省	793	588	74.1	东部
湖南省	470	344	73.2	中部
重庆市	38	26	68.4	西部
新疆维吾尔自治区	593	384	64.8	西部

资料来源：明树数据。

五　影响中国 PPP 项目成功率的主要因素

（一）模型设定

本节将研究影响中国 PPP 项目成功率的主要因素，重点关注项目的微观特征和宏观环境对成功率的影响，并观察中国特征是否符合国际规律。本节将模型设定为：

$$Success_i = \beta_0 + \beta_1 P_i + \beta_2 E_i + \beta_3 Z_i + \varepsilon_i$$

其中，被解释变量表示该项目成功的概率，即当项目成功，$Success_i$ 取值为 1；否则取值为 0。解释变量中，P_i 表示项目的微观特征，包括项目的采购模式、回报机制、总投资、合作期限和所处阶段；E_i 表示项目所在省份的宏观环境，包括项目所在省份的人均 GDP、人口密度、制度质量、财政支付能力和金融发展水平。Z_i 表示控制变量，包括项目所属行业、发起年份和所属区域；ε_i 代表随机扰动项。

（二）变量描述与研究假设

1. 项目的微观特征

项目采购模式。按竞争性从小至大排列，PPP 采购模式包括单一来源采购、竞争性磋商、竞争性谈判、邀请招标和公开招标五类。单一来源采购一般发生于采购商品来源渠道单一，或属于专利、首次制造、合同追加等不能从其他供应商处采购等情况。竞争性磋商指采购人、政府代理机构等组成磋商小组，与符合条件的供应商进行磋商，采购人从磋商小组评审出的候选供应商名单中确定供应商。竞争性谈判指采购人或代理机构直接邀请 3 家以上的供应商就采购事宜进行谈判。邀请招标指采购人根据供应商的资信和业绩，对一定数量的法人发出邀请招标书，邀请其参加投标竞争。而公开招标指招标人在公开媒介上以招标公告的方式邀请不特定的供应商参与投标。从分布看（见图 4-2），在已公布采购方式的 5782 个项目中，公开招标和竞争性磋商是两种主要方式，项目数量分别为 4206 个和 1333 个，占比分布为 73% 和 23%，合计占比在 96% 以上；而单一来源采购、竞争性谈判和邀请招标的项目数量分别为 121 个、85 个和 37 个，占比较少。

一般而言，项目采购方式越公开、竞争性越强，越有助于采购方挑选出经济实力更强、管理经验更丰富的社会资本方进行合作，则项目的成功率越

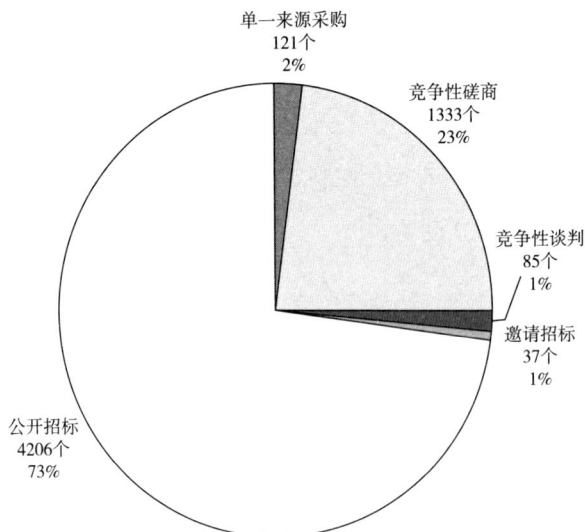

图 4-2 中国 PPP 项目采购模式分布

资料来源：明树数据。

高。而单一来源采购、邀请招标等选择特定目标的采购方式，在有限范围内选择的供应商实力可能弱于公开中标的供应商，项目的成功率较低。Guasch（2004）发现事前有效的竞争性招投标方式通常优于直接指定或通过谈判建立合作的形式。因此本节提出假设：

假设 4.7：PPP 项目采购模式的竞争性越强，成功率越高。

项目回报机制。PPP 项目回报机制约定了项目的风险分配和收益回报，合理的付费机制可以对政府和社会资本方都发挥良好的约束和激励作用。在中国实践中，项目回报机制主要分为三类，按市场化程度从小至大排列分别为：政府付费、可行性缺口补助和使用者付费。政府付费是指政府根据项目设施的可用性、公共服务的使用量及质量等向社会资本方直接付费购买公用服务。可行性缺口补助是指使用者付费不足以满足项目公司成本回收和合理回报时，由政府给予项目公司一定的补助，以弥补费用缺口，实践中通常包括土地划拨、投资入股、投资补助、优惠贷款、贷款贴息、放弃分红权、授予项目开发收益权等多种形式。使用者付费是指基础设施的使用者直接购买公共服务，以满足社会资本回收成本并获得合理收益。从分布来看（见图 4-3），在公布了项目回报机制的 8316 个项目中，可行性缺口补助和政府付费是主要方式，分别涉及 3953 个和 3446 个项目，分别占比 48% 和 41%，两方式之和占所有项目的 89%，而使用者付费项目有 917 个，占比 11%。这说明我国大部分 PPP 项目仍需政府给予直接或间接支持，仅靠使用者付费难以满足社会资本方对回收成本和获得合理回报的需求。

一般而言，由于使用者付费方式受市场需求变动的影响较大，不确定性较大，项目成功的概率可能较低。而政府付费和可行性缺口补助项目以政府财力背书，风险相对较小，成功率也相对较高。因此本节提出假设：

使用者付费
917个
11%

政府付费
3446个
41%

可行性缺口补助
3953个
48%

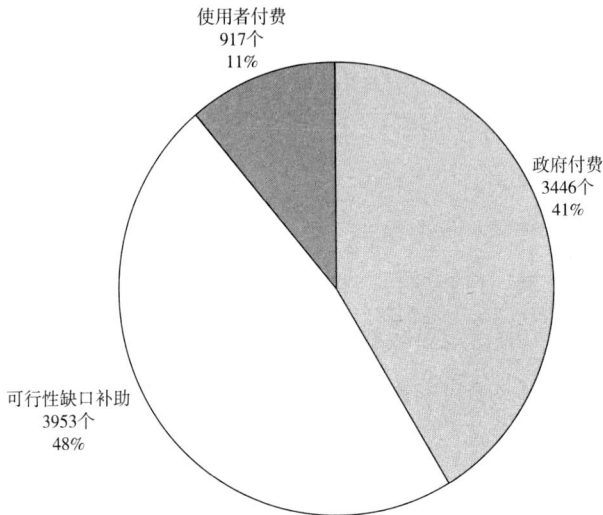

图4-3 中国PPP项目回报机制分布

资料来源：明树数据。

假设4.8：PPP项目回报机制的市场性越强，成功率越低。

项目投资总规模、合作期限与所处阶段。从该投资总规模的分布看，西部地区和东北地区的平均投资规模较大，而西部和东部地区的总投资规模较大，中部地区的总投资规模和平均投资规模都相对较小（见图4-4）。从合作期限的分布看，大部分项目的合作期限介于10.5~30年，其中10.5~20年的项目总数最多，占比为52%；20.5~30年的项目数位居第二，占比为32%；而10年以下和30年以上的项目均占比较少（见图4-5）。从所处阶段的分布看，样本中约88.7%的项目处于执行阶段，约11.3%的项目处于采购阶段。

一般而言，项目总投资规模越大、合作期限越长，中标的社会资本方操作经验和综合实力也越强；而项目所处阶段越靠后，说明项目不确定性越小，这都有利于项目成功率的提升。因此，本节提出假设：

假设4.9：投资总规模越大、合作期限越长、所处阶段越靠后的PPP项目成功率越高。

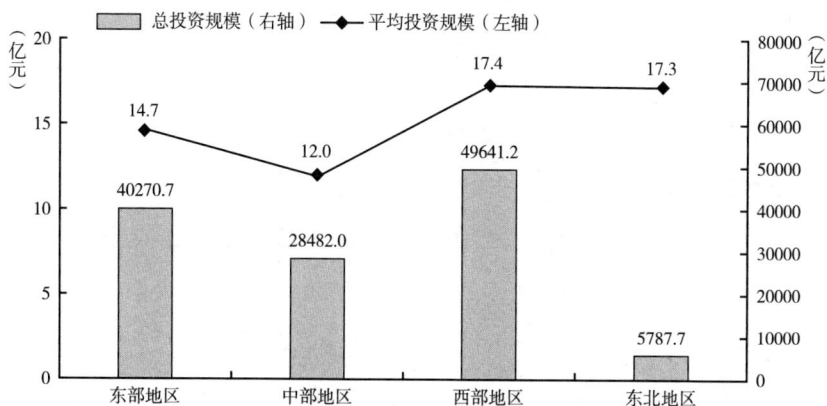

图4-4　中国PPP项目投资总规模的地区分布

资料来源：明树数据。

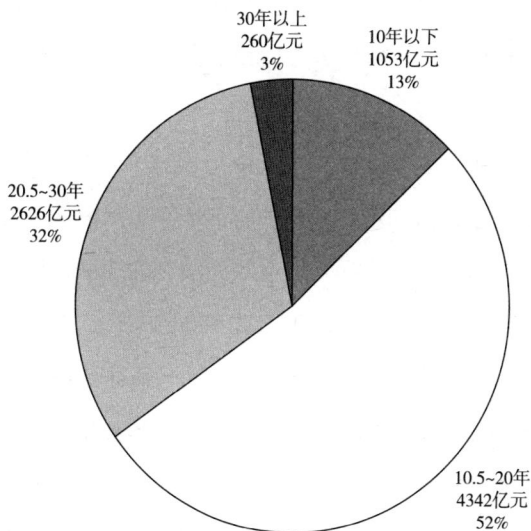

图4-5　中国PPP项目投资总规模的合作期限分布

资料来源：明树数据。

2. 项目所在省的宏观环境

宏观变量方面，本节选取了项目所在省份的人均地区生产总值、人口密度、市场化指数评分、金融业发展水平和财政支付能力作为解释变量，除市场化指数外，数据均来自《中国统计年鉴》和各省统计年鉴。

其中，省级**人均地区生产总值和人口密度**与上节的各发展中国家的人均GDP和人口密度对应，反映 PPP 项目的市场规模。

市场化指数评分反映该省的制度质量，与上节发展中国家的制度质量评分相对应。借鉴刘穷志等（2016）的方法，该指标来自樊纲、王小鲁对各省市场化指数的打分，本节选取了综合评分作为解释变量，该分数是作者基于各省政府与市场关系、非国有经济的发展、产品市场发育程度、要素市场发育程度和市场中介组织与法律制度评分的综合打分。由于该指标在 1997~2009 年和 2008~2014 年的打分方法有改动，本节按 1997~2009 年的算法对 2010~2014 年的打分进行折算，并拟合了 2015~2017 年相应评分。本节认为，制度质量越高的省份，PPP 项目的成功率越高。

金融业发展水平与上节的融资成本变量相对应。借鉴乔虹（2017）的方法，本节用项目所在省份的金融业增加值占地区生产总值的比重刻画该省的金融业发展水平。本节认为，在金融业较为发达的地区，民间资本的融资难度更小、融资成本更低，因此将有利于项目的成功率提升。

财政支付能力是本节新增解释变量，由计算项目所在省份的一般预算财政收入和一般预算财政支出之比得出，与刘穷志等（2016）的方法相一致。对于政府全部付费或部分付费的 PPP 项目来说，当地政府的财政付费是项目重要的资金收入来源。若当地政府财政规模收支缺口较大，可能无法按时持续付费，将对项目的长期建设和运营产生不利影响，也会降低项目的成功率。

在我国 PPP 项目的实践过程中，根据财政部《政府和社会资本合作模式操作指南（试行）》（财金〔2014〕113 号）、《政府和社会资本合作项目财政承受能力论证指引》（财金〔2015〕21 号）规定，财政部门应对部分政府付费或政府补贴的项目，开展财政承受能力论证，并且应确保在所有 PPP 项目的全生命周期内，每一年度 PPP 项目从预算中安排的支出责任占一般公共预算支出比例不超过 10%。但在实际操作中，尤其是地方政府对 PPP 项目的认识和定位仍存在偏差时，超出支付能力的 PPP 支出责任仍普遍存在。因此，本节将财政支付能力作为本节解释变量进行分析。

3. 控制变量

本节用项目所属一级行业、项目发起年份和项目所属区域作为控制变量，以消除行业特征、时间趋势和地域特征对估计结果的影响，数据来自明树数据和国家统计局。

行业方面，该数据库的一级行业包括交通运输、体育、保障性安居工程、养老、农业、医疗卫生、城镇综合开发、市政工程、政府基础设施、教育、文化、旅游、林业、水利建设、生态建设和环境保护、社会保障、科技和能源等 20 个部门，并细分为一级公路、义务教育、乡镇卫生所、二级公路等 82 个二级部门。

发起年份和所属区域方面，本节的项目范围是 2013 年 1 月 1 日至 2017 年 11 月 10 日前，故包含 2013~2017 年五个年份。所属区域方面，本节按项目所在的省级行政区所属区域进行划分，包括东部、中部、西部和东北部四个区域。

4. 变量总结

综上，本节涉及主要变量的定义、含义和取值及数据来源如表 4-16 所示。

本节将对 2013~2017 年中国 PPP 项目进行分析[①]，验证项目的微观特征

---

① 考虑到上海、西藏等省份的项目数量太少不具有代表性，本文删除了总项目数小于 50 的省份。

和所处宏观环境是否对项目的成功率产生影响，以及中国影响因素的特征是否符合国际规律。涉及变量的描述性统计见表4-17。

表4-16　本节涉及变量的定义、含义和取值及数据来源

变量	定义	含义和取值	数据来源
Success	项目成功与否	当项目继续保留在平台管理库中取值为1，项目被清理时取值为0	明树数据
CAM	项目采购模式	按竞争性从小至大排列，单一来源采购取值为1，竞争性磋商取值为2，竞争性谈判取值为3，邀请招标取值为4，公开招标取值为5	明树数据
PRS	项目回报机制	按市场化程度从小至大排列，政府付费取值为1，可行性缺口补助取值为2，使用者付费取值为3	明树数据
lninv	项目总投资	项目投资总规模（万元），取对数值	明树数据
period	项目合作期限	项目合作期限，含建设期和运营期	明树数据
stage	项目所处阶段	采购阶段取值为3，执行阶段取值为4	明树数据
lnGDP	项目所在省份的人均GDP	项目所在省当年的人均GDP，取对数值	国家统计局
lnPopden	项目所在省份的人口密度	项目所在省当年的人口密度，取对数值	国家统计局
lnmarket	市场化指数评分	对项目所在省市场化程度的评分，按1997~2009年算法对2010~2014年的数据进行折算，并拟合2015~2017年数据，取对数值	樊纲、王小鲁等
lnfiscal	财政支付能力	项目所在省份一般预算收入和一般预算支出的比值，取对数值	国家统计局和各省统计年鉴
lnfinanrate	金融发展水平	项目所在省份金融业增加值占地区生产总值的比重，取对数值	国家统计局和各省统计年鉴
IY	项目发起年份	项目发起年份	明树数据
sector	项目所在行业	项目所属一级行业	明树数据
region	项目所属地区	东部地区取值为1，中部地区取值为2，西部地区取值为3，东北地区取值为4	国家统计局

表 4-17　相关变量的描述性统计

变量	样本观测值	均值	标准误	最小值	最大值
Success	8216	0.87	0.34	0	1
CAM	5718	4.19	1.35	1	5
PRS	8216	1.70	0.66	1	3
lninv	8209	10.96	1.32	5.74	16.01
period	8186	19.16	7.57	2	52
stage	8216	3.89	0.32	3	4
lnGDP	8216	10.83	0.33	10.05	11.77
lnPopden	8216	5.34	1.11	2.63	7.17
lnmarket	8216	2.12	0.31	1.31	2.63
lnfiscal	8216	-0.75	0.37	-1.40	0.65
lnfinanrate	8096	-2.78	0.22	-3.47	-1.76

（三）实证结果

本节对社会资本参与基础设施供给项目成功率的影响因素进行了估计分析。由于因变量是成功或失败的二值变量，本节用 Logit 和 Probit 方法进行了估计，并对是否包含微观特征变量、是否增加行业、年份和地区等控制变量设定了模型（1）～模型（6），估计结果如表 4-18 所示。

表 4-18　影响中国 PPP 项目成功率的主要因素

变量	模型（1）Logit	模型（2）Probit	模型（3）Logit	模型（4）Probit	模型（5）Logit	模型（6）Probit
CAM			0.119***	0.119***	0.174***	0.093***
			（0.018）	（0.018）	（0.035）	（0.019）

续表

变量	模型（1）Logit	模型（2）Probit	模型（3）Logit	模型（4）Probit	模型（5）Logit	模型（6）Probit
PRS			-0.256***	-0.256***	-0.489***	-0.235***
			（0.043）	（0.043）	（0.085）	（0.044）
lninv			0.061***	0.061***	0.114***	0.055***
			（0.020）	（0.020）	（0.042）	（0.021）
period			0.006*	0.006*	0.022***	0.011***
			（0.004）	（0.004）	（0.008）	（0.004）
stage			1.182***	1.182***	2.281***	1.244***
			（0.108）	（0.108）	（0.190）	（0.109）
lnGDP	-1.010***	-1.010***	-0.249	-0.249	-2.699***	-1.325***
	（0.175）	（0.175）	（0.176）	（0.176）	（0.556）	（0.263）
lnPopden	-0.134**	-0.134**	0.101*	0.101*	-0.290*	-0.117
	（0.053）	（0.053）	（0.059）	（0.059）	（0.159）	（0.076）
lnmarket	1.613***	1.613***	0.980***	0.980***	3.641***	1.819***
	（0.175）	（0.175）	（0.202）	（0.202）	（0.525）	（0.254）
lnfinanrate	0.992***	0.992***	1.418***	1.418***	1.699***	0.871***
	（0.107）	（0.107）	（0.141）	（0.141）	（0.317）	（0.155）
lnfiscal	0.368**	0.368**	-0.490***	-0.490***	1.015**	0.452**
	（0.148）	（0.148）	（0.163）	（0.163）	（0.461）	（0.213）
IY	0.393***	0.393***			0.635***	0.328***
	（0.025）	（0.025）			（0.074）	（0.037）
sector	-0.010**	-0.010**			0.012	0.006
	（0.004）	（0.004）			（0.012）	（0.006）
_Iregion2_2	0.013	0.013			-0.049	-0.058
	（0.083）	（0.083）			（0.236）	（0.117）
_Iregion2_3	-0.003	-0.003			0.358	0.153
	（0.093）	（0.093）			（0.273）	（0.137）
_Iregion2_4	0.280**	0.280**			0.597*	0.277*
	（0.112）	（0.112）			（0.328）	（0.164）
Constant	-779.961***	-779.961***	-0.347	-0.347	-1,258.951***	-652.265***
	（49.419）	（49.419）	（1.953）	（1.953）	（144.947）	（72.379）
Observations	8096	8096	5619	5619	5619	5619

说明：括号内为标准误，*** $p<0.01$，** $p<0.05$，* $p<0.10$。

首先观察项目微观特征对成功率的影响。项目采购方式对成功率具有显著的积极影响，说明更加公开透明、市场化的招投标机制有利于项目成功率的提升，从侧面验证了 Guasch（2004）的研究结论。付费方式对成功率的影响为负，说明政府财政支出责任越大的项目成功率越高，体现了政府信用在 PPP 过程中发挥了重要作用。同时，更大投资规模、更长合作期限的项目成功率更高，可能是因为选择了更具实力的社会资本方。而入库项目的阶段越靠后，说明项目的不确定性越小，成功率也越高。

接下来观察项目所在省份宏观环境对项目成功率的影响。首先，项目所在省份的人均地区生产总值和人口密度对项目成功率的影响都为负，这验证了 Childs 等（1998）的研究结论。这可能是由于经济较发达的地区，基础设施存量较大，新建基础设施的市场需求有限，部分程度上降低了项目成功的可能性；而在经济欠发达地区，基础设施仍较为稀缺，新建基础设施的边际收益较高，从而项目的成功率更高。同时，在常住人口密度方面，我国的人口流动趋势是向经济发展水平较高的地区聚集，因此人口密度与人均生产总值对项目成功率呈相同方向的影响。

反观这两个因素在发展中国家的规律，上文的结论是人均 GDP 对 PPP 项目的成功率有负向影响，而人口密度对成功率有正向影响。人口密度在国内和国际影响相反的原因，可能来自人口流动的壁垒：由于人口的跨省流动相对于跨国流动的难度更小，人口倾向于在国内经济发达地区聚集，而无法大规模地向经济更发达的国家流动。因此，国内人口密度对 PPP 项目的影响方向与人均 GDP 相同。

其次观察制度和金融变量。市场化指数对 PPP 项目的成功率有显著积极影响，说明市场化程度越高、产品市场、要素市场和市场中介组织发育越充分、法律制度越完善、非国有经济发展越充分的省份项目成功率越高。而金融增加值占比也对项目成功率有显著正向影响，说明金融业发展水平越高的省份，PPP 项目的融资环境越有利，社会资本方也越有可能获得更低的融资成本，减少了项目因成本过高而失败的可能性，从而提高了项目的成功率。这两个因素的影响方向与国际规律相符，与刘穷志等（2016）的研究结论相一致。

最后观察财政变量，可以看出财政支付能力这一变量的符号显著为正，说明政府财力对 PPP 项目的成功率也有积极影响。这说明地方政府的财力越强，对负有支出责任的 PPP 项目的付费越有保证，减少了政府不顾债务、盲目上项目而导致付费能力不足的可能性，从而减少了项目失败的可能性。

（四）稳健性检验

1. 添加细分行业控制变量

前文的模型主要以 20 个一级行业数据作为控制变量，讨论 PPP 项目的成功率影响因素。数据库还将各一级行业细分为 82 个二级行业，考虑到细分行业的异质性，本节进一步控制细分行业的特征进行估计，实证结果见表4-19。可以看出，该估计结果与上文基本一致，符合上文假设。

表 4-19　影响中国 PPP 项目成功率的主要因素（控制细分行业）

变量	模型（1）Logit	模型（2）Probit	模型（3）Logit	模型（4）Probit	模型（5）Logit	模型（6）Probit
CAM			0.118***	0.118***	0.172***	0.092***
			（0.018）	（0.018）	（0.035）	（0.019）
PRS			-0.256***	-0.256***	-0.472***	-0.226***
			（0.043）	（0.043）	（0.085）	（0.044）
lninv			0.061***	0.061***	0.104**	0.050**
			（0.020）	（0.020）	（0.041）	（0.021）

续表

变量	模型（1）Logit	模型（2）Probit	模型（3）Logit	模型（4）Probit	模型（5）Logit	模型（6）Probit
period			0.006	0.006	0.017**	0.009**
			（0.004）	（0.004）	（0.008）	（0.004）
stage			1.183***	1.183***	2.278***	1.243***
			（0.108）	（0.108）	（0.190）	（0.109）
lnGDP	-0.988***	-0.988***	-0.257	-0.257	-2.587***	-1.271***
	（0.175）	（0.175）	（0.176）	（0.176）	（0.557）	（0.263）
lnPopden	-0.137***	-0.137***	0.099*	0.099*	-0.262*	-0.107
	（0.053）	（0.053）	（0.059）	（0.059）	（0.159）	（0.076）
lnmarket	1.602***	1.602***	0.984***	0.984***	3.544***	1.775***
	（0.175）	（0.175）	（0.202）	（0.202）	（0.525）	（0.253）
lnfinanrate	0.988***	0.988***	1.411***	1.411***	1.671***	0.852***
	（0.108）	（0.108）	（0.141）	（0.141）	（0.319）	（0.155）
lnfiscal	0.382***	0.382***	-0.484***	-0.484***	0.969**	0.436**
	（0.148）	（0.148）	（0.163）	（0.163）	（0.463）	（0.213）
IY	0.384***	0.384***			0.607***	0.316***
	（0.025）	（0.025）			（0.072）	（0.036）
sector	0.003***	0.003***			0.007***	0.004***
	（0.001）	（0.001）			（0.002）	（0.001）
_Iregion_2	0.032	0.032			-0.002	-0.036
	（0.083）	（0.083）			（0.236）	（0.117）
_Iregion_3	0.014	0.014			0.392	0.165
	（0.093）	（0.093）			（0.272）	（0.137）
_Iregion_4	0.288***	0.288***			0.564*	0.264
	（0.112）	（0.112）			（0.328）	（0.164）
Constant	-760.935***	-760.935***	-0.271	-0.271	-1,204.698***	-628.561***
	（49.028）	（49.028）	（1.953）	（1.953）	（142.241）	（71.371）
Observations	8111	8111	5627	5627	5627	5627

说明：括号内为标准误，*** p<0.01，** p<0.05，* p<0.10。

2. 聚类稳健标准误的检验

考虑到项目的成功与否可能带有省级特征和异方差特征，本节对各系数的聚类稳健标准误（按省份聚类）和异方差稳健标准误进行了估计，结果见表 4-20。研究发现，修正异方差后，与上文估计结果仍较为一致，对各系数估计的显著性无明显影响。

表 4-20　影响中国 PPP 项目成功率的主要因素（稳健标准误）

变量	原模型		报告聚类稳健标准误		报告异方差稳健标准误	
	模型（1）（Logit）	模型（2）（Probit）	模型（3）（Logit）	模型（4）（Probit）	模型（5）（Logit）	模型（6）（Probit）
CAM	0.174***	0.093***	0.174***	0.093***	0.174***	0.093***
	（0.035）	（0.019）	（0.049）	（0.025）	（0.035）	（0.018）
PRS	-0.489***	-0.235***	-0.489**	-0.235**	-0.489***	-0.235***
	（0.085）	（0.044）	（0.21）	（0.112）	（0.093）	（0.047）
lninv	0.114***	0.055***	0.114**	0.055*	0.114***	0.055**
	（0.042）	（0.021）	（0.058）	（0.030）	（0.043）	（0.022）
period	0.022***	0.011***	0.022***	0.011**	0.022***	0.011***
	（0.008）	（0.004）	（0.011）	（0.006）	（0.008）	（0.004）
stage	2.281***	1.244***	2.281***	1.244***	2.281***	1.244***
	（0.190）	（0.109）	（0.175）	（0.088）	（0.201）	（0.112）
lnGDP	-2.699***	-1.325***	-2.699***	-1.325***	-2.699***	-1.325***
	（0.556）	（0.263）	（0.708）	（0.301）	（0.587）	（0.281）
lnPopden	-0.290*	-0.117	-0.290*	-0.117	-0.290*	-0.117
	（0.159）	（0.076）	（0.175）	（0.078）	（0.170）	（0.082）
lnmarket	3.641***	1.819***	3.641***	1.819***	3.641***	1.819***
	（0.525）	（0.254）	（0.487）	（0.215）	（0.571）	（0.278）

续表

变量	原模型		报告聚类稳健标准误		报告异方差稳健标准误	
	模型（1） （Logit）	模型（2） （Probit）	模型（3） （Logit）	模型（4） （Probit）	模型（5） （Logit）	模型（6） （Probit）
lnfinanrate	1.699***	0.871***	1.699***	0.871***	1.699***	0.871***
	（0.317）	（0.155）	（0.510）	（0.259）	（0.344）	（0.173）
lnfiscal	1.015**	0.452**	1.015**	0.452*	1.015**	0.452**
	（0.461）	（0.213）	（0.579）	（0.246）	（0.480）	（0.221）
IY	0.635***	0.328***	0.635***	0.328***	0.635***	0.328***
	（0.074）	（0.037）	（0.127）	（0.064）	（0.077）	（0.038）
sector	0.012	0.006	0.012	0.006	0.012	0.006
	（0.012）	（0.006）	（0.016）	（0.008）	（0.013）	（0.006）
_Iregion2_2	-0.049	-0.058	-0.049	-0.058	-0.049	-0.058
	（0.236）	（0.117）	（0.393）	（0.192）	（0.234）	（0.117）
_Iregion2_3	0.358	0.153	0.358	0.153	0.358	0.153
	（0.273）	（0.137）	（0.362）	（0.180）	（0.267）	（0.137）
_Iregion2_4	0.597*	0.277*	0.597	0.277	0.597*	0.277*
	（0.328）	（0.164）	（0.367）	（0.180）	（0.324）	（0.163）
Constant	-1,258.951***	-652.265***	-1,258.951***	-652.265***	-1,258.951***	-652.265***
	（144.947）	（72.379）	（250.566）	（127.682）	（151.320）	（74.833）
Observations	5619	5619	5619	5619	5619	5619

说明：括号内为标准误，*** $p<0.01$，** $p<0.05$，* $p<0.10$。

六　本章小结

项目是否成功是本书衡量社会资本参与基础设施供给实施效率的第一个标准。PPP 项目本质上是一种政府和社会资本优势互补、风险共担的合作机制，可提高项目的成功率，而在实践中，PPP 真正发挥优势需要双方具有较强的实力和能力，以及较为完备的合同机制和较合理的制度设计。相对而言，私有化项目比 PPP 项目的流程更为简单，有利于节约交易成本，但对社会资本方的能力提出了更高的要求。

本章利用全球发展中国家社会资本参与基础设施供给的项目数据，从成功率的维度分析了 PPP 项目和纯私有化项目的效率差异。在分析全球发展中国家的经验规律时，重点关注基础设施供给方式（是否为 PPP）对成功率的影响；在分析中国特征时，重点关注影响中国 PPP 项目成功率的主要因素与全球规律是否相同。本章的主要结论如下。

对于发展中国家而言，第一，PPP 项目的成功率高于纯私有化项目，但优势随人均收入和人口密度的增加而减少。这个结论有两层含义：一是 PPP 项目比纯私有化项目在发展中国家更具优势。这是因为社会资本通过与政府合作，比其"单打独斗"更有可能获得政府的资金和资源支持，并向政府部门转移了部分风险，并更多接受政府的监督，因此成功率和投资效率都更高。二是 PPP 项目的优势在越欠发达地区越明显。这是因为收入水平越低的国家私人部门实力相对更弱，抵抗风险能力相对更低，市场发育程度相对更不完善，本国社会资本方独自运营的实力不足，而外国社会资本方面临与当地政府较大的谈判和交易成本，因此纯私有化项目的成功率相对偏低；而 PPP 项目有政府背书和政策支持，更易聚集资源和资金，从而成功率较高。而在经济水平相对较高的发展中国家，随着市场成熟度的提高、政府治理能力的增强和社会资本方实力的提升，纯私有化项目也可取得较好的效益，PPP 项目的优势从而有所减弱。

第二，人均 GDP 对纯私有化项目的成功率影响为正，对 PPP 项目的成功率影响为负。本章研究发现，项目所在国的人均收入水平有利于提升纯私有化项目的成功率，而不利于提升 PPP 项目的成功率。一般而言，人均收入水平越高，一方面意味着使用者对设施的支付能力越强，项目取得良好收益的可能性越大（本章称之为"支付效应"）；另一方面也意味着项目所在地区经济更发达、基础设施相对饱和、新建设施的边际需求量反而越小，项目取得的收益可能越低（本章称之为"边际收益递减效应"）。当纯私人部门参与基础设施供给时，目的是追求收益和回报，会主动选择更高收益的项目进行参与，从而回避了成功率低的项目，人均GDP的支付效应占主导作用。而PPP项目有政府参与，公益性更强，项目的边际收益递减效应占主导，成功率更低。

第三，人口密度对PPP项目和非PPP项目的成功率影响都为正，但对非PPP项目的影响更大。人口密度也具有支付效应，更大的人口密度对基础设施而言意味着更大的使用需求和更多的付费使用者，使用者付费所能覆盖的项目成本更多，项目公司因资金问题失败的可能性更小，从而提高了项目的成功率。

第四，项目所在国的制度质量对项目成功率有积极影响。本章研究发现，政府的治理和监管能力越强，项目的成功率越高。这说明政府的治理和监管能力的提升，可以为社会资本参与基础设施制定更好的制度框架和合作机制，并减少相应的代理和交易成本，利于保障项目的有效实施，保证社会资本方的切实利益，提升项目的运作效率。

第五，对发展中国家的融资支持有利于提升项目效率。本章研究发现，IDA国家的优惠贷款和多边金融机构的参与对项目的成功率和投资效率有积极影响。国际多边金融机构的融资支持比普通商业贷款的利率更低、条件更优惠，有利于项目节约成本。同时，国际金融机构的资金支持也对项目所在地的政府发挥了约束和监督作用，更大程度地督促了项目合同的有效执行，减少了项目的失败可能性。

中国的PPP市场具有自身特点，其发展进程受政策影响较大。2013年以来，中国的PPP市场发展经历了从大量涌现、遍地开花到逐步规范有序、回归本源的过程，PPP项目库的清理体现了这一规范过程。从中国的

PPP 项目是否被清理退库角度看，项目的成功率受微观特征和宏观环境的影响。

微观特征方面，采购方式竞争性越强、付费机制中政府的份额越大、总投资规模越大、合作期限越长、所处阶段越靠后的项目，成功率越高。其中，采购方式竞争性强、投资规模大、合作期限长的项目选择到具有专业能力和经济实力的社会资本方可能性更大，而付费机制中较大的政府支出责任和较靠后的项目阶段意味着项目风险和不确定性更小，从而有助于项目成功率的提升。

宏观环境方面，项目所在省份的制度质量和金融发展水平越高、财政支付能力越强时，项目的成功率越高，而经济发展水平越高时，PPP 项目的成功率反而越低。这些特征都与发展中国家规律相符。而在中国，人口密度对成功率的影响为负，但发展中国家对 PPP 项目成功率的影响为正，两者方向不一致。这主要缘于国内人口有较高的流动性，人口大部分聚集在经济发达地区，人口密度变量与经济发展水平具有相同方向的影响；而国家间的人口流动无法完全实现，人口密度由国家的初始禀赋决定，因此与经济发展水平的影响方向并不一致。

与已有研究相比，本章的贡献在于：第一，进一步区分了项目供给方式（PPP 项目或纯私有化项目）对项目成功率的影响，并发现供给方式的影响随人均 GDP 和人口密度的增加而递减，而已有大部分文献或并未区分 PPP 方式供给与纯私有化方式供给的差别。

第二，首次将中国的"退库"项目作为研究对象，探讨中国 PPP 项目的成功率和影响因素，并比较中国特征是否符合国际规律，研究发现经济发展水平、金融和制度指标的影响与国际规律一致，人口密度指标的不一致主要缘于人口流动的壁垒。

第三，样本覆盖面更大，在样本选择时避免了对成功率的高估，结

论更具有规律性。本章运用发展中国家的大样本数据进行分析，以 127
个发展中国家基础设施供给的数据进行分析，而已有研究主要集中于探
讨特定国家和特定行业的特征。此外，本章仅选取实施时间超过 6 年的
样本，增加了估计的准确性，而已有大部分研究并未对样本时间进行
控制。

第五章

PPP项目投资成本的
现状和影响因素

一　投资成本的界定——以发电
行业为例

投资成本体现了项目的财务成本是否节约，是本书衡量社会资本参与基础设施供给效率的第二个维度。与公共部门供给相比，社会资本参与基础设施的供给对项目的财务成本是把"双刃剑"。一方面，由于项目的建设和运营过程作为一个整体，可以激励承包商在建设过程中严控质量、降低运营过程中对设施的维护和运营成本，即阶段间的正外部性可能可以促进项目节约投资（Hart，2003）。另一方面，社会资本方可能面临着比公共部门更高的融资成本，并且项目前期文件制作和后期项目谈判需要社会资本方投入较多的人力物力，会导致项目财务成本的增加。

效率是指利用既定的可供使用资源生产出的最

大产量。Ostroffand 和 Schmitt（1993）认为生产效率也具有成本效率的含义，尤其是在公共组织中，效率问题就是要在总支出不变的约束条件下，找到生产函数的最大值。在实践中，全球 PPP 项目大都采用"物有所值"（VFM）的标准来衡量 PPP 方式是否优于传统方式，本质就是衡量项目是否实现了财务成本的节约，尤其是政府财政成本的节约。

类似于以上学者的定义和"物有所值"的内涵，本章重点关注社会资本参与基础设施供给项目的投资成本，并比较发展中国家 PPP 项目是否比纯私有化项目的投资更节约财务成本。本书认为，当其他条件不变，在给定基础设施产出水平的情况下，成本越节约、投资越少的项目越有效。因此，本章将投资成本界定为投资规模与项目产能之比，即单位产能所需投资。

在 PPI 数据库中，社会资本参与基础设施供给的项目行业涉及能源、交通、通信和水务四大类，并细分为发电、天然气、通信、铁路、收费公路、机场、港口、污水处理和供水等九个子行业。在实证中，考虑到行业之间单位不可比和样本数据量等因素，本章仅针对能源发电行业的项目进行估计。

在具体计算时，从发电行业产能和投资规模的散点分布和拟合图来看（见图 5-1），两项指标具有较强的线性关系，说明可以用比值的方法来进

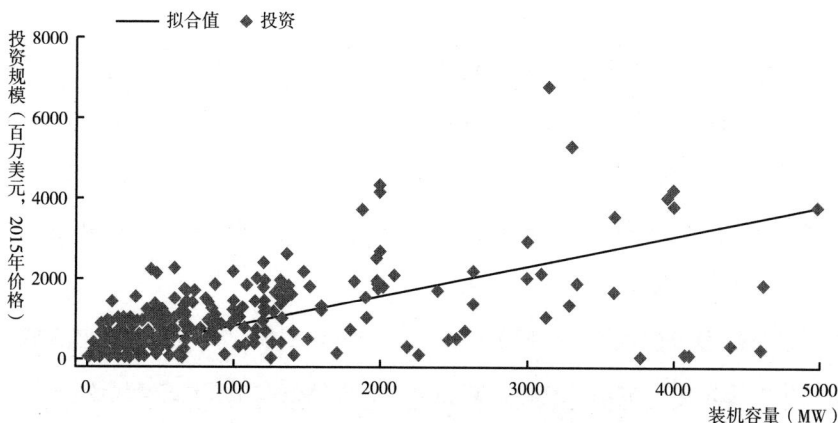

图 5-1　发电项目装机容量和投资规模的关系

行衡量。而这种线性关系在发电装机容量小于 2000MW 时更为明显（见表 5-1）。鉴于样本中约 98.5% 的观测值在 2000MW 以下，本章在影响因素的实证部分针对发电装机容量在 2000MW 以内的项目进行估计，并在稳健性检验中将样本扩大至更大的发电项目。

表 5-1　发电项目装机容量与投资总额的拟合

被解释变量：投资总规模	样本 1（装机容量在 2000MW 以下）	样本 2（装机容量在 5000MW 以下）	样本 3（发电行业全样本）
装机容量	1.05***（0.018）	0.74***（0.015）	0.82***（0.028）
常数项	44.64***（5.91）	86.60***（7.98）	72.83***（18.33）
样本数量	2112	2145	2163
R^2	0.60	0.52	0.28

说明：括号内为标准误，*** $p < 0.001$。

二　发展中国家项目的投资成本现状

本节计算了 92 个发展中国家各国社会资本参与建设和运营电厂的投资成本（见附录 A），以观察发电行业投资成本的国别特征。表 5-2 报告了总项目排名前 12 位国家的成本，可以看出，这些国家的投资成本介于 98 万~200 万美元 /MW，阿根廷、越南和印度的电厂投资成本相对更低，而土耳其、中国和泰国的电厂投资成本相对较高。

从不同发电技术的电厂投资成本看，传统化石能源发电的成本普遍低于可再生能源发电的成本。其中，柴油发电、天然气发电、油气混合发电和煤电的投资成本最低，每单位产能的投资成本分别为 82 万美元、84 万美元、88

表 5-2　部分国家的电厂投资成本

国家名称	所在地区	收入组别	总项目数（个）	平均成本（百万美元/MW）
巴　西	拉丁美洲	中高收入	431	1.55
中　国	东亚和太平洋	中高收入	430	1.70
印　度	南亚	中低收入	407	1.32
土耳其	东欧和中亚	中高收入	144	1.95
泰　国	东亚和太平洋	中高收入	127	1.63
菲律宾	东亚和太平洋	中低收入	111	1.40
越　南	东亚和太平洋	中低收入	81	1.29
巴基斯坦	南亚	中低收入	78	1.35
阿根廷	拉丁美洲	中高收入	74	0.99
墨西哥	拉丁美洲	中高收入	72	1.54
秘　鲁	拉丁美洲	中高收入	72	1.60
斯里兰卡	南亚	中低收入	72	1.54

资料来源：世界银行 PPI 数据库。

万美元和 90 万美元，而聚焦式太阳能发电、沼气发电和垃圾发电的投资成本最高，每单位产能的投资成本分别为 442 万美元、235 万美元和 228 万美元。

表 5-3　不同发电技术的电厂投资成本

发电技术	平均成本（百万美元/MW）	成本由低至高排序
柴油发电	0.82	1
天然气发电	0.84	2
油气混合发电	0.88	3
煤电	0.90	4
大型水电（高于 50MW）	0.99	5
生物质能发电	1.44	6
小型水电（低于 50MW）	1.65	7

续表

发电技术	平均成本（百万美元/MW）	成本由低至高排序
风力发电	1.76	8
太阳能光伏发电	1.80	9
增强型地热发电	2.22	10
垃圾发电	2.28	11
沼气发电	2.35	12
聚焦式太阳能发电	4.42	13

资料来源：世界银行 PPI 数据库。

此外，本节计算了 92 个发展中国家在不同技术下发电项目的投资成本（见附录 B）。从各类电厂投资成本最低的国家看（见表 5-4），哈萨克斯坦和亚美尼亚的大型水电、格鲁吉亚的天然气发电、乌克兰和南非的煤电投资成本最低，每单位产能的投资成本在 5 万美元及以下。中国在增强型地热发电、沼气发电、聚焦式人阳能发电、风力发电、水电、天然气发电和生物质能发电方面的投资成本排名靠前，而在柴油发电和太阳能光伏发电方面的投资成本排名靠后。值得注意的是，中国的太阳能光伏发电的投资成本在 48 个国家中排第 28 位，说明我国光伏产业的技术优势并不突出，迅速发展可能主要依靠政府补贴。

表 5-4　不同发电技术的电厂投资成本排名

发电技术	成本排名	国家名称	投资成本（百万美元/MW）	中国排名
柴油发电	1	埃塞俄比亚	0.07	22
	2	保加利亚	0.07	
	3	塞拉利昂	0.08	
天然气发电	1	格鲁吉亚	0.02	6
	2	萨尔瓦多	0.14	
	3	委内瑞拉	0.17	

续表

发电技术	成本排名	国家名称	投资成本 （百万美元/MW）	中国排名
油气混合发电	1	黎巴嫩	0.75	无
	2	印度尼西亚	1.04	
煤电	1	乌克兰	0.02	7
	2	南非	0.05	
	3	阿根廷	0.09	
大型水电 （高于50MW）	1	哈萨克斯坦	0.02	5
	2	亚美尼亚	0.02	
	3	俄罗斯	0.23	
生物质能发电	1	厄瓜多尔	0.63	8
	2	印度	0.97	
	3	巴西	1.14	
小型水电 （低于50MW）	1	赞比亚	0.08	5
	2	布基纳法索	0.47	
	3	玻利维亚	0.56	
风力发电	1	印度	1.17	2
	2	中国	1.35	
	3	埃及	1.49	
太阳能光伏 发电	1	塞拉利昂	0.70	28
	2	哥伦比亚	0.86	
	3	津巴布韦	1.00	
增强型地热发电	1	中国	0.26	1
	2	萨尔瓦多	0.69	
	3	巴基斯坦	0.88	
垃圾发电	1	巴基斯坦	0.64	15
	2	印度	0.72	
	3	巴西	1.00	

发电技术	成本排名	国家名称	投资成本 （百万美元/MW）	中国排名
沼气发电	1	中国	2.21	1
	2	土耳其	3.57	
	3	菲律宾	3.97	
聚焦式太阳能发电	1	中国	3.05	1
	2	印度	3.51	
	3	泰国	5.14	

资料来源：世界银行 PPI 数据库。

三 影响发展中国家发电项目投资成本的主要因素

（一）模型设定

本节考察影响社会资本参与基础设施供给项目投资成本的主要因素，并重点关注供给方式的影响，即控制其他因素后，PPP 发电项目和纯私有化发电项目单位产能的投资成本差异。因此，本节将模型设定为：

$$lncost_i = \beta_0 + \beta_1 PPP_i + \beta_2 E_i + \beta_3 Z_i + \varepsilon_i$$

其中，被解释变量 $lncost_i$ 代表 i 项目投资成本的对数值。解释变量中，PPP_i 表示项目 i 的供给方式；E_i 表示一组核心解释变量，代表可能对项目投资成本产生影响的因素，包括项目是否有多个社会资本方、是否有信息披露机制，以及项目所在国的人均 GDP、人口密度、制度质量、融资成本、项目成功经验等；Z_i 表示控制变量，包括项目的技术类型和开始建设的年份；ε_i 代表随机扰动项。

（二）变量描述与研究假设

1. 核心解释变量

PPP。在本节中，PPP 变量的定义和取值如第四章第三节，即在社会资本参与基础设施供给的管理合同、租赁合同、ROT、RLT、BLT、BROT、BOT、BOO、商业化、租赁、部分资产剥离、全部资产剥离等十二个子类别中，将仅涉及私人部门的全部资产剥离项目和商业化项目定义为纯私有化项目，PPP 变量取 0；而其他项目均涉及政府和社会资本方的合作，则定义为PPP 项目，PPP 变量取 1。数据来自世界银行 PPI 数据库。

与纯私有化项目相比，PPP 模式在较低收入国家的投资成本可能更高。这是因为：一方面，低收入国家自身的社会资本方实力不强，供给基础设施的私人部门可能来自外国成熟企业，而这些企业往往融资成本较低；另一方面，低收入国家的政府监管能力有待提高，社会资本方存在道德风险的可能性更大，当项目收入的全部或部分来自政府时，PPP 项目的总投资报价可能高于纯私有化项目。但随着国家经济发展水平的提升，本国社会资本方的实力和政府治理能力进一步提升，纯私有化项目的优势将有所减弱。因此，本节提出假设：

假设 5.1：在能源发电行业，与纯私有化供给方式相比，PPP 方式的投资成本更高，但成本随人均收入增加而递减。

除了供给方式外，社会资本参与基础设施供给的投资成本同时受项目层面和国家层面因素的影响。项目层面的因素带有项目特性，而一国的项目有着共同的政策、制度和文化，面临相似的市场规模，因此国家层面的共性因素也对项目投资成本有影响。因此本节考虑项目层面的因素包括项目股权结构和是否具有信息披露机制；国家层面的因素包括人均 GDP、人口密度、制度质量和是否可获得 IDA 贷款。

项目股权结构。与前一章类似，本章用项目中是否有多方社会资本参与来定义项目的股权结构。从分布看，在发展中国家 2101 个发电项目中，共 1537 个项目由单个社会资本投资，564 个项目的股东包含多个社会资本方，两者占比分别为 73.16% 和 26.84%。已有文献（Galilea 和 Medda，2010；刘穷志等，2016）对项目股权结构与 PPP 成效的关系的讨论主要从成功率角度展开，但本节认为，当项目具有多方社会资本参与时，复杂的股权结构可能会增加项目的协商和谈判难度，也将增加项目的投资成本。因此，本节提出假设：

假设 5.2：当具有多方社会资本参与时，项目的投资成本更高。

项目的信息披露机制。本章将项目是否存在信息披露机制作为核心解释变量之一，数据来源于世界银行 PPI 数据库。当项目具有信息披露机制时，该变量取值为 1，否则取值为 0。从分布看，在发展中国家 2101 个发电项目中，共 93 个项目具有信息披露机制，占比约为 4.43%；而大部分项目未建立信息披露机制。本节认为，当项目建立了信息披露机制时，对项目公司的道德风险约束更强，项目存在投资浪费的可能性更小，因此有利于项目投资成本的降低。因此，本节提出假设：

假设 5.3：当建立了信息披露机制时，项目的投资成本更低。

项目所在国的**人均收入**。本节选取了项目所在国的人均 GDP（2010 年不变价美元）衡量人均收入，数据来源于世界银行的世界发展指数（WDI）数据库。Pestieau 和 Tulkens（1993）认为经济越发达的地区，越容易造成公共资金的滥用，缺少控制政府成本的内在机制，从而成本越高。同时，项目所在国的人均 GDP 越高，意味着人力成本越高，土地、生产材料等要素成本也相对较高，因此投资成本可能更高。因此，本节提出假设：

假设 5.4：项目所在国的人均 GDP 越高，项目的投资成本越高。

项目所在国的**人口密度**。该指标来源于世界银行的 WDI 数据库，衡量每平方公里的人口数量。Childs 等（1998）发现，人口密度和人口规模不利于政府效率的提升。项目所在国的人口密度越高，意味着公共设施的市场需求越大，设施的利用效率越高，对公共设施质量的要求越高，项目投资成本可能更大。因此，本节提出假设：

假设 5.5：项目所在国的人口密度越大，项目的投资成本越高。

制度质量。本节的制度质量指标来自世界银行的全球治理指数（WGI）数据库。已有研究（刘穷志和芦越，2016；霍伟东等，2018）主要从成功率的角度探讨制度质量与 PPP 成效的关系。受此启发，本节认为，良好的制度质量有利于项目建设和运营方对未来政策的持续性形成稳定预期，而若法律体系不完备、政策执行力不高、监管不力，都会增加项目的投资成本，降低项目的投资效率。因此，本节提出假设：

假设 5.6：项目所在国的制度质量越高，项目的投资成本越低。

融资成本。与第四章类似，本节用是否可获得国际开发协会（IDA）优惠贷款来描述项目的融资成本，数据来源于世界银行 PPI 数据库。对中低收入国家而言，资金往往是制约基础设施供给的最主要因素之一。世界银行下属的国际开发协会（IDA）旨在对中低收入国家的公共工程和发展项目提供比世界银行条件更为宽松的信贷资金。当一国项目可获得 IDA 贷款时，本节认为这种较低的融资成本有利于降低项目的整体投资成本。因此，本节提出假设：

假设 5.7：项目所在国可获得 IDA 优惠贷款时，项目的投资成本更低。

项目成功经验。与第四章类似，本节用该项目开始时该国已累计成功的项目数量代表项目成功经验，数据根据世界银行 PPI 数据库计算。如前文讨论，在实践中，各国政府部门通常会将成功项目经验进行推广，并通过培训、编写手册等方式提高政府的管理和监督能力。同时，社会资本方也将在实践中提升运营和管理效率，这都有利于项目降低投资成本。因此，本节提出假设：

假设 5.8：项目所在国积累的成功项目数越多，该项目的投资成本越低。

2. 控制变量

本节用项目发电技术和项目建设年份作为控制变量，考察发电技术类型和时间趋势估计结果的影响，数据均来自世界银行 PPI 数据库。发电技术方面，发电行业按不同技术类型进行了细分，分别为煤电、柴油发电、天然气发电、油气混合发电、核电、大型水电（>50MW）、小型水电（<50MW）、风电、太阳能光伏发电、太阳能 CSP、垃圾发电、沼气发电、生物质能发电、增强型地热发电等 14 种。

建设年份方面，世界银行 PPI 数据库的时间跨度为 1990 年至 2018 年上半年，但受 WGI 数据库制度质量数据的限制，本节最终估计年份为：1996年、1998 年、2000 年、2002~2017 年，共 19 年。

3. 变量总结和描述性统计

综上，本节涉及所有变量的定义、含义和取值及数据来源如表 5-5 所示。

表 5-5　本节涉及变量的定义、含义和取值及数据来源

变量	定义	含义和取值	数据来源
lncost	项目的投资成本	项目总实际投资和产能的比值，取对数值	根据 PPI 数据库计算
PPP	项目是否 PPP 方式提供	当项目是 PPP 方式提供时取值为 1，纯私有化方式提供时取值为 0	世界银行 PPI 数据库
Multispon	项目是否有多方社会资本参与	当项目有多方社会资本主体参与时取值为 1，否则取值为 0	世界银行 PPI 数据库

续表

变量	定义	含义和取值	数据来源
Public	该项目是否进行信息披露	进行了信息披露取值为1，未披露取值为0	世界银行 PPI 数据库
lnGDP	项目所在国的人均 GDP	项目所在国当年的人均 GDP 取对数值，2010 年不变价美元	世界银行 WDI 数据库
plGDP	PPP 和人均 GDP 的交互项	PPP×lnGDP	根据 PPI 数据库计算
lnPopden	项目所在国的人口密度	项目所在国当年的人口密度取对数值，单位是人口每平方公里	世界银行 WDI 数据库
plPopden	PPP 和人口密度的交互项	PPP×lnPopden	根据 PPI 数据库计算
Accountability	项目所在国的话语和问责制	项目所在国当年的话语和问责权评分	世界银行 WGI 数据库
IDA	项目所在国是否国际开发协会（IDA）成员国	当项目所在国是 IDA 国家，或有资格获得 IDA 资源时取值为1，否则取值为0	世界银行 PPI 数据库
lnSucnum	项目所在国的成功经验	在该项目建立时该国已有的成功项目数量，取对数值	根据 PPI 数据库计算
IY	项目建设年份	项目开始建设的年份	世界银行 PPI 数据库
Tech	项目采用技术	项目采用的发电技术	世界银行 PPI 数据库

本节将对 1996~2017 年全球发展中国家社会资本参与的 2000MW 以下的发电项目进行分析，讨论供给方式是否对项目的投资成本产生影响，并估计项目的股权结构、信息披露情况，以及项目所在国的市场规模、制度质量、融资成本等因素对投资成本的影响。相关变量的描述性统计如表 5-6 所示。

表 5-6　本节相关变量的描述性统计

变量	样本观测值	均值	标准误	最小值	最大值
lncost	2101	0.39	0.75	-7.72	2.26
PPP	2101	0.95	0.23	0	1
Multispon	2101	0.27	0.44	0	1
Public	2101	0.04	0.21	0	1

变量	样本观测值	均值	标准误	最小值	最大值
lnGDP	2015	8.28	0.93	5.74	9.97
plGDP	2015	7.85	2.02	0	9.97
lnPopden	2007	4.66	1.11	0.59	7.14
plPopden	2007	4.42	1.49	0	7.14
Accountability	1994	-0.24	0.78	-1.75	1.15
IDA	2101	0.13	0.34	0	1
lnSucnum	2100	4.33	1.72	0	6.56

（三）实证结果

本节通过对 1996~2017 年发展中国家社会资本参与基础设施供给的 1985 个能源发电项目进行分析，探讨项目投资成本的影响因素，并重点观察 PPP 项目和纯私有化项目的差异。在对样本进行 White 和 BP 检验后，发现确实存在异方差。因此，本节运用迭代再加权最小二乘法（IRLS）和稳健标准误的最小二乘法进行估计。其中，迭代再加权最小二乘法不假定误差的正态性，在 OLS 的基础上运用 Huber 函数为每个样本计算出权数，再继续进行加权最小二乘法（WLS）的估计，迭代后权数函数转变为 Tukey 双权，并按 95% 的高斯效率调整。而稳健标准误的最小二乘法放松了误差独立同分布的假定，报告了怀特稳健标准误。

按照是否加入项目层面的解释因素和是否加入年份和技术等控制变量，本文设定了模型（1）~模型（6），估计结果如表 5-7 所示。

表 5-7　影响发展中国家项目投资成本的主要因素

变量	模型（1）（IRLS）	模型（2）（OLS,R）	模型（3）（IRLS）	模型（4）（OLS,R）	模型（5）（IRLS）	模型（6）（OLS,R）
PPP	4.164***	4.288***	3.961***	4.178***	4.267***	4.376***
	（1.010）	（1.419）	（0.993）	（1.502）	（0.996）	（1.400）
lnGDP	0.344***	0.421***	0.385***	0.494***	0.335***	0.410***
	（0.085）	（0.126）	（0.083）	（0.130）	（0.083）	（0.125）
plGDP	-0.294***	-0.333**	-0.276***	-0.324**	-0.294***	-0.332**
	（0.088）	（0.130）	（0.086）	（0.135）	（0.086）	（0.129）
lnPopden	0.208***	0.190*	0.183***	0.173*	0.210***	0.193**
	（0.071）	（0.098）	（0.070）	（0.104）	（0.070）	（0.096）
plPopden	-0.288***	-0.208**	-0.260***	-0.172	-0.312***	-0.230**
	（0.073）	（0.102）	（0.072）	（0.108）	（0.072）	（0.100）
Accountability	-0.040**	-0.020	-0.027*	-0.036*	-0.026	-0.011
	（0.016）	（0.020）	（0.016）	（0.021）	（0.016）	（0.020）
IDA	-0.062	-0.150*	0.046	-0.065	-0.060	-0.143*
	（0.055）	（0.077）	（0.053）	（0.084）	（0.054）	（0.076）
lnSucnum	-0.056***	-0.054***	-0.030***	-0.003	-0.041***	-0.034***
	（0.009）	（0.011）	（0.009）	（0.012）	（0.009）	（0.012）
IY	0.018***	0.040***			0.022***	0.042***
	（0.004）	（0.006）			（0.004）	（0.006）
Tech	0.023***	0.035***			0.023***	0.035***
	（0.003）	（0.004）			（0.003）	（0.004）
Multispan			0.044	0.158***	0.058**	0.146***
			（0.028）	（0.037）	（0.028）	（0.035）
Public			-0.343***	-0.348***	-0.404***	-0.439***
			（0.062）	（0.068）	（0.063）	（0.064）

变量	模型（1） （IRLS）	模型（2） （OLS,R）	模型（3） （IRLS）	模型（4） （OLS,R）	模型（5） （IRLS）	模型（6） （OLS,R）
Constant	-40.320***	-84.482***	-3.532***	-4.832***	-47.356***	-88.439***
	（7.883）	（12.176）	（0.960）	（1.430）	（7.882）	（12.160）
Observations	1985	1985	1985	1985	1985	1985
R^2	0.136	0.161	0.115	0.097	0.160	0.181

说明：***p<0.01,**p<0.5,*p<0.10。

首先考察 PPP 变量对项目投资成本的影响。从表 5-7 可看出，在发电行业，控制了相关变量后采用 PPP 模式比纯私有化供给模式的投资成本更高，这种影响在 6 个模型中均显著。但同时，PPP 变量和人均 GDP、人口密度的交互项符号显著为负，这说明 PPP 模式高成本的特点随一国人均收入和人口密度的增加而减弱，PPP 在较高收入水平和较大人口密度的国家投资成本更低。

为进一步分析供给模式对项目投资成本的影响，本节计算了 PPP 模式在不同人均收入和人口密度水平下对投资成本的边际效应（见表 5-8）。可以看出，在 IRLS 模型中当人均 GDP 的对数小于 10 或人口密度的对数小于 6，即人均 GDP 小于 22026 美元或人口密度小于 403 人 /km² 时，PPP 项目的投资成本高于纯私有化供给项目。而当人均 GDP 和人口密度高于这两个临界值时，PPP 项目的投资成本反而更低。

如前文分析，在低收入国家，PPP 项目的成本更高可能因为委托代理问题较为严重，且融资成本相对更高，而随着国家经济发展水平的提升，政府和国内社会资本的实力增强，PPP 项目的相对成本有所下降。而从 PPP 变量随人口密度变化的边际效应看，PPP 项目的成本始终相对较高，仅有个别国家[1] 的 PPP 项目投资成本比纯私有化供给项目低，可能是因为这些国家的人口密集程

---

① 人口密度大于 403 人 /km² 的国家主要是印度和孟加拉国。

表 5-8　PPP 变量在不同人均 GDP 和人口密度下的边际效应

lnGDP 取值	PPP 变量的边际效应		*lnPopden* 取值	PPP 变量的边际效应	
	IRLS 模型	OLS 模型		IRLS 模型	OLS 模型
6	1.050***	1.311***	0	1.834***	1.625***
6.5	0.903***	1.145***	0.5	1.682***	1.511***
7	0.756***	0.979***	1	1.525***	1.396***
7.5	0.610***	0.813***	1.5	1.369***	1.281***
8	0.462***	0.647***	2	1.213***	1.167***
8.5	0.316***	0.480***	2.5	1.056***	1.052***
9	0.169**	0.314**	3	0.901***	0.937***
9.5	0.022	0.148	3.5	0.745***	0.822***
10	-0.124	-0.018	4	0.589***	0.708***
10.5	-0.272	-0.184	4.5	0.432***	0.593***
11	-0.419**	-0.351	5	0.276***	0.478***
11.5	-0.565**	-0.516	5.5	0.120	0.363**
12	-0.712**	-0.683	6	-0.036	0.249
12.5	-0.859**	-0.849	6.5	-0.192*	0.134
13	-1.005**	-1.015*	7	-0.348**	0.019
13.5	-1.153***	-1.182*	7.5	-0.505**	-0.087
14	-1.300***	-1.348*	8	-0.661***	-0.211
14.5	-1.447***	-1.514*			
15	-1.593***	-1.680**			
15.5	-1.740***	-1.847**			
16	-1.887***	-2.012**			

说明：***p<0.01,**p<0.5,*p<0.10。

度非常大，导致基础设施供给产生的规模效益降低了 PPP 项目的成本。

其次考察其他核心解释变量对项目投资成本的影响。从实证结果可以看出，第一，**多个社会资本方**参与会增加项目的投资成本，说明多方社会资本的参与增加了公司运作和谈判难度，降低了运行效率，这一发现从侧面验证了 Galilea 和 Medda（2010）、刘穷志等（2016）的研究结论。第二，**信息披露机制**有利于项目投资成本的降低，说明更加公开透明的信息披露可督促项目投资方接受公众的监督，从而降低因道德风险而浪费投资的可能性。第三，**制度质量的提升**有利于项目降低投资成本，这说明政府更高的监管水平和治理水平将有利于项目顺利开展，减少项目的相关费用支出，也与 Sharma（2012）、刘穷志和芦越（2016）、霍伟东等（2018）等的研究结论相一致。第四，低成本资金的可获得性降低了项目的**融资成本**，也有利于项目投资成本的节约。第五，该国的**项目成功经验**越多，说明项目实施方的管理经验越丰富，建设和运营效率越高，也对降低项目投资成本发挥了积极作用。

一国的**经济发展水平和人口密度**越高，项目的投资成本越高，与 Childs 等（1998）的观点类似。但另一方面，这两个变量与 PPP 变量的交互作用为负。为进一步观察这两个宏观变量对项目投资成本的边际效应，本节按不同供给方式进行了测算（见表 5-9）。可以看出，人均 GDP 变量在 PPP 项目和纯私有化项目上对投资成本的影响都为正，说明随着人均 GDP 上升，投资成本也相应上升。人口密度在纯私有化项目上显著为正，但在 PPP 项目上为负，这说明 PPP 项目可获得政府的各类支持（如资本补贴、支付担保、税收减免等），一定程度上抵销了因市场规模大而导致的成本增加效应。

表 5-9　人均 GDP 水平和人口密度对 PPP 项目和纯私有化项目的边际效应

PPP 取值	*lnGDP* 变量的边际效应		*PPP* 取值	*lnPopden* 变量的边际效应	
	IRLS 模型	OLS 模型		IRLS 模型	OLS 模型
0	0.335***	0.410***	0	0.210***	0.193**
1	0.041	0.078**	1	-0.103***	-0.036

最后考察控制变量，即项目开始建设的年份和项目的技术类型的影响。可以看出，时间在模型（1）、模型（2）、模型（5）、模型（6）中均为正，这说明全球 PPP 项目的投资成本随建设年份的增加有所提高。而发电技术这一变量也在 1% 水平上显著，体现了不同发电技术在投资成本方面的异质性。

（四）稳健性检验

1. 分位数回归

上文主要考察了解释变量对项目投资成本条件期望的影响，属于均值回归。而当条件分布不是对称分布时，可采用分位数回归的方式估计解释变量对整个条件期望的影响。因此，本节采用分位数回归的方式，估计了 0.25 分位数、0.5 分位数、0.75 分位数下各解释变量对投资成本的影响，估计结果见表5-10。

表 5-10　原估计方法和分位数回归的比较

变量	原模型（5）（IRLS）	原模型（6）（OLS,R）	模型（1）0.25 分位数回归	模型（2）0.5 分位数回归	模型（3）0.75 分位数回归
PPP	4.267***	4.376***	3.738**	3.459***	3.427**
	（0.996）	（1.400）	（1.683）	（1.108）	（1.503）
Multispon	0.058**	0.146***	0.052	0.106***	0.103**
	（0.028）	（0.035）	（0.048）	（0.031）	（0.043）
Public	-0.404***	-0.439***	-0.322***	-0.365***	-0.497***
	（0.063）	（0.064）	（0.107）	（0.070）	（0.095）
lnGDP	0.335***	0.410***	0.339**	0.345***	0.338***
	（0.083）	（0.125）	（0.141）	（0.093）	（0.126）

续表

变量	原模型（5）（IRLS）	原模型（6）（OLS,R）	模型（1）0.25分位数回归	模型（2）0.5分位数回归	模型（3）0.75分位数回归
plGDP	-0.294***	-0.332**	-0.283*	-0.263***	-0.225*
	（0.086）	（0.129）	（0.146）	（0.096）	（0.130）
lnPopden	0.210***	0.193**	0.098	0.117	0.198*
	（0.070）	（0.096）	（0.119）	（0.078）	（0.106）
plPopden	-0.312***	-0.230**	-0.168	-0.211***	-0.260**
	（0.072）	（0.100）	（0.122）	（0.080）	（0.109）
Accountability	-0.026	-0.011	-0.023	-0.010	-0.001
	（0.016）	（0.020）	（0.028）	（0.018）	（0.025）
IDA	-0.060	-0.143*	-0.096	-0.036	0.062
	（0.054）	（0.076）	（0.091）	（0.060）	（0.081）
lnSucnum	-0.041***	-0.034***	-0.025	-0.042***	-0.054***
	（0.009）	（0.012）	（0.015）	（0.010）	（0.014）
IY	0.022***	0.042***	0.023***	0.022***	0.026***
	（0.004）	（0.006）	（0.007）	（0.004）	（0.006）
Tech	0.023***	0.035***	0.037***	0.016***	0.025***
	（0.003）	（0.004）	（0.005）	（0.003）	（0.004）
Constant	-47.356***	-88.439***	-49.202***	-47.520***	-55.227***
	（7.882）	（12.160）	（13.317）	（8.769）	（11.893）
Observations	1985	1985	1985	1985	1985
R-squared	0.160	0.181			

说明：括号内为标准误，*** $p<0.01$，** $p<0.05$，* $p<0.10$。

可以看出，采用分位数回归时，各变量的系数和显著性与 IRLS 和稳健标准误的 OLS 估计结果基本一致。本节再对 PPP 变量在 0.25 分位数、0.5 分位数和 0.75 分位数下的系数是否相等进行检验，检验结果发现，结果不能拒绝三系数相等的假定，这说明原模型是一个较好的拟合结果，无须进行修正。

2. 发电行业的全样本估计

考虑到装机容量和投资规模的线性关系，本节主体部分以 2000MW 以下的发电站为样本进行估计。当将样本扩大至 5000MW 以下和发电行业的全样本，本节用 IRLS 和稳健标准误的 OLS 法重新估计了方程（见表 5-11）。研究发现，样本的选取对文章估计结果影响不大，基础设施供给方式仍对项目的投资成本有显著正向影响，但这种趋势随着人均收入和人口密度的增加而减弱。

表 5-11 基础设施供给方式对项目投资成本的影响（全样本）

变量	2000MW 以下的样本		5000MW 以下的样本		发电行业全样本	
	模型（1）（IRLS）	模型（2）（OLS,R）	模型（3）（IRLS）	模型（4）（OLS,R）	模型（5）（IRLS）	模型（6）（OLS,R）
PPP	4.267***	4.376***	4.249***	6.154***	4.220***	5.518***
	（0.996）	（1.400）	（0.992）	（1.858）	（1.000）	（1.835）
Multispon	0.058**	0.146***	0.064**	0.166***	0.066**	0.226***
	（0.028）	（0.035）	（0.028）	（0.036）	（0.028）	（0.039）
Public	-0.404***	-0.439***	-0.409***	-0.433***	-0.406***	-0.394***
	（0.063）	（0.064）	（0.063）	（0.064）	（0.064）	（0.065）
lnGDP	0.335***	0.410***	0.336***	0.565***	0.336***	0.566***
	（0.083）	（0.125）	（0.083）	（0.157）	（0.084）	（0.156）
plGDP	-0.294***	-0.332**	-0.294***	-0.476***	-0.292***	-0.441***
	（0.086）	（0.129）	（0.086）	（0.162）	（0.087）	（0.160）
lnPopden	0.210***	0.193**	0.212***	0.319***	0.213***	0.325***
	（0.070）	（0.096）	（0.070）	（0.123）	（0.071）	（0.121）

续表

变量	2000MW 以下的样本		5000MW 以下的样本		发电行业全样本	
	模型（1） （IRLS）	模型（2） （OLS,R）	模型（3） （IRLS）	模型（4） （OLS,R）	模型（5） （IRLS）	模型（6） （OLS,R）
$plPopden$	-0.312***	-0.230**	-0.310***	-0.334***	-0.307***	-0.281**
	（0.072）	（0.100）	（0.072）	（0.127）	（0.073）	（0.125）
$Accountability$	-0.026	-0.011	-0.025	-0.000	-0.023	0.024
	（0.016）	（0.020）	（0.016）	（0.021）	（0.016）	（0.022）
IDA	-0.060	-0.143*	-0.050	-0.079	-0.045	0.060
	（0.054）	（0.076）	（0.054）	（0.077）	（0.054）	（0.085）
$lnSucnum$	-0.041***	-0.034***	-0.039***	-0.024**	-0.038***	-0.005
	（0.009）	（0.012）	（0.009）	（0.012）	（0.009）	（0.014）
IY	0.022***	0.042***	0.023***	0.042***	0.023***	0.040***
	（0.004）	（0.006）	（0.004）	（0.006）	（0.004）	（0.006）
$Tech$	0.023***	0.035***	0.025***	0.040***	0.025***	0.051***
	（0.003）	（0.004）	（0.003）	（0.004）	（0.003）	（0.005）
$Constant$	-47.356***	-88.439***	-48.859***	-91.283***	-49.499***	-87.929***
	（7.882）	（12.160）	（7.916）	（12.073）	（7.964）	（12.267）
$Observations$	1985	1985	2018	2018	2038	2038
R-squared	0.160	0.181	0.162	0.193	0.159	0.191

说明：括号内为标准误，*** $p<0.01$，** $p<0.05$，* $p<0.10$。

3. 修正稳健标准误

本节主体部分的估计采用了 White 标准误的 OLS 法。考虑到标准误可能在相同国家或相同技术的组别内相关，本节重新估计了按国家聚类和按技术聚类的标准误，结果如表 5-12。实证结果证明，不同的稳健标准误对研究结果无大的影响。

表 5-12 基础设施供给方式对项目投资成本的影响（不同标准误）

变量	模型（1） （IRLS）	模型（2） White 标准误	模型（3） 按国家聚类	模型（4） 按技术聚类
PPP	4.267***	4.376***	4.376*	4.376**
	（0.996）	（1.400）	（2.343）	（1.532）
Multispon	0.058**	0.146***	0.146***	0.146**
	（0.028）	（0.035）	（0.049）	（0.065）
Public	-0.404***	-0.439***	-0.439***	-0.439***
	（0.063）	（0.064）	（0.076）	（0.062）
lnGDP	0.335***	0.410***	0.410*	0.410***
	（0.083）	（0.125）	（0.227）	（0.117）
plGDP	-0.294***	-0.332**	-0.332	-0.332**
	（0.086）	（0.129）	（0.230）	（0.117）
lnPopden	0.210***	0.193**	0.193	0.193
	（0.070）	（0.096）	（0.133）	（0.144）
plPopden	-0.312***	-0.230**	-0.230	-0.230
	（0.072）	（0.100）	（0.156）	（0.160）
Accountability	-0.026	-0.011	-0.011	-0.011
	（0.016）	（0.020）	（0.042）	（0.069）
IDA	-0.060	-0.143*	-0.143	-0.143
	（0.054）	（0.076）	（0.231）	（0.146）
lnSucnum	-0.041***	-0.034***	-0.034*	-0.034
	（0.009）	（0.012）	（0.020）	（0.023）
IY	0.022***	0.042***	0.042***	0.042**
	（0.004）	（0.006）	（0.010）	（0.018）
Tech	0.023***	0.035***	0.035***	0.035**
	（0.003）	（0.004）	（0.008）	（0.013）

续表

变量	模型（1）（IRLS）	模型（2）White 标准误	模型（3）按国家聚类	模型（4）按技术聚类
Constant	-47.356***	-88.439***	-88.439***	-88.439**
	（7.882）	（12.160）	（20.517）	（37.152）
Observations	1985	1985	1985	1985
R-squared	0.160	0.181	0.181	0.181

说明：括号内为标准误，*** p<0.01，** p<0.05，* p<0.10。

（五）模型结论

本节运用迭代再加权最小二乘法和稳健标准误的最小二乘法，通过对发展中国家社会资本参与电厂建设的 1985 个样本的分析，检验了项目投资成本的影响因素，并重点关注 PPP 项目与纯私有化项目的差异。实证结果发现：（1）在低收入国家，纯私有化供给的投资成本要低于 PPP 项目，但随着人均收入和人口密度的增加，纯私有化方式供给的优势逐步减弱。（2）在以下条件下项目投资成本更低：单一社会资本方、建立了信息披露制度、所在国制度质量高、融资成本低、成功项目经验多。（3）人均 GDP 的增加导致 PPP 项目和纯私有化供给项目的成本增加；人口密度增加会使纯私有化供给项目的投资成本提升，但 PPP 项目的投资成本会减少。（4）发展中国家社会资本参与电力设施供给的总体效率随项目建设年份的推移而改善，并且在各发电类型间有显著差别。

与纯私有化供给模式相比，PPP 模式供给基础设施尽管成功率更高，但投资成本也更高。究其原因，一是 PPP 方式的道德风险问题更严重，社会资本为获得更多政府补贴和付费，报价更高，节约成本的动力更小；二是承担低收入国家纯私有化部门供给的可能是外国成熟企业，融资成本更低（如中国 20 世纪 90 年代的私有化项目由外资水务公司建设和运营），但外国企业和低收入国家的政府合作交易成本更高，从而成功率更低。随着经济发展水平的提高，本国社会资本方实力增强、政府监管能力增强，PPP 方式在降低成本方面的优势开始显现。

四　中国发电行业 PPP 项目的投资成本现状

本节将关注中国发电行业 PPP 项目的投资成本。世界银行 PPI 数据库包含了 427 个中国发电行业的 PPP 项目。以项目所在的省级行政区为划分依据对数据进行了整理，并测算了中国各省份和各技术的投资成本与相对排名。

经测算，表 5-13 报告了中国各省份发电 PPP 项目的投资成本。可以发现，西部地区的投资成本普遍较高，南方地区的投资成本比北方更低。广东省、海南省、上海市等水资源较为丰富的地区投资成本最低，分别为 86 万美元 /MW、94 万美元 /MW 和 95 万美元 /MW，而西藏自治区、青海省、贵州省、重庆市等山地较多、自然条件相对较差的地区投资成本最高，分别为 375 万美元 /MW、243 万美元 /MW、242 万美元 /MW 和 242 万美元 /MW。

表 5-13　各省份发电 PPP 项目的平均投资成本

省份	平均投资成本（百万美元 /MW）	项目数量（个）	所属区域
广东省	0.86	24	东部
海南省	0.94	2	东部
上海市	0.95	4	东部
江苏省	1.02	21	东部

省份	平均投资成本（百万美元/MW）	项目数量（个）	所属区域
四川省	1.02	17	西部
河北省	1.04	15	东部
广西壮族自治区	1.22	12	西部
河南省	1.28	21	中部
湖北省	1.43	21	中部
江西省	1.45	11	中部
云南省	1.53	18	西部
湖南省	1.57	21	中部
北京市	1.58	5	东部
内蒙古自治区	1.60	18	西部
福建省	1.64	5	东部
安徽省	1.64	24	中部
山西省	1.64	11	中部
浙江省	1.64	16	东部
宁夏回族自治区	1.66	4	西部
辽宁省	1.73	9	东北
山东省	1.79	39	东部
陕西省	1.86	8	西部
吉林省	1.99	16	东北
甘肃省	2.20	21	西部
黑龙江省	2.25	10	东北
新疆维吾尔自治区	2.40	25	西部
重庆市	2.42	3	西部
贵州省	2.42	10	西部
青海省	2.43	12	西部
西藏自治区	3.75	4	西部

注：天津市数据缺失。

资料来源：世界银行 PPI 数据库。

表 5-14 报告了中国各类能源发电 PPP 项目的投资成本，并与发展中国家的平均成本进行比较。总体来看，除垃圾发电和生物质能发电外，中国其他类发电项目的平均投资成本均低于发展中国家平均水平，这说明中国的发电 PPP 项目整体投资成本较低，效率较高。

表 5-14　中国各类能源发电项目的平均投资成本

	中国项目数（个）	中国平均成本（百万美元/MW）	发展中国家平均成本（百万美元/MW）
沼气发电	1	2.21	4.42
生物质能发电	53	1.67	1.65
煤电	56	0.62	0.99
柴油发电	21	0.65	0.82
增强型地热发电	2	0.26	2.28
大型水电（高于 50MW）	16	0.59	1.44
天然气发电	18	0.37	0.84
小型水电（低于 50MW）	6	0.85	1.76
聚焦式太阳能发电	2	3.05	5.37
太阳能光伏发电	124	1.88	2.22
垃圾发电	53	3.65	2.35
风力发电	75	1.35	1.80

资料来源：世界银行 PPI 数据库。

此外，本节还计算了中国发电项目投资成本的时间趋势（见图 5-2）。可以看出，1992~2003 年，中国发电 PPP 项目的平均成本在 50 万 ~70 万美元/MW，略有下降趋势；2004~2009 年，发电 PPP 项目的平均成本呈上升趋势，迅速上升至 200 万美元/MW；2010 年以后，发电 PPP 项目的成本基本稳定在 200 万美元/MW 的水平。

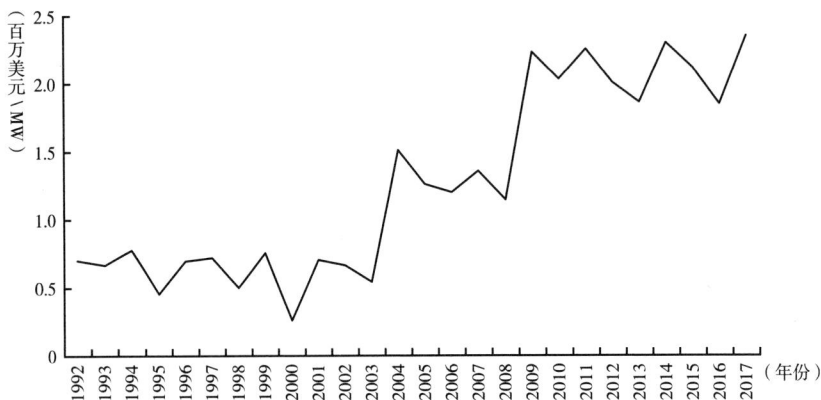

图5-2 1992~2017 年中国发电 PPP 项目的平均投资成本

资料来源：世界银行 PPI 数据库。

五　中国发电行业 PPP 项目投资成本的影响因素

（一）模型设定

本节考察中国发电行业 PPP 项目[①] 投资成本的主要影响因素，重点关注中国特征是否符合发展中国家规律。与第五章第三节类似，本节将模型设定为：

$$lncost_i = \beta_0 + \beta_1 E_i + \beta_2 Z_i + \varepsilon_i$$

其中，被解释变量 $lncost_i$ 代表 i 项目投资成本的对数值。解释变量中，E_i 表示一组核心解释变量，代表可能对项目投资成本产生影响的因

---

① 与第四章类似，中国仅有个别纯私有化项目，故只关注 PPP 项目。

素，包括项目的社会资本方数量、项目所在省份人均地区生产总值、人口密度、制度质量、金融发展水平、财政支付能力和项目成功经验等；Z_i 表示控制变量，包括项目的技术类型和开始建设的年份；ε_i 代表随机扰动项。

（二）变量描述与研究假设

1. 核心解释变量

与发展中国家发电行业的数据相比，中国具有自身特征。一是纯私有化项目少，并且所有发电项目都尚未建立信息披露机制，因此项目层面的解释变量仅考虑了项目的股权结构。二是宏观层面，本节以省级的市场化指数评分代表项目所在省份的制度质量，以金融业增加值占比衡量项目所在省份的融资环境，并添加了项目所在省份的财政支付能力这一变量。

社会资本方数量。本节计算了中国各发电 PPP 项目的社会资本方数量，原始数据来源于 PPI 数据库。如前文讨论，更多的社会资本方数量意味着更高的协商和运营成本，因此将带来项目投资成本的增加。

人均 GDP 和人口密度。本节的人均 GDP 和人口密度数据来自国家统计局和各省份统计年鉴。从发展中国家的经验数据来看，针对发电 PPP 项目，所在省份的人均 GDP 越高、人口密度越小，项目的投资成本越高。本节将验证中国的特征是否符合发展中国家规律。

市场化指数评分。借鉴刘穷志等（2016）、乔虹（2017）的方法，本节用各省份的市场化指数衡量发电 PPP 项目所在省份的制度质量，该指数来源于樊纲、王小鲁基于各省份政府与市场关系、非国有经济的发展、产品市场发育程度、要素市场发育程度和市场中介组织与法律制度评分的综合打

分。由于该指标在 1997~2009 年和 2008~2014 年的打分方法有改动,本节按
1997~2009 年的算法对 2010~2014 年的打分进行折算,并拟合了 2015~2017
年相应评分。本节认为,项目所在地的制度质量越高,项目的投资成本
越低。

财政支付能力。为衡量政府的财政支付能力,本节根据刘穷志等(2016)
的方法,计算了项目所在省份的一般预算财政收入和一般预算财政支出之
比,原始数据来自国家统计局和各省份统计年鉴。对于政府全部付费或部分
付费的 PPP 项目来说,当地政府的财政付费是项目重要的资金收入来源。一
般而言,在财政支付能力更强的省份,政府按时持续付费的可能性更大,项
目的整体融资成本较低,投资成本也相对较低。

金融发展水平。借鉴乔虹(2017)的方法,本节用项目所在省份的金融
业增加值占地区生产总值的比重刻画该省份的金融业发展水平。本文认为,
在金融业较为发达的地区,民间资本的融资难度更小、融资成本更低,因此
将有利于项目投资成本的降低。

项目成功经验。本节用项目发起时该省已累计成功的项目数量代表项目
成功经验,数据根据世界银行 PPI 数据库计算。如前文讨论,随着项目经验
的积累,政府部门和社会资本方都将在实践中提升运营和管理效率,有利于
项目降低投资成本。本节认为,项目所在省份积累的成功项目数越多,该项
目的投资成本越低。

2. 控制变量

从第五章第四节可看出,我国的发电 PPP 项目确实存在时间趋势和技术
差异。因此,本节选取了项目开始年份和项目的发电技术作为控制变量,以
控制投资成本在全国范围内的时间趋势和技术异质性特征。受制度变量的数
据所限,本节将检验年份为 1997~2017 年的项目数据。

3. 变量总结和描述性统计

综上，本节涉及所有变量的名称、定义、含义和取值及数据来源如表 5-15 所示。

表 5-15 本节涉及变量的定义、含义和取值及数据来源

变量名	定义	含义和取值	数据来源
lncost	项目的投资成本	项目总实际投资和产能的比值，取对数值	根据 PPI 数据库计算
lnsponnum	社会资本方数量	参与项目的社会资本方数量，取对数值	根据 PPI 数据库计算
lnGDP	项目所在省份的人均 GDP	项目所在省份当年的人均 GDP，取对数值	国家统计局
lnPopden	项目所在省份的人口密度	项目所在省份当年的人口密度，取对数值，单位是人 /km^2	国家统计局
lnmarket	项目所在省份的市场化指数评分	对项目所在省份市场化程度的评分，按 1997~2009 年算法对 2010-2014 年的数据进行折算，并拟合 2015~2017 年数据，取对数值	樊纲、王小鲁等
lnfiscal	项目所在省份的财政支付能力	项目所在省份一般预算收入和一般预算支出的比重，取对数值	国家统计局和各省统计年鉴
lnfinanrate	项目所在省份的金融发展水平	项目所在省份金融业增加值占地区生产总值的比重	国家统计局和各省统计年鉴
lnSucnum	项目所在省份的累计成功项目数	在该项目建立时该省已有的成功项目数量，取对数值	根据 PPI 数据库计算
IY	项目建设年份	项目开始建设的年份	世界银行 PPI 数据库
Tech	项目发电技术	包括煤电、柴油发电、天然气发电、油气混合发电、核电、大型水电（>50MW）、小型水电（<50MW）、风电、太阳能光伏发电、太阳能 CSP、垃圾发电、沼气发电、生物质能发电、增强型地热发电等 14 种	世界银行 PPI 数据库

本节将对 1997~2017 年中国 PPP 发电项目（小于 2000MW）投资成本的影响因素进行分析，估计项目的股权结构以及项目所在省份的市场规模、制度质量、财政支付能力、金融发展水平和项目成功经验等因素对投资成本的影响。相关变量的描述性统计如表 5-16 所示。

表 5-16　本节相关变量的描述性统计

变量名	样本观测值	均值	标准误	最小值	最大值
lncost	414	2.582	0.836	-3.51	1.858
lnsponnum	414	0.065	0.226	0	1.387
lnGDP	413	10.120	0.837	7.525	11.464
lnPopden	413	5.152	1.315	0.903	8.223
lnmarket	375	1.904	0.345	0.896	2.634
lnfiscal	413	-0.729	0.448	-2.627	0.653
lnfinanrate	414	-3.125	0.411	-4.836	-2.029
lnSucnum	414	2.862	1.004	0	4.663

（三）实证结果

本节对中国 1997~2017 年 375 个发电 PPP 项目的投资成本进行分析，探讨项目投资成本的影响因素，并探讨中国与发展中国家的规律是否一致。与本章第三节类似，本节运用迭代再加权最小二乘法（IRLS）和稳健标准误的最小二乘法进行估计。按照是否加入项目股权结构和项目经验、是否加入年份和技术控制变量，本节设定了模型（1）~模型（6）。表 5-17 报告了影响中国发电行业 PPP 项目投资成本主要因素的回归结果。

表 5-17　中国发电行业 PPP 项目投资成本的影响因素

变量	模型（1）（IRLS）	模型（2）（OLS,R）	模型（3）（IRLS）	模型（4）（OLS,R）	模型（5）（IRLS）	模型（6）（OLS,R）
lnsponnum	0.118	0.294*			0.111	0.286*
	（0.110）	（0.165）			（0.117）	（0.168）

续表

变量	模型（1）（IRLS）	模型（2）（OLS,R）	模型（3）（IRLS）	模型（4）（OLS,R）	模型（5）（IRLS）	模型（6）（OLS,R）
lnGDP	0.685***	0.871***	0.582***	0.706***	0.594***	0.715***
	（0.068）	（0.098）	（0.086）	（0.122）	（0.087）	（0.122）
lnPopden	0.166***	0.171***	0.177***	0.193***	0.180***	0.198***
	（0.038）	（0.058）	（0.040）	（0.055）	（0.040）	（0.055）
lnmarket	-0.826***	-0.781***	-0.829***	-0.847***	-0.856***	-0.888***
	（0.168）	（0.257）	（0.171）	（0.226）	（0.176）	（0.248）
lnfiscal	-0.363***	-0.579***	-0.322***	-0.458***	-0.318***	-0.432***
	（0.081）	（0.111）	（0.111）	（0.128）	（0.115）	（0.137）
lnfinanrate	-0.105	-0.091	-0.144**	-0.131	-0.143**	-0.142
	（0.064）	（0.085）	（0.068）	（0.096）	（0.069）	（0.093）
lnSucnum	0.010	0.015			-0.004	-0.017
	（0.046）	（0.072）			（0.051）	（0.077）
IY			0.014	0.018	0.016	0.025
			（0.011）	（0.016）	（0.012）	（0.018）
Tech			0.014**	0.027***	0.014**	0.025***
			（0.006）	（0.006）	（0.006）	（0.006）
Constant	-6.557***	-8.781***	-33.461	-43.595	-37.164	-57.032
	（0.722）	（1.032）	（21.173）	（32.020）	（23.334）	（34.649）
Observations	375	375	375	375	375	375
R^2	0.381	0.390	0.389	0.404	0.393	0.409

说明：括号内为标准误，*** $p<0.01$，** $p<0.05$，* $p<0.10$。

从各因素的估计结果看，本节发现：第一，社会资本方数量增加会导致项目投资成本的增加，这说明分散的股权结构不利于 PPP 项目投资成本的降低。第二，项目所在省份的人均地区生产总值越高，项目的投资成本越高，这反映了更高收入水平的地区面临更高的生产成本和人力成本。第三，项目所在省份人口密度越大，项目的投资成本越高，这说明更高人口密度的地区对项目质量提出了更高的要求。第四，制度质量越高的省份投资成本越低，这说明市场化程度较高的地区更有利于培育更强实力的社会资本方，政府的监管能力也更强，有利于提升 PPP 项目的合作效率，降低投资成本。第五，财政支付能力越强的省份，项目的投资成本越低，这反映出较强地方财力的地区政府付费更持续稳定，降低了项目因谈判失败而产生额外费用的可能性，从而促进了项目投资成本的节约；同时，地方财力越强的地区往往基础设施也相对更完备，也有利于节约项目在建设和运营过程中的投资成本。第六，地方金融发展水平越高，项目的投资成本越低，说明金融业越发达的地区社会资本方更有可能获得较低的融资成本，从而节约了项目的投资成本。第七，项目所在省份的 PPP 成功经验有利于项目投资成本的降低，因为政府和社会资本方可能通过以往的实践积累了提高效率、降低成本的经验。

从中国特征与发展中国家规律的比较看，项目的股权结构、项目所在省份的人均 GDP、制度质量、融资成本、成功项目经验等变量在两个估计中的符号相同，方向一致；而人口密度越大，发展中国家 PPP 发电项目的投资成本越低，但中国 PPP 发电项目的投资成本越高。究其原因，如前讨论，可能是人口的省际流动和国际流动壁垒的差异性。在估计中国特征时，本节以省级人口密度为解释变量，而在国内各省常住人口的密集程度往往与经济发展水平相联系，人口密集的地区也往往是经济水平较发达的地区，因此人口密度变量在估计国内方程时与人均 GDP 变量的方向相同，都会增加项目成本。但在对发展中国家进行估计时，由于国际人口无法完全实现自由流动，国家的人口密度往往是初始禀赋，并不体现经济发展水平，因此与经济发展水平变量的影响符号相反。

（四）稳健性检验

1. 分位数回归

与本章第三节类似，上文方法主要考察了解释变量对项目投资成本条件期望的影响，是均值回归。而当条件分布不是对称分布时，可采用分位数回归的方式估计解释变量对整个条件期望的影响。因此，本节继续采用分位数回归的方式，估计了 0.25 分位数、0.5 分位数、0.75 分位数下各解释变量对投资成本的影响，估计结果见表 5–18。可以看出，采用分位数回归时，各变量的系数和显著性与 IRLS 和稳健标准误的 OLS 估计结果基本一致。

表 5–18　中国发电行业 PPP 项目投资成本的影响因素（分位数回归）

变量	原模型 (5) (IRLS)	原模型 (6) (OLS,R)	模型 (1) 0.25 分位数回归	模型 (2) 0.5 分位数回归	模型 (3) 0.75 分位数回归
lnsponnum	0.111	0.286*	0.345**	0.216*	0.132
	（0.117）	（0.156）	（0.167）	（0.119）	（0.222）
lnGDP	0.594***	0.715***	0.721***	0.543***	0.661***
	（0.087）	（0.117）	（0.124）	（0.089）	（0.166）
lnPopden	0.180***	0.198***	0.159***	0.150***	0.345***
	（0.040）	（0.054）	（0.057）	（0.041）	（0.076）
lnmarket	-0.856***	-0.888***	-0.920***	-0.787***	-1.141***
	（0.176）	（0.236）	（0.252）	（0.180）	（0.336）
lnfiscal	-0.318***	-0.432***	-0.422**	-0.204*	-0.413*
	（0.115）	（0.155）	（0.165）	（0.118）	（0.220）

变量	原模型 (5) (IRLS)	原模型 (6) (OLS,R)	模型 (1) 0.25 分位数回归	模型 (2) 0.5 分位数回归	模型 (3) 0.75 分位数回归
lnfinanrate	-0.143**	-0.142	-0.211**	-0.130*	-0.052
	(0.069)	(0.092)	(0.098)	(0.070)	(0.131)
lnSucnum	-0.004	-0.017	0.043	-0.040	-0.062
	(0.051)	(0.068)	(0.073)	(0.052)	(0.097)
IY	0.016	0.025	0.020	0.025**	0.014
	(0.012)	(0.016)	(0.017)	(0.012)	(0.023)
Tech	0.014**	0.025***	0.003	0.007	0.035***
	(0.006)	(0.008)	(0.009)	(0.006)	(0.012)
Constant	-37.164	-57.032*	-48.505	-54.578**	-34.743
	(23.334)	(31.242)	(33.361)	(23.868)	(44.436)
Observations	375	375	375	375	375
R^2	0.393	0.409			

说明：括号内为标准误，*** $p<0.01$，** $p<0.05$，* $p<0.10$。

2. 修正稳健标准误

与本章第三节类似，考虑到标准误可能在相同国家或相同技术的组别内相关，本节重新估计了按国家聚类和按技术聚类的标准误，结果如表 5-19 所示。实证结果证明，不同的稳健标准误对研究结果无大的影响。

表 5-19 中国发电 PPP 项目投资成本的影响因素（不同标准误）

变量	模型（1） （IRLS）	模型（2） White 标准误	模型（3） 按国家聚类	模型（4） 按技术聚类
lnsponnum	0.111	0.286*	0.286	0.286*
	(0.117)	(0.168)	(0.209)	(0.143)

续表

变量	模型（1）（IRLS）	模型（2）White 标准误	模型（3）按国家聚类	模型（4）按技术聚类
lnGDP	0.594***	0.715***	0.715***	0.715***
	（0.087）	（0.122）	（0.134）	（0.182）
lnPopden	0.180***	0.198***	0.198***	0.198***
	（0.040）	（0.055）	（0.060）	（0.049）
lnmarket	-0.856***	-0.888***	-0.888***	-0.888***
	（0.176）	（0.248）	（0.260）	（0.208）
lnfiscal	-0.318***	-0.432***	-0.432**	-0.432*
	（0.115）	（0.137）	（0.191）	（0.204）
lnfinanrate	-0.143**	-0.142	-0.142	-0.142
	（0.069）	（0.093）	（0.112）	（0.107）
lnSucnum	-0.004	-0.017	-0.017	-0.017
	（0.051）	（0.077）	（0.061）	（0.060）
IY	0.016	0.025	0.025	0.025
	（0.012）	（0.018）	（0.019）	（0.021）
Tech	0.014**	0.025***	0.025***	0.025
	（0.006）	（0.006）	（0.007）	（0.019）
Constant	-37.164	-57.032	-57.032	-57.032
	（23.334）	（34.649）	（37.618）	（39.978）
Observations	375	375	375	375
R^2	0.393	0.409	0.409	0.409

说明：括号内为标准误，*** $p<0.01$，** $p<0.05$，* $p<0.10$。

六　本章小结

投资成本是本书衡量社会资本参与基础设施供给实施效率的第二个标准，即投资成本越节约，项目的实施效率越高。与纯私有化项目相比，PPP项目（尤其是政府全部或部分付费的 PPP 项目）一方面存在更大的道德风险，即倾向于提高投资报价以获取更多政府付费，不利于项目投资成本的节约；另一方面，PPP 项目可能获得更多政府直接或间接的支持，有利于投融资成本的降低。

本章对发展中国家和中国社会资本参与能源发电的投资成本差异进行了研究。与上章类似，在分析发展中国家规律时，重点关注基础设施供给方式（PPP 项目和纯私有化项目）对投资成本的影响；在分析中国数据时，重点关注中国特征是否符合国际规律。基本结论如下。

第一，纯私有化项目投资成本低于 PPP 项目，但这种优势随人均 GDP 增加和人口密度上升而递减。在低收入国家，纯私有化项目可能由发达国家的成熟项目公司供给，投融资成本更低。而随着一国经济发展水平的提升和本国社会资本方的培育，PPP 方式对降低投资成本更有优势。

第二，从国际规律看，具有信息披露机制，并且项目所在国制度质量高、融资成本低、成功项目经验丰富的项目投资成本相对较低，而多个社会资本参与不利于项目降低成本。

第三，从中国省级层面数据看，发电项目成本差异的影响因素基本符合国际规律，项目社会资本方数量、项目所在省份的人均 GDP 和人口密度对项目投资成本有正向影响；项目所在省份的成功项目经验、制度质量和金融发展水平有利于项目降低投资成本。不同之处在于人口密度对投资成本的影响方向不同，其原因可能是省际人口流动的壁垒较小，故呈现出与经济发展水平方向相同的影响。

与已有研究相比，本章的贡献在于，一是首次在发展中国家参与基础设施供给的项目层面，以发电行业投资成本作为研究对象，探讨项目供给方式对项目投资成本的影响，并发现 PPP 方式投资成本更高的特征随人均 GDP 水平和人口密度的增加而递减。当一国的人均 GDP 和人口密度达到一定水平时，PPP 对降低项目投资成本的优势开始显现。

二是首次结合 PPI 数据库和中国省际层面的数据，对中国发电项目的投资成本和影响因素进行研究，并发现除人口密度的影响方向相反外，其他影响因素符合国际规律，即项目的社会资本方数量和融资成本与项目成本正相关，而项目所在省份（国家）的制度质量和项目成功经验数量与项目成本负相关。

第六章

PPP国别投入产出效率的
现状和影响因素

一　问题的提出

发展中国家社会资本参与基础设施供给不仅普遍起步较晚，而且国家间也具有较大差异。中国、印度、巴西等大国的基础设施项目较多，经济发展水平较高，PPP 项目起步较早、经验丰富。而非洲部分国家的经济社会发展阶段可能相对落后，基础设施质量相对较差，社会资本方的经验相对不足，PPP 项目的效率表现可能也有所差别。

从文献看，已有文献运用 DEA 方法对基础设施投融资效率和公共服务供给效率进行了研究。例如 Tulkens 等（1993）分别用 FDH 和 DEA 两种非参数边界分析方法核算比利时 235 个城市的公共支出效率，并通过 Tobit 模型检验了地方税率、居民受教

育年限、经济水平等因素对效率的影响。陈诗一、张军（2008）运用 DEA–
Tobit 模型研究了中国地方政府财政支出的效率。Buchanan（1950）运用两
阶段 DEA 方法评价美国农业社区公共品供给效率，发现随着居民收入水平
的提高，私人产品化是改善农业社区公共品供给效率的重要手段。朱玉春等
人（2010）运用 DEA 方法对我国 28 个省 2005~2007 年的农村公共服务效
率进行了实证分析，测算了农村公共服务供给效率，并对其变异系数进行估
算，发现各省纯技术效率和规模效率均呈现出梯度变化特征。曾福生、郭珍
（2013）构造了以投入为导向的 DEA–BCC 模型估算我国省际农业基础设施
供给效率，并运用 Tobit 模型实证检验效率的影响因素，分析东中西部的供
给效率差异。

　　总体来看，在研究对象方面，已有文献对我国省级和地级市的基础设施
投入产出效率研究较多，而对国家间尤其是发展中国家间的比较仍较为缺乏；
对公共部门提供的基础设施和公共服务效率讨论较多，对政府和社会资本合
作提供的基础设施效率讨论较少。在研究方法方面，尽管 DEA 方法被广泛
采纳，但大部分文献研究了基础设施和公共服务投入对宏观经济和社会产出
的影响（如孙德梅等，2013；胡宗义等，2014），并非基础设施本身的投入
产出效果。即使已有少量文献研究了资金和人力投入对基础设施产出的影响
（如续竞秦、杨永恒，2011；胡宗义等，2013），但采用的指标来自省级或市
级层面的宏观指标，投入和产出并非项目层面的加总，实际上并不是严格的
对应关系。

　　因此，在已有研究的基础上，本章将微观数据进行国别加总后，首
次对发展中国家社会资本参与基础设施供给的投入产出效率进行核算，
并进行整体特征的总结和国别差异的比较。同时，本章还将对 PPP 效率
的影响因素进行实证研究，对 PPP 效率的阶段性差异和国别差异进行
解释。

二 投入产出效率的国别差异

（一）研究方法

1. DEA 方法与 BCC 模型

DEA（数据包络分析法）是一种非参数方法，用来测算测度对象多投入多产出情况下的相对效率。该方法由 Charnes、Cooper 和 Rhodes（1978）创立，利用线性规划构建有效率的凸性生产前沿边界，测算各决策单元距离前沿边界的距离，并以距离远近来识别各决策单元效率的高低。

根据规模报酬是否可变的假设，DEA 模型可以分为基于固定规模报酬的 CCR 模型和基于可变规模报酬的 BCC 模型。BCC 模型将 CCR 模型中得出的综合技术效率分解为纯技术效率和规模效率，从而考虑了规模报酬可变的状态。由于现实中的各国基础设施供给并未达到最优、规模报酬不变的生产状态，本章将同时计算规模报酬不变的 CCR 模型效率值和规模报酬可变的 BCC 模型效率值。DEA 方法分为投入导向和产出导向两种，由于本章关注如何在给定投入下实现产出的最大化，故采用产出导向的 BCC 模型。其基本计算方法是：

假定 DEA 模型有 n 个决策单元（DMU），每个单元有 m 项投入和 q 项产出，x_{ij} 和 y_{rj} 分别表示第 j 个决策单元的第 i 项投入和第 r 项产出，则该决策单元的效率值可从以下规划式中测算得出：

$$\max \phi$$

$$\text{s.t.} \sum_{j=1}^{n} \lambda_j x_{ij} \leq x_{ik}$$

$$\sum_{j=1}^{n} \lambda_j y_{rj} \geqslant \phi y_{rk}$$

$$\sum_{j=1}^{n} \lambda_j = 1$$

$$\lambda \geqslant 0$$

$$i=1, 2, \cdots, m; \; r=1, 2, \cdots, q; \; j=1, 2, \cdots, n \qquad （6-1）$$

其中 ϕ 是一个标量，满足 $\phi \geqslant 1$，表示在当前技术水平下，被评价的 DMU 在不增加投入的条件下，产出所能增长的最大比例为 $\phi-1$。当 $\phi>1$，则说明决策单元没有达到效率前沿边界，则该决策单元是低效率的。当 $\phi=1$，说明该决策单元位于效率前沿边界，则该决策单元是有效的。$\sum_{i=1}^{n} \lambda_i = 1$ 的假定为生产前沿增加了凸性限制，代表可变规模报酬。

从图形来看（见图 6-1），假定四个决策单元 A、B、C、D 分别有投入 X 和产出 Y。在不变规模报酬（CRS）下，直线 OO 为效率前沿面，四个点中仅 B 点是有效率的，点 A、C、D 是低效率的。而在可变规模报酬（VRS）

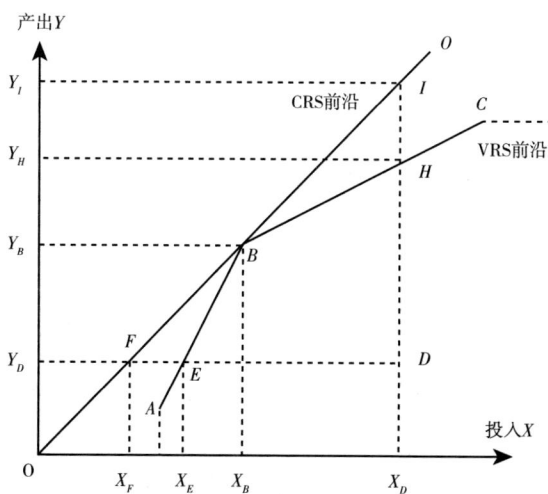

图6-1 DEA 方法中决策单元的技术效率

下，效率前沿面为 A、B、C 点组成的曲线，即 A、B、C 三点是有效率的，D 点是低效率的，其产出技术效率为 Y_D/Y_H，该比值越大则技术效率越高。

此外，通过计算 CRS 和 VRS 模型，可以将技术效率（TE）分解成为纯技术效率（PTE）和规模效率（SE），即 SE = TE / PTE。反映在图形中，ID 表示了 D 点在 CRS 下的效率，DH 为纯技术效率，IH 为规模效率。

一般而言，VRS 模型技术前沿面是一个分段线性函数（如图 6-1 中的 A、B、C 段）。而在有些情况下，该曲线可能存在与坐标轴平行的情况，则会产生松弛问题，即低效率点在投影到前沿面后，仍存在一定的松弛改进空间，可以达到更优的产出值。而一般的一阶段 DEA 方法可能存在松弛变量值不完全的问题，本节将采用二阶段方法，即在规划式中加入投入和产出松弛变量 S^- 和 S^+，求出最优解。规划表达式为：

$$\max \phi + \varepsilon \sum \left(s^- + s^+ \right)$$

$$\text{s.t.} \sum_{j=1}^{n} \lambda_j x_{ij} + s_i^- = x_{ik}$$

$$\sum_{j=1}^{n} \lambda_j y_{rj} - s_i^+ = \phi y_{rk}$$

$$\sum_{j=1}^{n} \lambda_j = 1$$

$$\lambda \geq 0; \ s_i^- \geq 0; \ s_i^+ \geq 0$$

$$i=1, 2, \cdots, m; \ r=1, 2, \cdots, q; \ j=1, 2, \cdots, n \qquad (6\text{-}2)$$

其中，ε 是一个常量，表示非阿基米德无穷小。具体操作方面，在第一阶段求解模型（6-1），得出最优解 ϕ^*，再在第二阶段求解以下模型：

$$\max \sum \left(s^- + s^+ \right)$$

$$\text{s.t.} \sum_{j=1}^{n} \lambda_j x_{ij} + s_i^- = x_{ik}$$

$$\sum_{j=1}^{n} \lambda_j y_{rj} - s_i^+ = \phi^* y_{rk}$$

$$\sum_{j=1}^{n} \lambda_j = 1$$

$$\lambda \geq 0;\ s_i^- \geq 0;\ s_i^+ \geq 0$$

$$i=1,\ 2,\ \cdots,\ m;\ r=1,\ 2,\ \cdots,\ q;\ j=1,\ 2,\ \cdots,\ n \qquad （6\text{-}3）$$

本节在选择投入和产出变量时，借鉴续竞秦、杨永恒（2011）、唐祥来等（2016）的方法，考虑到数据的完整性和可得性，在产出变量方面，本节选取每国每年建设的配电站点数（个）、电厂装机容量（兆瓦）来度量 PPP 项目的能源产出；选取每国每年建设的高速公路总里程（公里）和港口总吞吐量（千标准箱）来度量 PPP 项目的交通产出；选取每国每年建设的污水处理厂总产能（千立方米每日）来度量 PPP 项目在水务部门的产出。投入变量方面，本节选取了相应每国每年 PPP 项目的总实际投资额（百万美元，以 2015 年不变价衡量）以及 PPP 项目参与的社会资本方数量（家）来度量项目的投入。

应用 DEA 进行效率分析一般有两个基本要求：一是当决策单元数量是投入产出指标之和的两倍以上较为有效。在世界银行 PPI 数据库中，1990~1993 年由于大部分发展中国家经济发展水平仍较为落后，市场成熟程度较低，社会资本参与基础设施供给的项目较少，相应样本国家均不足 10 个，而在 1994 年后的参与国家数量在 20 个以上。本节的投入和产出变量之和是 7 个，因此本节选择 1994~2017 年作为样本时间段，涉及 94 个发展中国家。二是投入和产出变量应有显著的正相关关系，以避免出现增加投入指标而导致产出减少的情况。经计算，本节的投入产出指标具有 1% 显著性水平下的正相关关系（见表 6-1），因此可以进行 DEA 分析。

表 6-1　投入产出变量的相关系数

	配电站点数 （个）	电厂装机容量 （兆瓦）	高速公路里程 （公里）	港口吞吐量 （千标准箱）	污水处理厂产能 （千立方米／日）
实际投资总额	0.37	0.75	0.62	0.33	0.14
社会资本方数量	0.45	0.57	0.58	0.39	0.37

注：上述相关系数均通过了 1% 显著性水平下的检验。

综上，本节首先将使用 MaxDEA 软件，运用产出导向的二阶段模型，对 94 个发展中国家 1994~2017 年社会资本参与基础设施供给的投入产出效率进行测算。为更有针对性，本章仅对 PPP 项目进行分析，排除了项目类别中纯私有化项目和商业化项目。

2. DEA 方法的超效率模型

在传统的 DEA 方法中，BCC 模型尽管可以区分各决策单元的纯技术效率和规模效率，但计算结果中可能存在多个处于技术前沿面的决策单元，其效率得分均为 1，那么在研究过程中无法对多个效率得分为 1 的点展开进一步的比较和评价。为解决这一情况，Banker 和 Gifford 首次提出在进行 DEA 计算时，将有效 DMU 从技术前沿面分离而构建超效率模型，这一方法最终在 Andersen 等的努力下得到完善。具体操作方面，即需将有效 DMU 从参考集中删除，添加 $j \neq k$ 在这一条件。其表达式如下：

$$\max \phi$$

$$\text{s.t.} \sum_{j=1, j \neq k}^{n} \lambda_j x_{ij} \leqslant x_{ik}$$

$$\sum_{j=1, j \neq k}^{n} \lambda_j y_{rj} \geqslant \phi y_{rk}$$

$$\sum_{j=1, j \neq k}^{n} \lambda_j = 1$$

$$\lambda \geq 0$$

$$i = 1, 2, \cdots, m; \ r = 1, 2, \cdots, q; \ j = 1, 2, \cdots, n \qquad (6\text{-}4)$$

反映在图形（见图6-2）上，C 点是位于生产前沿面的一个DMU，在超效率模型中，C 点将被排除在参考集合外，生产前沿面成为 ABD，此时 C 点的效率值变为 $OC'/OC>1$。而对其他点来说（如 E 点），生产前沿面仍是 $ABCD$，效率值与传统DEA模型一致。

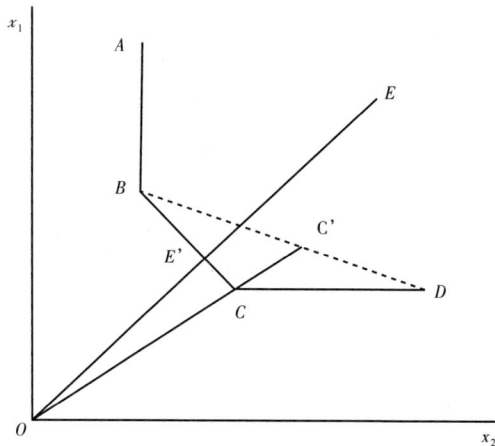

图6-2　超效率DEA模型示意

本节将运用DEA solver软件，采用超效率DEA模型对各国各年的PPP供给效率进行排序，以更好地对各国PPP效率差异进行评价。但需要说明的是，由于超效率DEA模型计算出的效率值可能较大，往往只用于各DMU之间的排序。在计算均值反映DMU的整体效率表现时，仍采用BCC模型的计算结果。

（二）变量描述

1. 投入变量

PPP 总投资额。本节借鉴唐祥来、刘晓慧（2016）的方法，加总了每国每年新建配电站、发电厂、高速公路、港口和污水处理厂 PPP 项目的总实际投资额，作为第一个投入变量。从不同收入组国家的投资分布来看（见表6-2），低收入国家每年 PPP 投资额普遍较小，均值为 1.41 亿美元，而中低收入和中高收入国家各年 PPP 投资均值随收入组别递增，分别为 13.77 亿美元和 15.39 亿美元。这说明较高收入的国家经济实力更强，更有能力用 PPP方式供给更多、更大规模的项目。

表 6-2　PPP 总投资额的描述性统计

单位: 百万美元

变量	样本观测值	均值	标准误	最小值	最大值
rinvest（全样本）	687	1336.6	3367.3	0.5	42637.7
rinvest（低收入国家）	67	140.7	186.9	0.5	970.7
rinvest（中低收入国家）	279	1376.9	4172.5	1	42637.7
rinvest（中高收入国家）	341	1538.6	2883.1	3.5	27102.4

资料来源: 世界银行 PPI 数据库。

从单个国家来看[1]，94 个发展中国家平均各年投资额为 6.23 亿美元，其中年均投资额超过 10 亿美元的国家包括：印度、巴西、中国、土耳其、俄

---

[1]　此处仅统计了 5 个产出行业的相应各国各年 PPP 投资额。若统计发电、配电、输电、高速公路、机场、港口、桥梁、污水处理、水务和电信 10 个主要基础设施行业，平均投资额超过 10 亿美元的国家仍是本段的15 个，但排名和投资总额有所变化，分别是：巴西（102.40 亿美元）、印度（86.93 亿美元）、土耳其（49.91亿美元）、中国（49.96 亿美元）、俄罗斯（23.97 亿美元）、墨西哥（22.12 亿美元）、印度尼西亚（20.52 亿美元）、菲律宾（19.60 亿美元）、马来西亚（18.05 亿美元）、哥伦比亚（17.02 亿美元）、南非（16.94 亿美元）、巴基斯坦（16.50 亿美元）、老挝（16.45 亿美元）、泰国（14.74 亿美元）和摩洛哥（12.01 亿美元）。

罗斯、印度尼西亚、墨西哥、老挝、哥伦比亚、南非、巴基斯坦、泰国、菲律宾、马来西亚和摩洛哥（见表6-3）。其中6个是中低收入国家，9个是中高收入国家，9个国家位于亚洲。

表6-3　年均PPP投资额超过10亿美元的国家

排名	国家名称	收入组别	所在地区	PPP年均投资额（百万美元）
1	印度	中低收入	南亚	8516.07
2	巴西	中高收入	拉丁美洲和加勒比	6966.93
3	中国	中高收入	东亚和太平洋	3871.56
4	土耳其	中高收入	欧洲和中亚	2373.27
5	俄罗斯	中高收入	欧洲和中亚	2069.58
6	印度尼西亚	中低收入	东亚和太平洋	1972.63
7	墨西哥	中高收入	拉丁美洲和加勒比	1899.84
8	老挝	中低收入	东亚和太平洋	1802.36
9	哥伦比亚	中高收入	拉丁美洲和加勒比	1648.97
10	南非	中高收入	非洲	1446.36
11	巴基斯坦	中低收入	南亚	1403.54
12	泰国	中高收入	东亚和太平洋	1303.97
13	菲律宾	中低收入	东亚和太平洋	1302.85
14	马来西亚	中高收入	东亚和太平洋	1214.63
15	摩洛哥	中低收入	中东和北非	1047.89

资料来源：世界银行PPI数据库。

参与PPP项目的社会资本方数量。本节加总了每国每年新建配电站、发电厂、高速公路、港口和污水处理厂中参与PPP项目的社会资本方数量，作为第二个投入变量。从不同收入组国家的分布来看（见表6-4），低收入国家每年参与PPP项目的社会资本方数量普遍较少，平均为2家，而中低收入和中高收入国家参与PPP项目的社会资本方数量随收入组别递增，分别为7.68家和11.01家。这与低收入国家的每年项目数量和投资规模较少相对应，也反映出低收入国家的社会资本方实力相对更弱，民间资本市场完善程度相对较差。

表 6-4　参与 PPP 项目的社会资本方数量的描述性统计

单位：家

变量	样本观测值	均值	标准误	最小值	最大值
rinvest（全样本）	687	8.81	16.11	1	140
rinvest（低收入国家）	67	2.30	1.78	1	9
rinvest（中低收入国家）	279	7.68	16.44	1	140
rinvest（中高收入国家）	341	11.01	16.97	1	89

资料来源：世界银行 PPI 数据库。

从单个国家来看，94 个国家中，年均社会资本方数量超过均值的国家分别是中国、巴西、印度、南非、土耳其、埃及、墨西哥、泰国和哥伦比亚（见表 6-5），仅有 9 个，说明参与的社会资本方主要集中在这些国家，其他国家的社会资本方较为分散。在 9 个国家中，有 7 个属于中高收入国家，2 个属于中低收入国家，4 个位于亚洲，3 个位于拉丁美洲，2 个位于非洲。

表 6-5　年均社会资本方数量超过均值的国家

排名	国家	收入组别	所在区域	年均参与的社会资本方数量
1	中国	中高收入	东亚和太平洋	44.21
2	巴西	中高收入	拉丁美洲和加勒比	42.58
3	印度	中低收入	南亚	41.46
4	南非	中高收入	非洲	13.82
5	土耳其	中高收入	欧洲和中亚	11.77
6	埃及	中低收入	中东和北非	11.14
7	墨西哥	中高收入	拉丁美洲和加勒比	10.48
8	泰国	中高收入	东亚和太平洋	9.30
9	哥伦比亚	中高收入	拉丁美洲和加勒比	8.90

资料来源：世界银行 PPI 数据库。

比较 PPP 投资总额和社会资本方数量排名前列的国家，可以发现印度、巴西和中国始终位于前三。中国的社会资本方数量相对于投资排名更靠前。这说明相对而言，中国的社会资本方更为活跃，社会资本实力相对较强。

2. 产出变量

本节以三个行业、五个部门的 PPP 项目产能作为产出变量，分别是：能源行业每国每年建设的配电站点数（个）、电厂装机容量（兆瓦）；交通行业每国每年建设的高速公路总里程（公里）和港口总吞吐量（千标准箱）；水务行业每国每年建设的污水处理厂总产能（千立方米 / 日）。

从国家来看，各行业产出水平较大的国家分别是印度、巴西、中国、土耳其、俄罗斯等国（见表 6-6），这些国家大部分是中高收入国家，国土面积和人口也相对较多，基础设施建设需求相对较大，社会资本和市场经济制度发展也较为完善。

（三）核算结果

1. 发展中国家 PPP 效率的整体特征

如上文讨论，DEA 方法报告了各决策单元的综合技术效率、规模效率和纯技术效率。本节计算了 1994~2017 年各年各国的三类效率值，并计算出不同收入组别和发展中国家各年平均的效率值，在下文进行逐项讨论。

（1）发展中国家 PPP 效率的动态特征

综合技术效率值方面 [1]（见图 6-3），从发展中国家的平均趋势来看，发

---

① 由于技术效率值各年波动较大，本节在讨论整体趋势时数值均为五年移动平均值。

表6-6 部分国家五个部门的年均产出值

国家名称	收入组别	所在地区	配电站点数（个）	电厂装机容量（兆瓦）	高速公路里程（公里）	港口吞吐量（千标准箱）	污水处理厂产能（千立方米/日）
印度	中低收入	南亚	487.9	5456.8	1522.8	3854.8	17.3
巴西	中高收入	拉丁美洲和加勒比	14708.9	8404.7	936.0	2295.6	137.0
中国	中高收入	东亚和太平洋	0.0	3689.9	308.6	2398.1	1815.6
土耳其	中高收入	欧洲和中亚	1711.6	1456.0	21.7	146.2	0.0
俄罗斯	中高收入	欧洲和中亚	0.0	8401.4	31.3	2307.7	61.5
印度尼西亚	中低收入	东亚和太平洋	0.0	1173.7	15.6	11.0	34.0
墨西哥	中高收入	拉丁美洲和加勒比	0.0	803.5	233.3	373.8	216.1
哥伦比亚	中高收入	拉丁美洲和加勒比	408.0	486.0	472.0	165.0	47.3
南非	中高收入	非洲	0.0	499.4	103.7	0.0	4.3
巴基斯坦	中低收入	南亚	0.0	1227.7	0.0	208.3	0.0
泰国	中高收入	东亚和太平洋	0.0	1535.0	1.6	22.5	35.6
菲律宾	中低收入	东亚和太平洋	1498.9	859.8	28.5	17.4	0.0
马来西亚	中高收入	东亚和太平洋	0.0	887.6	49.7	0.0	98.7
摩洛哥	中低收入	中东和北非	10.1	444.6	0.0	236.4	9.1
阿根廷	中高收入	拉丁美洲和加勒比	2903.6	169.2	1065.9	31.3	0.0
秘鲁	中高收入	拉丁美洲和加勒比	371.8	531.2	338.3	565.0	103.7

资料来源：世界银行 PPI 数据库。

展中国家 PPP 项目的投入产出效率经历了先上升、后下降、再上升的三个阶段。在 1994~2000 年，发展中国家的综合技术效率持续上升，均值为 0.559，峰值为 2000 年的 0.685；2000~2013 年，发展中国家的综合技术效率整体呈下降趋势，均值为 0.459，低点是 2013 年的 0.333；2013~2017 年，发展中国家的技术效率开始稳步上升，但均值仍然较低，仅为 0.447。

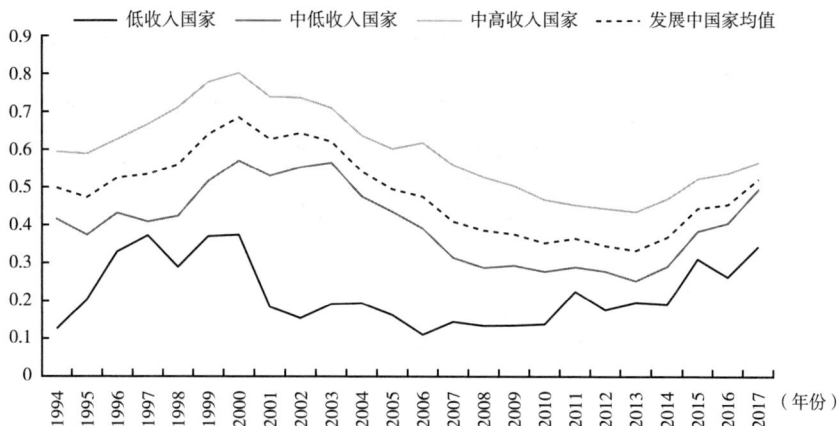

图6-3　1994~2017 年发展中国家的综合技术效率值（五年移动平均）

从不同收入组的国家看，中高收入国家的技术效率值始终高于另外两个组别，而低收入国家的技术效率值始终最低，这说明收入较高的国家在社会资本参与基础设施供给方面比收入较低的国家拥有更有利的市场环境和更高水平的技术，社会资本方的综合实力也较强，有利于更高效率地提供服务。而从趋势来看，中高收入国家和中低收入国家的整体趋势与平均水平类似，也呈现"先升、后降、再升"的状态；而低收入国家的综合技术效率在 2000 年以前达到过 0.3~0.4，而经过下降后自 2010 年起稳中有升。此外，本节还计算了三类国家综合技术效率的标准差、均值和变异系数，如表 6-7 所示，可以看出，更高收入的国家综合技术效率均值明显更大，波动也更大，变异系数更小。

表6-7 各类国家综合技术效率值的分布情况

	低收入国家	中低收入国家	中高收入国家	发展中国家平均
标准差	0.085	0.099	0.107	0.104
均值	0.221	0.402	0.595	0.486
变异系数	0.385	0.246	0.180	0.214

纯技术效率方面，发展中国家的纯技术效率与综合技术效率呈现相同趋势（见图6-4），都是以2000年和2013年为节点，分为上升、下降、再上升的三个阶段。而从三个收入组别的国家来看，中高收入国家和中低收入国家的纯技术效率趋势也与综合技术效率趋势大致相同，但低收入国家的波动较大，且在2011年后超过了发展中国家的均值，反映出低收入国家的基础设施供给效率提升较快。而从分布情况看（见表6-8），低收入国家的纯技术效率标准差较大，而中高收入国家的纯技术效率普遍较高且波动较小。

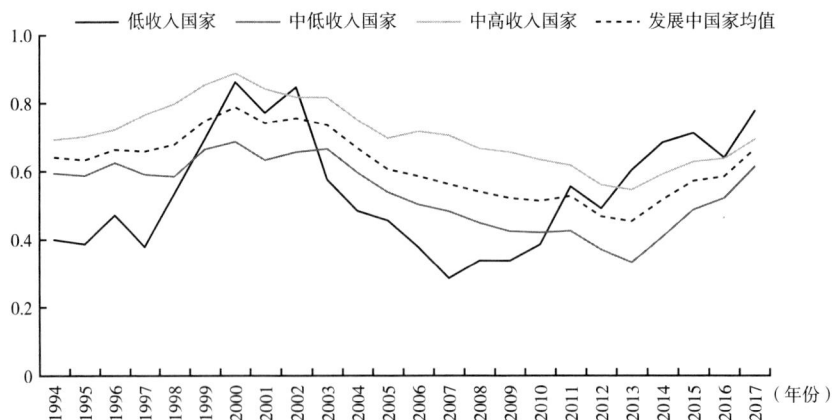

图6-4 1994~2017年发展中国家的纯技术效率值（五年移动平均）

表6-8　各类国家纯技术效率值的分布情况

	低收入国家	中低收入国家	中高收入国家	发展中国家平均
标准差	0.169	0.101	0.092	0.093
均值	0.544	0.536	0.709	0.618
变异系数	0.310	0.189	0.129	0.151

　　规模效率方面，发展中国家均值在1994~2017年总体较为稳定（见图6-5），处于0.7~0.8的水平。中等收入国家规模效率的趋势也保持稳定在0.8上下，中高收入国家的整体水平略高于中低收入国家。而低收入国家的规模效率总体上明显低于中等收入国家，并且呈现出较大的波动性。从分布情况看（见表6-9），低收入国家的标准差明显大于两类中等收入国家，均值也明显较低，变异系数显著高于两类中等收入国家。

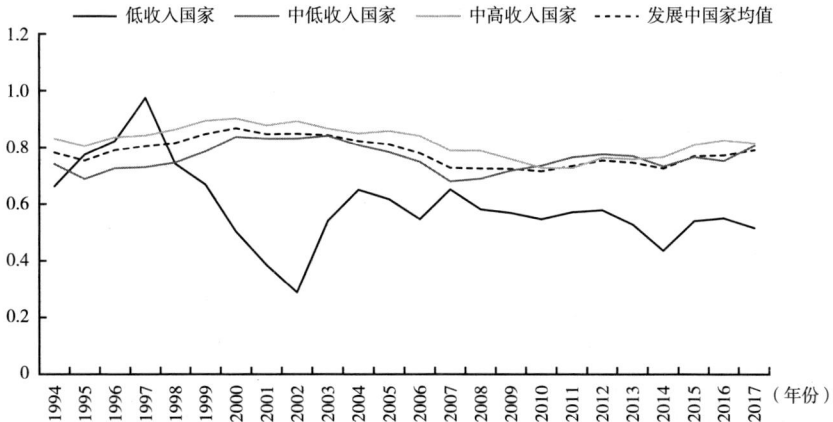

图6-5　1994~2017年发展中国家的规模效率值（五年移动平均）

表 6-9 各类国家规模效率值的分布情况

	低收入国家	中低收入国家	中高收入国家	发展中国家平均
标准差	0.139	0.046	0.051	0.046
均值	0.593	0.761	0.820	0.783
变异系数	0.234	0.060	0.062	0.059

（2）发展中国家 PPP 效率的收敛特征

首先，本节计算了 1994~2017 年发展中国家 PPP 三类效率的变异系数（见图 6-6）。计算发现，发展中国家综合技术效率和纯技术效率的变异系数经历了先降后升再降的阶段，而规模效率始终较为平稳，说明在 2000~2013 年发展中国家的 PPP 效率差异有所扩大，而 2013 年以后各国的 PPP 效率具有收敛趋势。

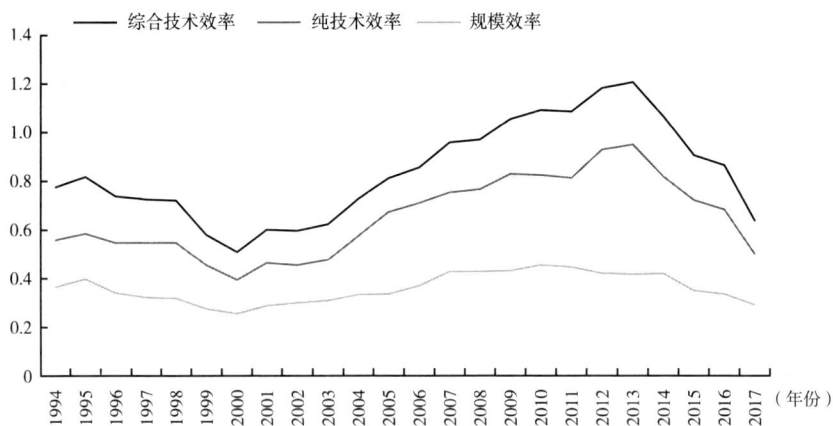

图6-6 1994~2017 年发展中国家 PPP 效率的收敛趋势

同时，本节计算了各收入组别在 1994~2017 年的 PPP 效率变异系数（见图 6-7），以反映各组国家内部的收敛趋势和特征。研究发现，从不同收入组别的 PPP 效率的收敛趋势看，各组别的变异系数均呈现先降后升再降的特征，较高收入组别的国家 PPP 效率变异系数更小。低收入国家 PPP 效率的收敛趋势从 2009 年开始，而中等收入国家 PPP 效率从 2013 年开始趋于收敛。同时，中低收入国家在 2009 年后的变异系数始终高于中高收入和低收入国家组别，但收敛速度在 2013 年以后开始加快。

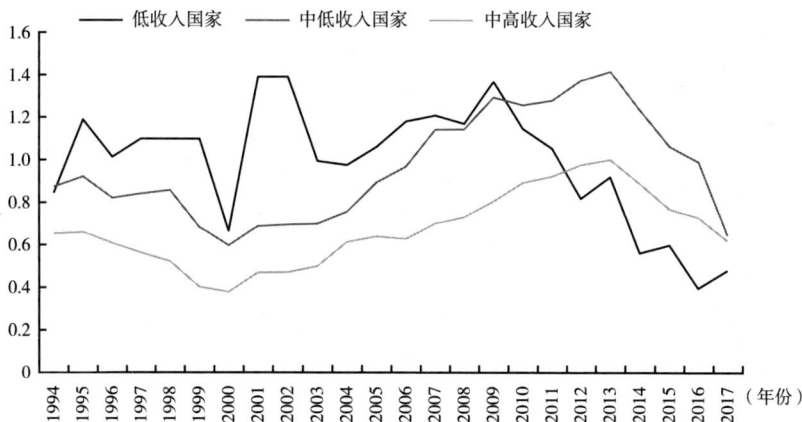

图6-7　1994~2017 年不同收入组 PPP 综合技术效率的收敛情况

2. 发展中国家 PPP 效率的国别差异

（1）各国 PPP 效率的分布特征

首先，本节计算了 75 个国家在 1994~2017 年 PPP 效率的平均值 [①]（见附录 C ）。从国家看，PPP 综合技术效率最高的 10 个发展中国家分别是俄罗斯、津巴布韦、巴西、阿根廷、中国、哥伦比亚、乌克兰、哈萨克斯坦、秘鲁和莫桑比克，综合技术效率最低的 10 个发展中国家分别是利比亚、塔吉克斯坦、塞拉利昂、伯利兹、海地、肯尼亚、刚果共和国、安哥拉、尼泊尔和喀

[①]　本节的样本数据库中共包含 94 个国家，考虑到部分国家仅有 1 年有 PPP 项目，其效率具有偶然性，不能代表该国 PPP 效率的整体情况，故在计算国家平均效率时，删除了 19 个仅包含 1 年项目的国家。

麦隆（见表 6-10、表 6-11）。可以看出，PPP 效率最高的国家大部分属于中高收入国家，分布在亚洲、非洲、拉美等各区域；而 PPP 效率最低的国家大部分是低收入和中低收入国家，非洲和拉美国家居多。

表 6-10　10 个 PPP 效率最高的国家

国家名称	所在区域	收入水平	PPP 效率
俄罗斯	欧洲和中亚	中高收入	0.966
津巴布韦	非洲	低收入	0.939
巴西	拉丁美洲	中高收入	0.849
阿根廷	拉丁美洲	中高收入	0.842
中国	东亚和太平洋	中高收入	0.841
哥伦比亚	拉丁美洲	中高收入	0.838
乌克兰	欧洲和中亚	中低收入	0.813
哈萨克斯坦	欧洲和中亚	中高收入	0.773
秘鲁	拉丁美洲	中高收入	0.768
莫桑比克	非洲	低收入	0.718

表 6-11　10 个 PPP 效率最低的国家

国家名称	所在区域	收入水平	PPP 效率
利比亚	非洲	低收入	0.037
塔吉克斯坦	欧洲和中亚	中低收入	0.052
塞拉利昂	非洲	低收入	0.060
伯利兹	拉丁美洲	中高收入	0.065
海地	拉丁美洲	低收入	0.079
肯尼亚	非洲	中低收入	0.095
刚果共和国	非洲	中低收入	0.100
安哥拉	非洲	中高收入	0.120
尼泊尔	南亚	低收入	0.121
喀麦隆	非洲	中低收入	0.134

此外，本节还将各国的 PPP 效率按纯技术效率和规模效率的分布进行了分类，并按不同收入和 PPP 经验时长进行了区分（见图 6-8、图 6-9）。根据不同的纯技术效率和规模效率组合，本文将 75 个国家划分为"高技术效率

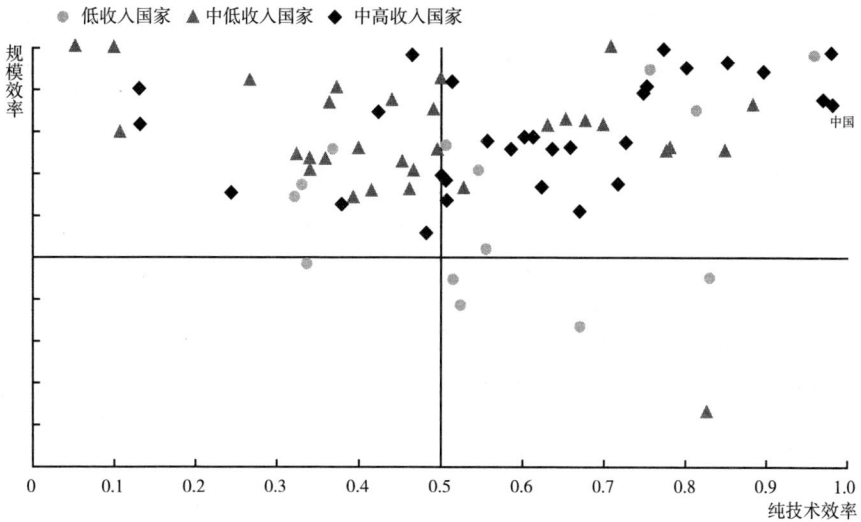

图 6-8　75 个发展中国家的平均效率得分分布（按收入分组）

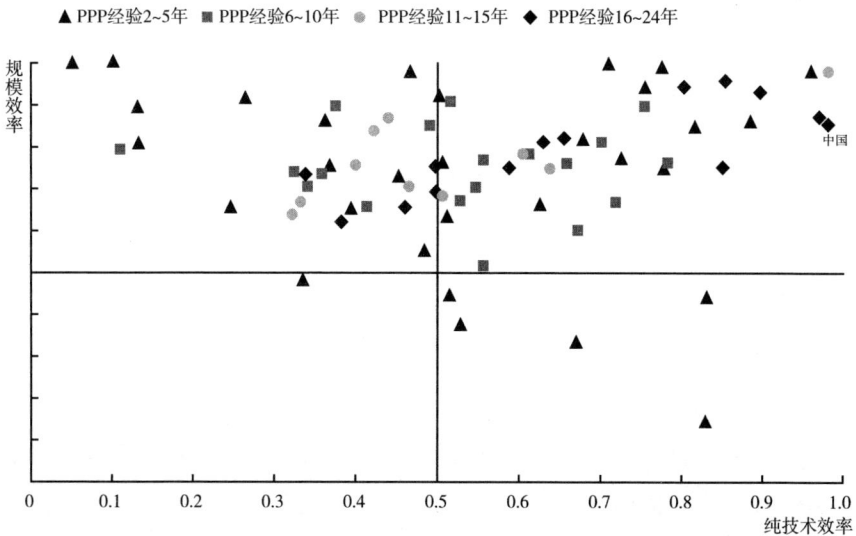

图 6-9　75 个发展中国家的平均效率得分分布（按 PPP 经验分组）

高规模效率、低技术效率高规模效率、低技术效率低规模效率、高技术效率低规模效率"4 个象限，可以发现以下特征。

第一，大部分发展中国家的 PPP 平均规模效率集中在 0.5 以上，说明这些发展中国家的 PPP 规模效率普遍较高，大部分仍处于规模报酬递增阶段。这是因为发展中国家经济发展水平较低、基础设施水平不完善，PPP 项目的投入产出仍有较大回报。

第二，大部分发展中国家 PPP 的平均纯技术效率得分为 0.3~0.8。纯技术效率是规模报酬可变模型下决策单元到技术前沿面的距离，说明这些发展中国家的纯技术效率分布较为均衡，具体因国家经济发展阶段和社会发展程度不同而具有差异性，其影响因素待后文进一步测算。

第三，中等收入国家的 PPP 效率普遍高于低收入国家。从图 6-8 可以看出，中高收入国家的 PPP 效率值大部分位于第一象限（高技术效率高规模效率），中低收入国家的 PPP 效率值普遍位于第一、第二象限，而第三、第四象限的国家主要都是低收入国家。

第四，PPP 经验越丰富的国家效率评分普遍越高。从图 6-9 可以看出，规模效率在 0.5 以下（位于第三、第四象限）的国家 PPP 经验都不超过 5 年，而 PPP 经验超过 16 年的国家大部分同时具有较高的纯技术效率和规模效率（位于第一象限）。这说明一个国家 PPP 项目数量的增多和时间的延长，有利于提高国家的 PPP 投入产出效率。

（2）中国的 PPP 效率排名和比较

本节运用超效率模型计算各年各国 PPP 综合技术效率和纯技术效率值，并按年份做出了排序（见附录 D）。由于篇幅原因，本节不对各国进行一一分析，重点针对中国的 PPP 效率值和相对排名进行讨论，并将其与主要发展中国家的 PPP 效率进行比较。

传统 DEA 模型下，中国的综合技术效率较高（见表 6-12），在 24 年中有 15 个年份的综合技术效率为 1, 21 个年份的纯技术效率为 1, 说明在大多数年份, 中国的 PPP 项目投入产出效率与其他发展中国家相比位于技术前沿面。在规模技术效率和规模报酬方面, 中国有 15 年处于规模报酬不变, 9 年规模报酬递减, 并且规模报酬递减的年份在 2009 年以后增加。这说明中国 PPP 供给的投入和产出规模与其他国家相比都较大, 并且拥有 PPP 项目的时间较长, 在 PPP 的投入和产出方面可能存在边际规模报酬递减的趋势。

表 6-12　中国的 PPP 效率值

年份	综合技术效率值		纯技术效率值		规模技术效率值		规模报酬情况
	DEA 模型	超效率模型	DEA 模型	超效率模型	DEA 模型	超效率模型	
1994	0.640	0.640	1	1.327	0.640	0.482	递减
1995	1	2.104	1	2.227	1	0.945	不变
1996	1	1.517	1	42.225	1	0.036	不变
1997	0.465	0.465	1	7.061	0.465	0.066	递减
1998	1	1.314	1	11.183	1	0.117	不变
1999	1	1.233	1	5.315	1	0.232	不变
2000	1	1.423	1	1.981	1	0.718	不变
2001	1	2.543	1	5.289	1	0.481	不变
2002	1	16.825	1	71.453	1	0.235	不变
2003	1	4.892	1	13.119	1	0.373	不变
2004	1	2.618	1	10.945	1	0.239	不变
2005	1	2.113	1	16.119	1	0.131	不变
2006	1	6.879	1	24.048	1	0.286	不变
2007	1	1.357	1	33.090	1	0.041	不变
2008	1	2.452	1	3.927	1	0.625	不变
2009	0.496	0.496	1	2.326	0.496	0.213	递减
2010	0.620	0.620	0.631	0.631	0.982	0.982	递减
2011	0.390	0.390	0.973	0.973	0.400	0.400	递减
2012	0.703	0.703	1	1.135	0.703	0.620	递减
2013	0.875	0.875	1	1.087	0.875	0.805	递减
2014	1	12.783	1	31.943	1	0.400	不变
2015	1	5.335	1	7.071	1	0.754	不变
2016	0.241	0.241	0.94	0.940	0.257	0.257	递减
2017	0.764	0.764	1	12.784	0.764	0.060	递减
平均	0.841	2.941	0.981	12.842	0.858	0.396	

超效率模型的结果可以用来测算各年的排序，以衡量已处于技术前沿的 DMU 的相对效率。本节对超效率模型计算的各年评分进行排序，并根据各年国家数量计算了百分位数。计算方法是，当年该国综合效率相对水平 = 当年该国排名 / 当年国家数量×100%，该值越小说明排名越靠前。如中国在 1994 年的综合技术效率排名第 8，当年一共有 21 个国家在数据库内，则中国 PPP 效率的相对水平为 8/21×100%=38%，即中国 1994 年处于第 38 百分位数。据此，本节计算了部分国家 1994~2017 年 PPP 效率的相对水平（见图 6-10）[①]。

图 6-10 展现了 9 个 PPP 经验在 20 年以上国家的 PPP 综合技术效率相对排名。其中第一行 3 个为金砖国家，第二行 3 个为南亚国家，第三行 3 个为拉丁美洲国家。可以得出的基本结论是：

第一，中国的 PPP 综合技术效率排名相对靠前。1994 年至 2017 年，中国 PPP 综合效率大部分处于发展中国家前 40% 的水平，并且较多年份位于前 20% 的水平。同时，中国 PPP 效率排名的波动相对较小。

第二，巴西的 PPP 综合技术效率大部分年份排名靠前，但部分年份表现较差。可以看出，巴西有 4 个年份的 PPP 效率在发展中国家处于靠后位置，但大部分年份的排名位于前 40%，部分年份还位于前 20%。

第三，印度的 PPP 综合技术效率排名经历了先降后升的过程。可以看出，印度在 2000 年之前 PPP 效率排名逐渐落后，但在 2001 年以后开始逐步靠前，在 2001~2009 年位于发展中国家前 40%~70% 的水平，而在 2010 年以后位于前 40%，并在 2013 年以后升至前 20%。

第四，南亚三国的 PPP 效率排名总体落后于拉丁美洲三国，且呈现出更大的波动性。印度尼西亚、马来西亚和泰国的 PPP 效率排名在多数年份位于

---

① 纵轴为综合效率排名的相对水平，其数值越小代表排名越靠前。

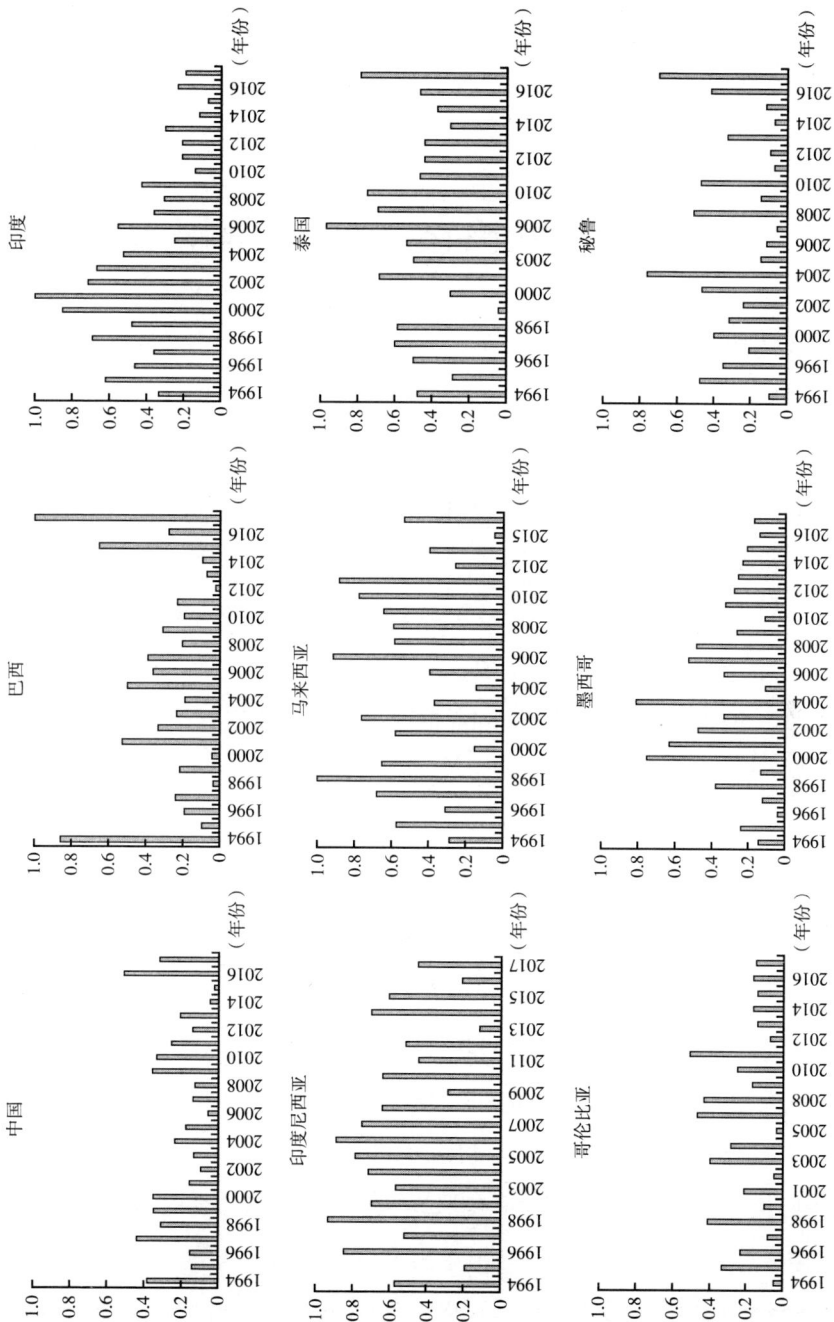

图6-10　超效率模型下部分国家的 PPP 综合效率相对水平

发展中国家的后 50% 水平，而哥伦比亚、墨西哥和秘鲁在大多数年份位于前 50% 的水平。

三　投入产出效率国别差异的影响因素

（一）模型设定

DEA 模型计算出的效率值不仅受投入和产出指标的影响，也受指标以外社会经济环境的影响。为了测度 DEA 效率值的影响因素，学界探索出 DEA–Tobit 两阶段法（Two-stage Method）。该方法第一步运用 DEA 模型计算各个决策单元的效率值，第二步计算效率的影响因素。由于第一阶段得到的效率值在 0~1，是一个截尾数据，即超过 1 的效率也记为 1（上文的超效率模型已验证），因此在第二阶段使用 Tobit 模型对这一效率值进行估计。具体模型设定为：

$$TE_{it}^{*} = \beta_0 + \beta_1 X_{it} + \beta_2 R_{it} + \beta_3 T_{it} + \beta_4 Z_t + \varepsilon_i$$

$$TE_{it} = \min\left(TE_{it}^{*},\ 1\right)$$

其中，TE_{it} 代表第 i 国 t 年的 PPP 技术效率值，为观测值，由上节计算得出；TE_{it}^{*} 为真实值。本节将分别解释 PPP 综合技术效率和纯技术效率的影响因素。X_{it} 代表一组宏观经济和社会变量，包括该国当年人均 GDP、人口规模、资本存量和社会稳定程度评分；R_{it} 代表一组风险变量，包括该国当年的通货膨胀水平、短期债务水平和外汇储备水平；T 代表技术变量，包括该国当年的人力资本指数和 PPP 累计项目数；Z 是时间控制变量，以控制时间趋势对 PPP 效率的影响。

（二）变量说明与描述性统计

1. 被解释变量

PPP 综合技术效率和纯技术效率。这两个被解释变量来自上节，基于 75 个国家 1994~2017 年的 PPP 投入和产出指标，通过 DEA 方法的 CCR 模型和 BCC 模型计算得出，介于 0~1。由于前文已分析了各国的主要分布情况和代表性国家的特征，本节不再重复论述。

2. 宏观经济和社会变量

人均 GDP 和总人口数量。这两个指标来自世界银行的世界发展指数（WDI）数据库，衡量了一个国家 PPP 市场规模的大小，其中人均 GDP 以 2010 年不变价美元衡量。在实证中，本节将这两个指标取对数处理。部分研究认为收入高的地区会导致政府养闲人，降低公共投资效率。但 Migué 等（1974）发现，当引入监管能力的变量，收入高的地区就能改善政府支出效率。本节认为，更高的收入水平意味着该国处于更高的经济发展阶段，建设方具有更丰富的基础设施管理经验，居民对有效率的基础设施和公共服务需求更大，因此 PPP 供给效率应该更高。而更多的人口数量意味着更高的购买和支付能力，也应对 PPP 效率有积极影响。因此提出假设：

假设 6.1：人均 GDP 越高、人口数量越多的国家 PPP 项目效率越高。

资本存量。资本存量这一指标来自宾州大学世界经济数据库（Penn World Table，PWT9.0），以 2011 年不变价美元衡量。其中，资本存量最大的 10 个发展中国家分别是中国、印度、巴西、印度尼西亚、俄罗斯、墨西哥、泰国、土耳其、南非和乌克兰（见表 6-13）。从分布来看，收入越高的国家组别资本存量的均值和标准误越高（见表6-14）。在实证中，本节对资本存量取对数处理。

表6-13　平均资本存量规模最大的10个发展中国家

排名	国家名称	收入组别	所在地区	资本存量（万亿美元）	资本存量的对数（百万美元）
1	中国	中高收入	东亚和太平洋	27.8	17.14
2	印度	中低收入	南亚	11.3	16.24
3	巴西	中高收入	拉丁美洲和加勒比	9.82	16.10
4	印度尼西亚	中低收入	东亚和太平洋	8.57	15.96
5	俄罗斯	中高收入	欧洲和中亚	6.30	15.66
6	墨西哥	中高收入	拉丁美洲和加勒比	4.60	15.34
7	泰国	中高收入	东亚和太平洋	2.71	14.81
8	土耳其	中高收入	欧洲和中亚	2.67	14.80
9	南非	中高收入	非洲	1.62	14.30
10	乌克兰	中低收入	欧洲和中亚	1.60	14.28

资料来源：Penn World Table 9.0。

表6-14　资本存量的描述性统计

单位：十亿美元

变量名	样本观测值	均值	标准误	最小值	最大值
rkna（全样本）	560	2981.97	6814.80	2.70	67600
rkna（低收入国家）	49	84.48	69.43	7.91	385.11
rkna（中低收入国家）	198	2398.56	4273.84	20.97	21900
rkna（中高收入国家）	283	4043.36	8714.66	2.70	67600

资料来源：Penn World Table 9.0。

社会稳定程度。社会稳定程度这一变量来自世界银行的世界治理指数（WGI）数据库。该变量代表对世界银行一国政治稳定和不存在暴力、恐怖主义现象的打分，是 -2.5 至 2.5 的标准正态分布。从得分看，发展中国家的平均得分均不高，75 个发展中国家中，仅有 18 个国家的平均得分为正，其他均为负数。分数最高的 10 个国家分别为博茨瓦纳、毛里求斯、不丹、哥斯达黎加、赞比亚、蒙古国、贝宁、伯利兹、加蓬、保加利亚（见表 6-15）。从分布来看，三组国家类别按社会稳定评分从高到低分别是：中高收入国家、低收入国家和中低收入国家，中低收入国家组别的得分均值最低，但三组国家的组内最大值与国家收入水平呈正相关（见表 6-16）。

表 6-15　社会稳定程度评分最高的 10 个发展中国家

排名	国家名称	收入组别	所在地区	社会稳定程度评分
1	博茨瓦纳	中高收入	非洲	1.06
2	毛里求斯	中高收入	非洲	0.82
3	不丹	中低收入	南亚	0.80
4	哥斯达黎加	中高收入	拉丁美洲	0.67
5	赞比亚	中低收入	非洲	0.59
6	蒙古国	中低收入	东亚和太平洋	0.47
7	贝宁	低收入	非洲	0.40
8	伯利兹	中高收入	拉丁美洲	0.34
9	加蓬	中高收入	非洲	0.31
10	保加利亚	中高收入	欧洲	0.28

资料来源：世界银行 WGI 数据库。

表 6-16　社会稳定评分的描述性统计

变量名	样本观测值	均值	标准误	最小值	最大值
Stability（全样本）	436	-0.64	0.74	-2.81	1.06
Stability（低收入国家）	46	-0.81	0.70	-2.14	0.40
Stability（中低收入国家）	158	-0.92	0.71	-2.76	0.80
Stability（中高收入国家）	232	-0.41	0.74	-2.81	1.06

资料来源：世界银行 WGI 数据库。

根据边际投资收益递减的规律，一个国家更高的资本存量代表该国的基础设施水平相对更加完善，新增的基础设施可能带来的边际效益更小，效率可能更低。此外，政治越稳定，暴力和恐怖主义事件越少，可以对基础设施的顺利建设和运营提供有力保障，而这对于政府和社会资本合作提供的基础设施项目更为重要。稳定的政治和治安环境有利于保证基础设施项目更高的利用率，提高社会资本方对项目收益的预期，减少负面社会因素对项目运作的消极影响，提高项目管理的效率。因此，本节提出以下假设。

假设 6.2：资本存量越多的国家 PPP 项目效率越低。

假设 6.3：社会稳定评分越高的国家 PPP 项目投入产出效率越高。

3. 风险变量

物价水平。该指标来自世界银行的 WDI 数据库，用年度 GDP 平减指数衡量。据计算，年均物价水平最高的 10 个国家是安哥拉（31.13）、土耳其（27.63）、塔吉克斯坦（24.61）、哈萨克斯坦（24.15）、埃塞俄比亚（17.56）、博茨瓦纳（16.41）、加纳（15.66）、海地（15.30）、阿根廷（14.48）和肯尼亚（14.43）。从分布看，越高收入组别的国家，物价均值越高，波动也越大（见表 6-17）[1]。具体实证中，本节对该指标取对数处理。

表 6-17　年均物价水平的描述性统计

变量名	样本观测值	均值	标准误	最小值	最大值
Inflation（全样本）	524	8.93	10.48	-7.42	89.50
Inflation（低收入国家）	48	8.13	7.75	-1.74	34.02
Inflation（中低收入国家）	198	8.64	7.90	-0.69	75.27
Inflation（中高收入国家）	278	9.26	12.34	-7.42	89.50

资料来源：世界银行 WDI 数据库。

[1]　删除了通胀水平高于 2000 和低于 -10 的异常值。

短期债务水平。该指标来自世界银行 WDI 数据库，具体指一年内的短期债务和长期债务利息总支出占总储备的百分比。据计算，样本时间内年均短期债务水平最高的 10 个国家分别是巴拿马（273.6%）、津巴布韦（248.18%）、尼加拉瓜（153.06%）、多米尼加（127.19%）、乌克兰（106.49%）、厄瓜多尔（103.62%）、马达加斯加（94.39%）、南非（94.11%）、海地（93.71%）和阿根廷（92.66%）。从分布看，越高收入组别的国家，债务水平均值和最大值越大（见表6-18）[①]。具体实证中，本节对该指标取对数处理。

表6-18　短期债务水平的描述性统计

变量名	样本观测值	均值（%）	标准误	最小值（%）	最大值（%）
Sdebt（全样本）	511	47.66	51.09	0	435.24
Sdebt（低收入国家）	39	20.85	49.98	0	248.18
Sdebt（中低收入国家）	198	45.95	48.28	0	391.56
Sdebt（中高收入国家）	274	64.80	49.97	0	435.24

资料来源：世界银行 WDI 数据库。

外汇储备水平。该指标来自世界银行 WDI 数据库，指外汇储备与进口总量的比率，即外汇储备可供进口月份数。该指标由 Robert Triffin（1947）提出，认为一国的外汇储备应同该国的进口额保持一定的比例关系，后期学者认为25%（年储备量相当于3个月的进口需求）较为合理，偏离过多可能造成外汇储备短缺或过剩。在本节样本中，年均外汇储备水平最大的 10 个国家分别是阿尔及利亚（31.42%）、中国（15.2%）、不丹（14.55%）、伊拉克（13.81%）、博兹瓦纳（11.34%）

---

① 删除了债务水平高于 500% 的异常值。

俄罗斯（10.24%）、秘鲁（10.19%）、巴西（8.12%）、印度（7.64%）和尼日利亚（6.94%）。从分布看，中低收入国家的外汇储备水平普遍较低且方差较小，中高收入国家的外汇储备水平总体更高（见表6-19）。但综合来看，发展中国家的外汇储备水平总体偏低，大部分未达到25%的水平。在实证中，本节对该指标取对数处理①。

表6-19 外汇储备水平的描述性统计

变量名	样本观测值	均值（%）	标准误	最小值（%）	最大值（%）
Reserves（全样本）	516	5.80	4.52	0.46	35.40
Reserves（低收入国家）	36	5.03	2.00	0.52	8.43
Reserves（中低收入国家）	198	4.61	2.45	0.46	14.54
Reserves（中高收入国家）	282	6.73	5.56	0.63	35.40

资料来源：世界银行 WDI 数据库。

一国的通货膨胀水平和债务水平越低，意味着该国的经济社会越稳定，发生恶性通胀或刚性兑付等事件的风险越小。一国的外汇储备水平越高，意味着在发生外部冲击时，应对危机的能力越强，发生外部冲击风险的概率越小。政府与社会资本合作的过程也是风险共担、利益共享的过程，项目面临的外部风险越小，双方合作可能产生的摩擦越少，PPP 项目的效率可能更高。因此，本节提出假设：

假设 6.4：一国的物价水平越稳定、债务水平越低、外汇储备水平越高，PPP 项目的投入产出效率越高。

---

① 删除了外汇储备水平高于 500% 的异常值。

4. 技术变量

人力资本指数。该指标来自 Penn world Table（PWT9.0），是数据库所有者根据受教育年限和教育回报计算得出的指数。据计算，样本中平均人力资本指数最高的 10 个发展中国家分别是：俄罗斯（3.26）、塞尔维亚（3.24）、乌克兰（3.21）、塔吉克斯坦（3.15）、亚美尼亚（3.10）、罗马尼亚（3.08）、伯利兹（3.04）、保加利亚（3.03）、哈萨克斯坦（2.92）和阿尔巴尼亚（2.90）。从分布看，更高收入水平的国家人力资本指数普遍更高，各收入组别的最大值也随收入增加而递增（见表 6-20）。在实证过程中，本节也对该指标进行对数处理。

表 6-20　人力资本指数的描述性统计

变量名	样本观测值	均值	标准误	最小值	最大值
HC（全样本）	549	2.29	0.49	1.06	3.36
HC（低收入国家）	48	1.57	0.23	1.06	2.06
HC（中低收入国家）	194	2.10	0.45	1.43	3.23
HC（中高收入国家）	281	2.50	0.36	1.33	3.36

资料来源：Penn World Table 9.0。

已有研究认为，一个地区居民的受教育水平越高，对政府的监督能力越强，对基础设施建设效率的要求也越高，居民受教育程度与政府支出效率正相关（Hayes 等，1998）。而政府和社会资本合作的项目上，可能存在更多的委托代理和道德风险问题，因此需要更严格的监督，并得到更有效的使用。因此，本节提出假设：

假设 6.5：人力资本指数越高的国家 PPP 投入产出效率越高。

PPP 项目经验。该指标来自作者基于 PPI 数据库的计算，即该国在当年以前已实行的 PPP 项目数量。截至 2014 年[①]，PPP 累计项目数最多的 10 个国家分别是：巴西（994 个）、中国（858 个）、印度（774 个）、墨西哥（196个）、土耳其（169 个）、阿根廷（144 个）、秘鲁（129 个）、哥伦比亚（124个）、俄罗斯（122 个）和泰国（122 个）。在实证过程中，本节对该指标进行对数处理。

PPP 累计项目数量代表了该国实行 PPP 的经验丰富程度。本节认为，一个国家可以在实行 PPP 的过程中探索提高项目效率的方法，并积累更多的经验和教训，而且这种经验教训可在全国范围内推广，可带动全国 PPP 效率提高。因此本节提出假设：

假设 6.6：PPP 经验越丰富的国家 PPP 投入产出效率越高。

5. 变量总结和描述性统计

综上，本节涉及主要变量的定义、具体含义和数据来源如表 6-21 所示。

表 6-21　本节主要变量的定义、具体含义和数据来源

变量	定义	具体含义	数据来源
TE	PPP 项目的综合技术效率	DEA 方法的 CCR 模型计算结果	作者计算，原始数据来源于世界银行 PPI 数据库
PTE	PPP 项目的纯技术效率	DEA 方法的 BCC 模型计算结果	作者计算，原始数据来源于世界银行 PPI 数据库
lnGDP	人均 GDP 的对数值	人均 GDP 以 2010 年不变价美元衡量	世界银行 WDI 数据库
lnpop	总人口的对数值	一国总人口数量取对数	世界银行 WDI 数据库
lnrkna	资本存量的对数值	资本存量以 2011 年不变价美元衡量	Penn World Table 9.0

[①]　由于 PWT9.0 的最新数据截至 2014 年，因此在本节的实证中，所有指标数据涉及的时间区间是 1994~2014 年。

续表

变量	定义	具体含义	数据来源
stability	社会稳定程度打分	世界银行对该国政治稳定、无暴力和恐怖主义的评分	世界银行 WGI 数据库
lninflation	通货膨胀的对数值	通货膨胀用 GDP 平减指数表示	世界银行 WDI 数据库
lnsdebt	短期债务的对数值	短期债务指一年内短期债务和长期债务利息之和占外汇储备的百分比	世界银行 WDI 数据库
lnreserves	外汇储备水平的对数值	外汇储备水平用储备—进口比率表示	世界银行 WDI 数据库
lnhc	人力资本指数的对数值	PWT 作者基于受教育程度和受教育回报的计算	Penn World Table 9.0
lnsucnum	PPP 累计项目数的对数值	截至当年该国累计实行的 PPP 项目个数	作者计算，原始数据基于世界银行 PPI 数据库

本节将对 1994~2014 年全球发展中国家 PPP 项目综合技术效率和纯技术效率的影响因素进行分析，验证宏观经济社会、风险和技术因素对 PPP 效率的影响。各变量取对数值后的描述性统计见表 6-22。

表 6-22　相关变量的描述性统计

变量	样本观测值	均值	标准误	最小值	最大值
TE	560	0.47	0.40	0.002	1
PTE	560	0.60	0.40	0.004	1
lnGDP	530	7.96	0.96	5.42	9.90
lnpop	530	17.33	1.83	3.94	21.03
lnrkna	560	13.38	1.88	7.90	18.03
stability	436	-0.64	0.74	-2.81	1.06
lninflation	506	1.85	0.99	-3.94	7.74
lnsdebt	509	3.18	2.03	-13.19	7.12
lnreserves	516	1.54	0.67	-0.77	3.57
lnhc	549	0.80	0.22	0.06	1.221
lnsucnum	528	2.99	1.58	0	6.90

（三）实证结果

1. 全样本的实证结果

本节通过对 1994~2014 年 75 个国家的 PPP 综合技术效率和纯技术效率的影响因素进行分析，探讨了市场规模、资本存量、制度质量、物价水平、债务和储备水平、人力资本、PPP 经验对 PPP 效率的影响。由于 DEA 方法计算的效率值位于 0~1，每年会出现多个位于技术前沿面的 1 值，故采用 Tobit 模型进行回归，同时报告迭代再加权最小二乘法（IRLS）的回归结果。按照是否加入风险变量和技术变量，本节设定了模型（1）~ 模型（6），估计结果如表 6–23 和表 6–24 所示。

表 6–23　PPP 综合技术效率的影响因素

变量	模型（1）（Tobit）	模型（2）（IRLS）	模型（3）（Tobit）	模型（4）（IRLS）	模型（5）（Tobit）	模型（6）（IRLS）
lnGDP	0.116***	0.101***	0.313***	0.260***	0.235***	0.190***
	（0.043）	（0.035）	（0.060）	（0.049）	（0.066）	（0.054）
lnpop	0.072***	0.055**	0.257***	0.208***	0.261***	0.197***
	（0.027）	（0.023）	（0.070）	（0.058）	（0.081）	（0.066）
lnrkna	-0.050	-0.032	-0.176***	-0.139**	-0.214***	-0.156***
	（0.032）	（0.027）	（0.065）	（0.054）	（0.068）	（0.056）
stability	0.017	0.019	0.005	0.011	0.022	0.021
	（0.035）	（0.029）	（0.038）	（0.031）	（0.038）	（0.031）
lninflation			-0.034	-0.021	-0.021	-0.014
			（0.027）	（0.022）	（0.027）	（0.022）
lnsdebt			-0.000	0.000	-0.011	-0.011
			（0.012）	（0.010）	（0.013）	（0.010）

续表

变量	模型（1）（Tobit）	模型（2）（IRLS）	模型（3）（Tobit）	模型（4）（IRLS）	模型（5）（Tobit）	模型（6）（IRLS）
lnreserves			0.126***	0.104***	0.120***	0.093**
			（0.045）	（0.037）	（0.045）	（0.037）
lnhc	0.161	0.130			0.435***	0.336***
	（0.142）	（0.116）			（0.157）	（0.127）
lnsucnum	0.100***	0.079***			0.069**	0.055**
	（0.026）	（0.021）			（0.031）	（0.025）
year	-0.032***	-0.028***	-0.029***	-0.025***	-0.034***	-0.030***
	（0.005）	（0.004）	（0.005）	（0.004）	（0.005）	（0.004）
Constant	63.107***	55.317***	53.450***	46.906***	64.254***	56.482***
	（9.579）	（7.734）	（9.506）	（7.709）	（10.359）	（8.413）
Observations	429	429	398	398	392	392
R-squared	0.178	0.282	0.195	0.302	0.228	0.333

说明：括号内为标准误，*** $p<0.01$，** $p<0.05$，* $p<0.10$。

表6-24　PPP 综合技术效率的影响因素

变量	模型（1）（Tobit）	模型（2）（IRLS）	模型（3）（Tobit）	模型（4）（IRLS）	模型（5）（Tobit）	模型（6）（IRLS）
lnGDP	0.108*	0.088**	0.311***	0.205***	0.198**	0.134**
	（0.057）	（0.039）	（0.079）	（0.054）	（0.086）	（0.059）
lnpop	0.089**	0.062**	0.312***	0.172***	0.260**	0.142*
	（0.035）	（0.025）	（0.091）	（0.063）	（0.106）	（0.072）
lnrkna	-0.047	-0.033	-0.207**	-0.110*	-0.202**	-0.109*
	（0.042）	（0.030）	（0.085）	（0.059）	（0.089）	（0.061）
stability	0.087*	0.052*	0.078	0.045	0.113**	0.062*
	（0.047）	（0.031）	（0.051）	（0.034）	（0.051）	（0.034）

续表

变量	模型（1）（Tobit）	模型（2）（IRLS）	模型（3）（Tobit）	模型（4）（IRLS）	模型（5）（Tobit）	模型（6）（IRLS）
lninflation			-0.069*	-0.048**	-0.039	-0.031
			（0.036）	（0.024）	（0.036）	（0.024）
lnsdebt			-0.013	-0.017	-0.025	-0.025**
			（0.016）	（0.011）	（0.016）	（0.011）
lnreserves			0.161***	0.102**	0.159***	0.097**
			（0.059）	（0.040）	（0.059）	（0.040）
lnhc	-0.012	0.033			0.291	0.228
	（0.186）	（0.127）			（0.206）	（0.139）
lnsucnum	0.122***	0.071***			0.096**	0.060**
	（0.035）	（0.023）			（0.041）	（0.027）
year	-0.034***	-0.024***	-0.034***	-0.026***	-0.039***	-0.030***
	（0.006）	（0.004）	（0.006）	（0.004）	（0.007）	（0.004）
Constant	67.044***	48.060***	63.764***	48.911***	75.646***	58.043***
	（12.678）	（8.483）	（12.556）	（8.394）	（13.700）	（9.252）
Observations	429	429	398	398	392	392
R-squared	0.120	0.208	0.136	0.235	0.158	0.267

说明：括号内为标准误，*** $p<0.01$，** $p<0.05$，* $p<0.10$。

从各影响因素看，可得到如下结论：宏观经济社会因素方面，第一，人均 GDP 和人口总数在各模型中均显著为正，说明人均收入指标和总人口对 PPP 综合技术效率和纯技术效率有正向影响。这验证了 Migué 等（1974）的研究结论。更高收入和更多人口有利于提高基础设施项目的利用效率，增加使用者付费的收益，建设投资时的平均成本可能相对较低，投入产出效率较高。第二，资本存量在控制了风险因素后，对 PPP 的综合技术效率和纯技术效率均有显著的负向影响，这反映出边际投资效率递减的趋势，说明当一国资本存量较大时，可能更低成本地区的基础设施项目已建设完毕，新建的项目投入产出效率会相对较低。第三，社会稳定（政治稳定、非暴力和恐怖主义）对 PPP 综合技术效率和纯技术效率都有积极影响，对纯技术效率的影响更为显著。这说明稳定的社会和政治环境有利于 PPP 项目效率的提高。

风险因素方面，第一，通货膨胀和债务水平对 PPP 综合技术效率和纯技术效率有负向但不显著的影响，说明一个国家的物价和债务水平保持在合理区间有利于 PPP 效率的提高。第二，外汇储备水平对 PPP 的综合技术效率和纯技术效率都有显著正向影响，说明外汇储备水平较高的国家应对外部冲击的能力较强，发生剧烈波动的风险更小，PPP 效率更高。

技术因素方面，第一，人力资本指数对 PPP 综合技术效率和纯技术效率都有积极影响，对综合技术效率的影响较为显著。这说明居民受教育程度越高，越有利于加强对 PPP 项目的监督，并对 PPP 效率有更高诉求，有利于 PPP 效率的提高。这与 Hayes 等（1998）的研究结论一致。第二，已实行的 PPP 项目数量对 PPP 综合技术效率和纯技术效率都有显著的积极影响，这说明一个国家的 PPP 项目积累经验越丰富，越可以通过学习效应促进之后的项目提高投入产出效率，从另一个角度验证了 Galilea 和 Medda（2010）的研究结论。

从综合技术效率和纯技术效率的比较看，人均收入、人口总额、外汇储备水平、PPP 项目经验对两类效率都有显著的正向影响，资本存量对两类效率都有显著的负向影响。社会稳定程度对 PPP 纯技术效率的影响显著，对综合技术效率的影响不显著。人力资本指数对 PPP 综合技术效率的影响显著，但对纯技术效率的影响不显著。考虑到在进行计算时，综合技术效率是纯技术效率和规模效率的乘积，这说明社会稳定程度对 PPP 规模效率影响不大，但人力资本指数有利于 PPP 规模效率的提高。

2. 分阶段的实证结果

本章第二节观察到发展中国家 PPP 综合技术效率和纯技术效率的发展在 1994~2017 年呈现先升后降再升的趋势，为解释该趋势背后的原因，本节将样本分为 1994~2000 年、2001~2012 年、2013~2014 年三部分，来观察三个阶段的影响因素是否相同。

表 6-25 和表 6-26 报告了 PPP 综合技术效率和纯技术效率在三个阶段的影响因素。可以看出，不论是 PPP 综合技术效率还是纯技术效率，其影响因素在三个阶段确实存在明显差异。

表 6-25　PPP 综合技术效率的影响因素（分阶段）

变量	1994~2000 年		2001~2012 年		2013~2014 年	
	Tobit	IRLS	Tobit	IRLS	Tobit	IRLS
lnGDP	0.440**	0.288*	0.200***	0.167***	0.093	0.151
	（0.193）	（0.163）	（0.073）	（0.060）	（0.187）	（0.180）
lnpop	0.278	0.177	0.263***	0.208***	0.054	0.163
	（0.256）	（0.216）	（0.088）	（0.073）	（0.252）	（0.241）
lnrkna	-0.184	-0.104	-0.218***	-0.166***	-0.022	-0.107
	（0.228）	（0.195）	（0.073）	（0.061）	（0.205）	（0.197）
stability	-0.107	-0.037	0.031	0.031	0.191	0.080
	（0.110）	（0.092）	（0.042）	（0.034）	（0.123）	（0.117）
lninflation	-0.091	-0.070	-0.004	0.002	0.014	-0.012
	（0.077）	（0.065）	（0.033）	（0.027）	（0.069）	（0.066）
lnsdebt	0.053	0.053	-0.013	-0.011	-0.036	-0.027
	（0.082）	（0.070）	（0.013）	（0.011）	（0.042）	（0.041）
lnreserves	0.071	0.045	0.141***	0.112***	0.143	0.113
	（0.130）	（0.111）	（0.048）	（0.040）	（0.163）	（0.157）

续表

变量	1994~2000 年		2001~2012 年		2013~2014 年	
	Tobit	IRLS	Tobit	IRLS	Tobit	IRLS
lnhc	0.325	0.214	0.561***	0.424***	-0.325	0.065
	(0.438)	(0.363)	(0.174)	(0.143)	(0.491)	(0.469)
lnsucnum	-0.062	-0.066	0.071**	0.055*	0.143	0.098
	(0.084)	(0.072)	(0.035)	(0.029)	(0.089)	(0.083)
year	0.162***	0.127***	-0.045***	-0.038***	-0.106	-0.001
	(0.044)	(0.037)	(0.008)	(0.007)	(0.117)	(0.111)
Constant	-328.654***	-257.520***	86.636***	73.439***	211.691	-0.148
	(88.983)	(73.463)	(16.653)	(13.594)	(235.299)	(223.726)
Observations	52	52	284	284	56	56
R-squared	0.342	0.415	0.267	0.363	0.263	0.390

说明：括号内为标准误，*** $p<0.01$，** $p<0.05$，* $p<0.10$。

表 6-26 PPP 纯技术效率的影响因素（分阶段）

变量	1994~2000 年		2001~2012 年		2013~2014 年	
	Tobit	IRLS	Tobit	IRLS	Tobit	IRLS
lnGDP	0.531**	0.202	0.175*	0.134**	-0.197	-0.075
	(0.242)	(0.150)	(0.094)	(0.066)	(0.257)	(0.229)
lnpop	0.407	0.152	0.278**	0.165**	-0.022	0.026
	(0.321)	(0.199)	(0.113)	(0.080)	(0.344)	(0.306)
lnrkna	-0.260	-0.065	-0.195**	-0.112*	-0.052	-0.096
	(0.285)	(0.179)	(0.094)	(0.067)	(0.279)	(0.250)
stability	-0.082	-0.045	0.138**	0.074**	0.374**	0.225
	(0.133)	(0.085)	(0.057)	(0.038)	(0.171)	(0.149)
lninflation	-0.147	-0.105*	-0.001	-0.007	-0.090	-0.093
	(0.093)	(0.060)	(0.044)	(0.029)	(0.096)	(0.084)
lnsdebt	0.142	0.096	-0.030*	-0.030***	-0.080	-0.052
	(0.103)	(0.065)	(0.017)	(0.012)	(0.057)	(0.052)

续表

变量	1994~2000 年		2001~2012 年		2013~2014 年	
	Tobit	IRLS	Tobit	IRLS	Tobit	IRLS
lnreserves	0.042	0.010	0.180***	0.115***	0.061	0.044
	（0.168）	（0.102）	（0.063）	（0.044）	（0.224）	（0.200）
lnhc	-0.263	-0.192	0.463**	0.368**	0.058	0.079
	（0.554）	（0.334）	（0.226）	（0.157）	（0.662）	（0.597）
lnsucnum	-0.136	-0.067	0.081*	0.042	0.345***	0.239**
	（0.105）	（0.066）	（0.046）	（0.031）	（0.124）	（0.106）
year	0.271***	0.140***	-0.054***	-0.037***	-0.215	-0.181
	（0.065）	（0.034）	（0.011）	（0.007）	（0.160）	（0.141）
Constant	-547.131***	-281.892***	104.135***	72.637***	435.587	365.458
	（131.941）	（67.542）	（22.062）	（14.883）	（323.720）	（284.294）
Observations	52	52	284	284	56	56
R-squared	0.337	0.423	0.208	0.326	0.183	0.260

说明：括号内为标准误，*** p<0.01，** p<0.05，* p<0.10。

在第一阶段（1994~2000 年），从表 6-25 和表 6-26 可看出，对两类 PPP 效率而言，大部分解释变量变得不显著，仅有人均 GDP 和时间趋势变量显著，并且时间趋势显著为正，与其他两个阶段相反。为进一步观察该样本下的影响因素，本节选取部分变量进行 Tobit 回归，结果如表 6-27 所示。可以看出，在 1994~2000 年这一阶段，对 PPP 两类效率影响显著的因素分别是人均 GDP、人口总规模和资本存量，其中人均 GDP 的影响最大，并且 PPP 效率有随时间上升的趋势，而政治稳定程度、通货膨胀、债务水平、储备水平、人力资本和项目成功经验的影响并不显著。究其原因，可能是发展中国家的 PPP 项目在 20 世纪 90 年代尚处于发展起步阶段，人均收入高、人口规模大的国家往往是经济水平较高的大国，宏观经济和人口因素超过了其他因素，对投入产出效率的影响更为明显。

表 6-27　1994~2000 年 PPP 综合技术效率和纯技术效率的影响因素

被解释变量	技术效率			纯技术效率		
	模型（1）	模型（2）	模型（3）	模型（4）	模型（5）	模型（6）
lnGDP	0.440**	0.459***	0.170***	0.531**	0.497***	0.135**
	（0.193）	（0.122）	（0.048）	（0.242）	（0.156）	（0.060）
lnpop	0.278	0.404***		0.407	0.497***	
	（0.256）	（0.143）		（0.321）	（0.183）	
lnrkna	-0.184	-0.284**		-0.260	-0.366**	
	（0.228）	（0.132）		（0.285）	（0.167）	
stability	-0.107			-0.082		
	（0.110）			（0.133）		
lninflation	-0.091			-0.147		
	（0.077）			（0.093）		
lnsdebt	0.053			0.142		
	（0.082）			（0.103）		
lnreserves	0.071			0.042		
	（0.130）			（0.168）		
lnhc	0.325			-0.263		
	（0.438）			（0.554）		
lnsucnum	-0.062			-0.136		
	（0.084）			（0.105）		
year	0.162***	0.062***	0.058**	0.271***	0.069**	0.066**
	（0.044）	（0.022）	（0.023）	（0.065）	（0.028）	（0.030）
Constant	-328.654***	-130.784***	-116.950**	-547.131***	-145.043**	-131.536**
	（88.983）	（43.716）	（46.440）	（131.941）	（56.668）	（59.222）
Observations	52	139	139	52	139	139
Pseudo R^2	0.342	0.165	0.075	0.337	0.109	0.041

说明：括号内为标准误，*** $p<0.01$，** $p<0.05$，* $p<0.10$。

在第二阶段（2001~2012 年），从表 6-25 和表 6-26 可看出，各影响因素对 PPP 效率的回归表现与整体样本相符，即人均 GDP、总人口、外汇储备水平、人力资本指数和 PPP 项目效率有显著的正向影响，资本存量水平对 PPP 效率有显著的负向影响。与整体样本的模型（表 6-23 和表 6-24）相比，债务水平和人力资本指数对 PPP 纯技术效率的影响由不显著变得显著，所有解释变量对 PPP 综合技术效率和纯技术效率的拟合度也更高，这说明在该时间段下，各影响因素可以有效地解释两类 PPP 效率的变动。

在第三阶段（2013~2014 年），从表 6-25 和表 6-26 可看出，各影响因素对该阶段两类效率的样本影响又变得不显著，仅项目成功经验一项有显著的正向影响。类似地，为进一步考察该阶段样本的影响因素特征，本节选取部分变量对两类效率进行回归，结果如表 6-28 所示。可以看出，在该阶段，各国 PPP 经验对 PPP 投入产出效率的影响最为直接和显著，其他变量的重要性相对减弱。这说明在该阶段，技术因素成为影响 PPP 项目效率的主要因素。

表 6-28　2013~2014 年 PPP 综合技术效率和纯技术效率的影响因素

被解释变量	技术效率			纯技术效率		
	模型（1）	模型（2）	模型（3）	模型（4）	模型（5）	模型（6）
lnGDP	0.093	0.088		-0.197	0.041	
	（0.187）	（0.077）		（0.257）	（0.109）	
lnpop	0.054	0.037		-0.022	0.052	
	（0.252）	（0.030）		（0.344）	（0.042）	
lnrkna	-0.022	-0.017		-0.052	-0.140	
	（0.205）	（0.068）		（0.279）	（0.095）	
stability	0.191			0.374**		
	（0.123）			（0.171）		
lninflation	0.014			-0.090		
	（0.069）			（0.096）		
lnsdebt	-0.036			-0.080		
	（0.042）			（0.057）		

续表

被解释变量	技术效率			纯技术效率		
	模型（1）	模型（2）	模型（3）	模型（4）	模型（5）	模型（6）
lnreserves	0.143			0.061		
	（0.163）			（0.224）		
lnhc	-0.325			0.058		
	（0.491）			（0.662）		
lnsucnum	0.143	0.134*	0.174***	0.345***	0.264***	0.175***
	（0.089）	（0.068）	（0.037）	（0.124）	（0.095）	（0.054）
year	-0.106			-0.215		
	（0.117）			（0.160）		
Constant	211.691	-1.239	-0.265*	435.587	0.284	-0.083
	（235.299）	（0.751）	（0.142）	（323.720）	（1.059）	（0.205）
Observations	56	60	60	56	60	60
Pseudo R²	0.263	0.234	0.212	0.183	0.115	0.091

说明：括号内为标准误，*** p<0.01，** p<0.05，* p<0.10。

（四）模型结论

为解释上节 PPP 综合技术效率和纯技术效率变动的不同特征，本节采用 Tobit 和 IRLS 模型对 1994~2014 年 75 个发展中国家的 PPP 效率进行实证，分析了两类 PPP 效率的影响因素。研究结论如下。

整体来看，人均 GDP 越高、人口越多、社会稳定评分越高、外汇储备水平越高、人力资本指数越高、PPP 经验越丰富的国家，PPP 综合技术效率和纯技术效率越高，而资本存量越大、通货膨胀和短期债务水平越高的国家，PPP 综合技术效率和纯技术效率较低。

从综合技术效率和纯技术效率的差异看，两者的影响因素显著性略有不同。人均 GDP、人口规模、资本存量、外汇储备、人力资本指数、PPP 经验对 PPP 综合技术效率有显著影响；而 PPP 纯技术效率的显著影响因素是人均 GDP、人口规模、资本存量、政治稳定程度、外汇储备和 PPP 经验。政治稳定性对纯技术效率有更显著影响，而人力资本指数对综合技术效率有更显著影响，这一差异体现了这两个指标对规模效率的影响。

从发展阶段来看，以上变量对 2001~2012 年的发展中国家 PPP 样本有更好的拟合度，并且债务水平、人力资本指标在纯技术效率回归中由整体样本的不显著变得显著。而在 1994~2000 年之前，人均 GDP 和人口规模对 PPP 效率产生了更大影响；在 2012 年之后，该国的 PPP 项目经验对 PPP 效率影响最大。

四　本章小结

本章以国家为单位，对发展中国家各年 PPP 项目投入产出效率进行核算，并对 PPP 综合技术效率和纯技术效率的影响因素进行了分析。本章结论如下。

第一，从整体来看，发展中国家 PPP 项目的综合技术效率和纯技术效率都经历了"先升（1994~2000 年）、后降（2001~2012 年）、再升（2013~2017年）"的趋势，但规模效率的波动趋势不明显。在分析效率的影响因素时，本章可以看到这三个阶段的主要影响因素有明显差别，2000 年之前 PPP 效率主要受人均 GDP、人口规模和资本存量等宏观因素影响，2013 年以后 PPP 效率主要受 PPP 项目经验影响，而在 2001~2012 年，PPP 效率受宏观政治、经济、风险和技术等多方面因素影响。

究其原因，在 20 世纪 90 年代，发展中国家尚处于 PPP 的起步阶段，PPP 效率受**规模因素**主导，经济发展水平高、人口规模大的国家 PPP 项目具有规模优势，效率更高。2000 年以后，随着发展中国家对 PPP 的探索，项目逐渐增多，PPP 效率受**环境因素**主导，宏观政治、经济、物价、债务、外汇、居民受教育程度、PPP 项目成功经验等都开始对 PPP 效率发挥作用。而在 2013 年之后，随着发展中国家 PPP 发展进一步成熟，环境因素基本稳定，PPP 效率更多受**技术因素**主导，政府和社会资本对 PPP 认识更充分，项目公司运营和管理能力更强、交易成本更小的国家 PPP 项目效率更高。

第二，从国家看，中高收入国家的三类效率均高于中低收入国家和低收入国家，且随时间的波动性更小。同时，本章将各国家效率平均值按"高技术效率高规模效率、低技术效率高规模效率、低技术效率低规模效率、高技术效率低规模效率"分布在 4 个象限，可以发现低规模效率的国家几乎都是低收入国家，而高收入国家大部分分布在高技术效率高规模效率的第一象限。此外，本章按不同 PPP 经验年份对国家进行了分组，也按不同技术效率和规模效率进行了象限分布，可以看出，实行 PPP 项目年份越多的国家，更有可能出现在高技术效率高规模效率的第一象限。

第三，中国的 PPP 效率表现较好。传统 DEA 模型下，中国在 24 年中有 15 个年份的综合技术效率为 1，21 个年份的纯技术效率为 1，说明在大多数年份，中国的 PPP 项目投入产出效率与其他发展中国家相比位于技术前沿面。在超效率模型下，中国的 PPP 综合技术效率排名也相对靠前。1994 年至 2017 年，中国 PPP 综合效率大部分处于发展中国家前 40% 的水平，并且较多国家位于前 20% 的水平。此外，中国 PPP 效率排名的波动也相对较小。

第四，PPP 影响因素方面，通过 Tobit 模型和 IRLS 模型的检验，整体上人均 GDP、人口规模、社会稳定程度、外汇储备水平、受教育程度和 PPP 经验对 PPP 综合技术效率和纯技术效率有正向影响，而资本存量、通货膨胀率、短期债务水平对 PPP 综合技术效率和纯技术效率有负向影响。

本章的创新之处在于，一是研究对象的创新，首次对发展中国家社会资本参与基础设施供给的投入产出效率进行了核算，并进行了整体特征的总结和国别差异的比较；二是实证数据来自微观项目数据的国别加总，比已有文献直接采用一个地区的宏观投入和产出数据精度更高；三是首次将参与的社会资本方数量作为 PPP 项目的投入变量之一，突破了仅以投资效率这一个维度测量的局限，更能体现投入产出效率的内涵；四是通过对效率差异的影响因素进行分析，并发现了随 PPP 发展阶段差异而变化的主导影响因素。

第七章

研究结论与政策建议

一 研究结论

政府与社会资本合作（PPP）是近年来基础设施供给的一种创新制度安排，该模式结合了政府的政策目标和社会资本方的管理效率，并实现了风险和收益在双方之间的合理分担，理论上可带来项目效率的提升。但在世界各国的实践过程中，PPP 也带来了合作失败、成本增加、债务风险扩大等问题。基于该背景，本书从项目的成功率、投资效率和国家的投入产出效率三方面入手，识别和测算了发展中国家与中国的 PPP 效率，并对其影响因素进行实证分析。全书的研究结论总结如下。

1. PPP 方式提供基础设施不一定带来效率提升

本书研究发现，与纯私有化方式提供相比，选用 PPP 方式提供基础设施项目对成功率的影响为正，但对投资成本也有正向影响，而这一影响随人均 GDP 和人口密度的增加而边际递减。也就是说，在较低收入国家，PPP 项目比纯私有化项目的成功率更高，但投资成本也更高；在较高收入国家，PPP 项目比纯私有化项目更具成本优势，但成功率相对更低。

究其原因，在较低收入国家，PPP 方式的投资成本劣势主要来源于：一是融资更高，由于纯私有化项目的供给更有可能来自融资成本较低的外资成熟企业，PPP 项目的融资成本则相对较高；二是产生道德风险的可能性更大，由于低收入国家的政府监管能力相对有限，收入来源部分依靠政府的 PPP 项目更容易产生道德风险问题，将报价更高以获得更多补贴，从而增加了投资成本。PPP 方式的成功率优势在于：纯私有化供给的外资企业与当地政府的谈判和磋商更为困难，对当地政策法规的适应难度更大，因此交易成本更高，项目失败概率更大。

而在更高收入国家，PPP 项目可能更多来自实力增强的本国社会资本方，在政府信用支持的情况下，有较低的融资和建设成本；但新建项目受市场饱和、边际需求小等因素的影响，成功率可能会有所降低，在这种情况下，更关注成本收益的社会资本方可能不会单独介入此类项目，而选择与政府方合作通过 PPP 方式参与，以获得政府更多直接或间接支持。

这一结论意味着以 PPP 方式提供基础设施并不一定具有效率优势，其效率的产生受经济发展水平、人口密度、行业技术等因素的综合影响。决策者在选择项目供给方式时，需要对项目的成功率和投资成本进行权衡，并界定 PPP 方式的适用范围。

2. 市场规模对 PPP 实施效率有双向影响

本书研究发现，人均 GDP、人口因素对 PPP 项目层面成功率和投资成本的影响为负，但对国家层面投入产出效率的影响为正。

这个结论可从两方面解释：一是边际投资效率递减。较高的人均收入水平和人口密度意味着当地基础设施已相对完善，新建基础设施项目可能超过了最优投资规模，属于"过度投资"，在边际收益递减的规律下，市场需求可能反而不如基础设施稀缺的市场，从而不利于项目效率的提升。在对国家投入产出效率的影响因素进行实证分析时，本文加入资本存量这一因素，发现该变量的系数显著为负，也证明了边际效率递减规律的存在。

二是基础设施行业间的正外部性和协同效应。对一国而言，基础设施在行业间可能存在正外部性和协同效应，如道路的修建可降低生产材料的运输成本，从而降低当地电厂和港口等基础设施的投资成本；电力基础设施的完善可降低其他基础设施行业的施工成本等。而市场规模更大的地区，设施使用率更高，协同效应的作用可能更明显。因此，在考虑总体投入和产出后，更高人均 GDP 和人口密度的地区基础设施投入更可能产生规模经济效应，从而有利于国家层面 PPP 效率的提升。

这一结论意味着 PPP 的实施效率与当地基础设施存量和市场需求密切相关。若当地的基础设施水平已较为完善，新建 PPP 项目可能实施效率较低。因此，新建 PPP 项目在立项前应充分考虑当地的市场需求和项目收益，避免盲目投资和跟风投资。若 PPP 项目一拥而上，将制约 PPP 效率优势的发挥。

3. 制度质量对 PPP 实施效率的影响始终为正

从项目成功率、投资效率和国别投入产出效率的实证分析来看，制度质量的评分对 PPP 实施效率的影响始终为正。这是因为更好的制度质量意味着更高的监管能力、更稳定的政治环境、更公开透明的市场环境、更完备的法律体系和更有效的腐败控制，对降低 PPP 效率的交易成本和财务成本都至关重要。具体而言，制度质量主要通过更清晰界定委托代理产权关系、降低道德风险产生的可能性、增强社会资本方的稳定预期、减少项目风险溢价等机制，解决 PPP 实施过程中可能存在的信息不对称、激励不相容等问题，促进 PPP 实施效率的提升。

4. PPP 项目经验对实施效率的影响始终为正

实证结果表明，成功项目经验对 PPP 的项目成功率、投资效率和投入产出效率也始终产生积极影响，这说明 PPP 实施过程也存在"干中学"效应。政府和社会资本方在 PPP 实践中积累了更多减少交易成本和节约财务成本的经验，提升了监管能力和项目运营管理能力，促进了效率的提升。同时，PPP 项目的经验也可在行业间或地区间被传播和推广，从而有利于一国整体投入产出效率的提高。

5. 较少的社会资本方数量、较低的融资成本、较强的财政支付能力、公开的信息披露机制有利于提升 PPP 的项目效率

实证研究发现，分散的股权结构、较多的股东数量对 PPP 项目成功率和投资效率始终有负面影响。这是因为更多投资方、复杂的股权结构可能增加协商难度，增加交易成本，从而降低合作效率。

当项目所在地区的金融水平较为发达，或更可能获得国际援助和优惠贷款时，对提高项目的成功率和投资效率都有积极影响。这说明 PPP 的融资成本对项目实施效率具有重要影响，因为它直接影响了社会资本方是否能取得合理回报。较高的融资成本不仅带来投资成本的上升，也增加了项目因回报

不足而导致失败的可能性。

从对中国省际层面的实证研究发现，项目所在省份较强的财政支付能力对提升 PPP 的成功率和投资效率都有积极影响。这是因为中国约 89% 的 PPP 项目需要政府进行可行性缺口补助或完全付费，当政府财力较强时，项目具有稳定付费来源的可能性较大，不确定性风险更小，从而降低了项目可能的风险溢价和失败可能性。

实证研究证明，中国 PPP 项目中采购模式的市场化程度越高、招投标过程越公开，PPP 项目的成功率越高；同时对于发展中国家，建立了信息披露机制的项目投资成本更低。这说明更加公开的信息披露机制有利于发挥各方对 PPP 项目的监督，也有效约束了项目过程中可能产生的委托代理行为，从而对项目的成功率和投资效率都产生了积极作用。

6. 项目所在国较高的外汇储备水平和居民受教育程度，较低的资本存量水平、通货膨胀率和短期债务水平有利于提升 PPP 的国别投入产出效率

外汇储备水平、物价水平和短期债务水平属于影响 PPP 国别投入产出效率的风险因素。一国的外汇储备水平越高，意味着在发生外部冲击时，应对危机的能力越强，发生外部冲击风险的概率越小。一国的通货膨胀水平和债务水平越低，意味着该国的经济社会越稳定，发生恶性通胀或刚性兑付等事件的风险越小。政府与社会资本合作的过程是风险共担、利益共享的过程，项目面临的外部风险越小，双方合作可能产生的摩擦越少，PPP 项目的效率可能更高。

一个国家更高的资本存量代表该国的基础设施水平相对更加完善，根据边际投资收益递减的规律，新增的基础设施可能带来的边际效益更小，项目实施效率可能更低。

政府和社会资本合作的项目，可能存在更多的委托代理和道德风险问

题，因此需要更严格的监督。而一个地区居民的受教育水平越高，意味着对政府的监督能力越强，对基础设施建设效率的要求也越高，对提升 PPP 国别效率也有积极影响。

二　政策建议

（一）审慎科学地推动 PPP 规范发展

本书研究发现，PPP 是政府和社会资本在基础设施领域实现风险共担、利益共享的创新制度安排之一，但并非基础设施提供的万全之策，其效率优势的发挥受制于地区发展阶段、财政能力、市场规模、行业技术等条件，使用不当也会产生项目失败、成本增加、债务风险加大的后果。因此，应审慎科学地推动 PPP 的规范发展。

一是完善事前评估制度，发挥物有所值评价的实际作用，界定 PPP 项目的适用范围。PPP 方式开展的前提是实现了效率的提升和成本的节约。地方政府进行基础设施投融资时，灵活选择政府投资、PPP、社会资本投资等多种方式。在开展 PPP 项目前，应制定可行的事前评估体系、量化评估标准，对社会资本方的综合实力进行充分考核，并充分发挥物有所值评价的切实作用，确保 PPP 方式是最优选择。

二是在项目建设前充分论证，防止重复建设、过度投资。当项目所在地的基础设施已较为完备时，PPP 项目效率优势的发挥将受到制约。在新建 PPP 项目时，要加强项目的前期论证，对项目的市场需求和付费机制进行充分分析，避免重复建设、过度投资带来效率损失。

（二）提升政府治理能力

本书研究发现，制度质量和项目经验对提升 PPP 项目效率和国家效率都有积极的促进作用。因此，应提升政府治理能力和监管能力，在实践中积累更多的成熟经验，促进 PPP 项目规范发展。

一是促进地方政府确立市场意识，鼓励民间资本参与。通过项目推介、集中培训等方式，提升地方政府对 PPP 的认知水平和专业能力，消除地方政府将 PPP 项目看作融资工具、对民间资本设置隐形门槛、用行政化手段推动 PPP 项目等认识误区和错误做法，鼓励地方出台政策吸引民间资本参与基础设施供给。

二是继续理顺 PPP 协调管理机制。尽快从顶层设计明确中央部委之间和地方政府部门之间的职责分工，按部门优势进行综合化或专业化管理，并建立相应协调机制，改善部门间各自为战、管理混乱的现状。

三是加快完善 PPP 相关法律法规和相关配套政策。目前，我国针对 PPP 模式的规定仍然停留在行政规章、地方性管理条例等层面，没有专门的法律来指导 PPP 模式的运用。应加快对 PPP 上位法的研究和立法工作，出台比现有部门规章更具约束力、更有利于协调政策冲突、稳定公众预期的法律，详细界定公私双方的义务和责任，有效提高 PPP 项目在招标、合同缔结、建设、运营、移交、监管等各个环节的规范化程度。同时，应继续完善 PPP 项目的配套管理办法和项目指引，引导地方按规范流程开展 PPP 项目的建设和运营工作。

（三）优化项目融资环境

本书研究发现，融资成本直接关系到 PPP 项目的实施效率。与公共资金相比，社会资本，尤其是民间资本，面临着更为严重的融资难、融资贵问题，影响了民间资本的参与热情，制约了 PPP 项目的效率提升。因此，应优化 PPP 的项目融资环境，畅通融资渠道，降低项目的融资成本。

一是加强政策性融资支持。发挥财政资金的带动作用，鼓励地方设立 PPP 引导基金，吸引民间资本、金融机构共同参与，为 PPP 项目提供更大范围的资金来源。同时，考虑建立基础设施或公共服务银行，通过政策性金融支持降低金融机构和社会资本的融资风险。

二是创新融资工具，拓宽融资渠道。鼓励金融机构充分运用投贷联合、资管计划、资产证券化以及股权融资、融资租赁等多种方式，对 PPP 项目提供持续有力的金融支持。此外，考虑到 PPP 项目的生命周期较长，应更多吸引与之期限匹配的长期投资者如保险基金、社保基金、养老金的参与。

（四）强化债务风险防控

本书研究发现，财政支付能力对 PPP 实施效率有积极影响，而较高的债务水平不利于 PPP 实施效率的提升。因此，应在 PPP 的实施过程中强化债务风险防控，遏制地方政府的隐性债务风险。

一是加强对潜在债务的甄别。防止地方以 PPP 方式变相融资、违规举债，防止政府通过专项建设基金、产业基金、信托计划等金融工具和政府购买方式规避债务管理约束。完善和细化政府购买服务目录，防止将政府购买扩展至工程建设领域。清查政府方向社会资本方回购投资本金、承诺固定回报或保障最低收益的行为，通过签订阴阳合同，或由政府方为项目融资提供各种形式的担保、还款承诺等方式的 PPP 项目。

二是加强对债务和支出责任的管理。建立权责发生制政府综合财务报告、地方政府发债评级机制、地方政府债务规模控制和分类管理机制。加强中央政府、地方人大和社会公众对地方政府债务的监督。定期监测地方债务风险，对高风险地区实施预警。出台针对地方政府债务、融资平台债务等的联合监管制度。

参考文献

［1］ Abednego M. P. , Ogunlana S. O., "Good project governance for proper risk allocation in public–private partnerships in Indonesia", *International Journal of Project Management*, 2006, 24（7）: 622-634.

［2］ Akintoye A., Hardcastle C., Beck M., "Achieving best value in private finance initiative project procurement", *Construction Management & Economics*, 2003, 21（5）: 461-470.

［3］ Akintoye A., Beck M., Hardcastle C., "Public-private Partnerships: managing risks and opportunities", *Blackwell Science,* 2003.

［4］ Allan R. J., "PPP: a review of literature and practice", *Saskatchewan Institute of Public Policy Paper*, 1999.

［5］ Annamalai T. R., Meduri S. S., "Unit Costs of Public and PPP Road Projects: Evidence from India", *Journal of Construction Engineering & Management*, 2013, 139（1）: 35-43.

［6］ Aschauer D. A . "Is public expenditure productive?", *Staff Memoranda,*

1989, 23(2):177-200.

[7] Barbara J. Stevens, "Comparing public-and private-sector productive efficiency: An analysis of eight activities", *National Productivity Review*, 2010: 395–406.

[8] Beauregard R. A., "Public-Private Partnerships as Historical Chameleons: The Case of the United States", 2001.

[9] Bennett J., Iossa E., "Building and managing facilities for public services", *Journal of Public Economics*, 2006, 90（10）: 2143–2160.

[10] Besley T., Ghatak M., "Government Versus Private Ownership of Public Goods", *Quarterly Journal of Economics*, 2001, 116（4）: 1343–1372.

[11] Blanc-Brude F., Whittaker T., "Wilde S. Erratum to: Searching for a listed infrastructure asset class using mean–variance spanning", *Financial Markets & Portfolio Management*, 2017, 31（2）: 1–1.

[12] Brench A., T., "Beckers M. Heinrich, and C. von Hirschhausen. Public-Private Partnerships in New EU Member Countries of Central and Eastern Europe", *European Investment Bank*. 2015.

[13] Buchanan J. M., "Federalism and Fiscal Equity", *American Economic Review*, 1950, 40(4):583-599.

[14] Burger P., "Hawkesworth I. How To Attain Value for Money: Comparing PPP and Traditional Infrastructure Public Procurement", *Oecd Journal on Budgeting*, 2011, 11（1）: 4–4.

[15] Carpintero S., "Petersen O H. PPP projects in transport: evidence from light rail projects in Spain", *Public Money & Management*, 2014, 34(1): 43–50.

[16] Carsten Fink, Aaditya Mattoo, Randeep Rathindran. An assessment of

telecommunications reform in developing countries[J]. *Information Economics & Policy*, 2003, 15(4):0-466.

[17] Charnes A. , Cooper W. W., Rhodes E ., "Measuring the Efficiency of Decision Making Units", *European Journal of Operational Research*, 1978, 2(6):429-444.

[18] Chen Z., Daito N., Gifford J L., "Data Review of Infrastructure Public-Private Partnership Data: A Meta-Analysis", *Transport Reviews*, 2015, 36 (2): 1–23.

[19] Cheri Ostroff, Neal Schmitt, "Configurations of Organizational Effectiveness and Efficiency", *Academy of Management Journal*, 1993, 36(6):1345-1361.

[20] Childs, Paul & Ott, Steven & Triantis, Alexander, " Investment Decisions For Mutually Exclusive Projects: An Options Framework", 1998.

[21] Clifton C., Duffield C. F., "Improved PFI/PPP service outcomes through the integration of Alliance principles", *International Journal of Project Management*, 2006, 24 (7): 573–586.

[22] Deloitte Research., "Closing America's Infrastructure Gap: The Role of Public-Private-Partnership" *Deloitte Services LP*, 2007.

[23] Engel E., Galetovic A., "Highway Franchising: Pitfalls and Opportunities", *The American Economic Review*, 1997, 87 (2): 68–72.

[24] Emeritus Henry Tulkens, Philippe van den Eeckaut, "Non Parametric Efficiency, Progress and Regress Measures for Panel Data: Methodological Aspects", *CESifo Working Paper Series*, 1993.

[25] Estache A., Martín A. Rossi, Ruzzier C. A ., "The Case for International

Coordination of Electricity Regulation: Evidence from the Measurement of Efficiency in South America", *Journal of Regulatory Economics*, 2004, 25(3):271-295.

[26] Estache A., Serebrisky T., "Where Do We Stand on Transport Infrastructure Deregulation and Public-Private Partnership?", *Social Science Electronic Publishing*, 2004.

[27] Fischer R., "The Promise and Peril of Public-Private Partnerships: Lessons from the Chilean Experience ", 2011.

[28] Fink C., Mattoo A., Rathindran R., "An Assessment of Telecommunications Reform in Developing Countries", *Information Economics and Policy*, 2003, 15(4):0-466.

[29] Francesconi M., Muthoo A., "Control Rights in Public-Private Partnerships", *Social Science Electronic Publishing*, 2006, 2 (1): 26–27.

[30] Galilea P ., Medda F., "Does the political and economic context influence the success of a transport project? An analysis of transport public-private partnerships", *Research in Transportation Economics*, 2010, 30 (1): 102–109.

[31] Gjebrea E., Zoto O., "Infrastructure Public Private Partnership Investments: A Comparative Analysis of Western Balkan and Emerging Countries", *EU Crisis and the Role of the Periphery*, 2015.

[32] Grimsey D., Lewis M K., "Evaluating the Risks of Public Private Partnerships for Infrastructure Projects", *International Journal of Project Management*, 2002, 20 (2): 107–118.

[33] Grimsey D., Lewis M. K., "Are Public Private Partnerships Value for

Money?: Evaluating Alternative Approaches and Comparing Academic and Practitioner Views", *Accounting Forum*, 2005, 29 (4): 345–378.

[34] Grimsey D., Lewis M. K., The Economics of Public Private Partnerships", 2005.

[35] Grossman. R. F, " National Emission Standards for Hazardous Air Pollutants Calendar Year 1999", 2000.

[36] Guasch, J. L., "Granting and Renegotiating Infrastructure Concessions: Doing It Right. Washington, D.C.: World Bank Institute Development Studies", 2004.

[37] Guasch J. L., Straub S., "Renegotiation of Concession Contracts: An Overview", *Review of Industrial Organization*, 2006, 29 (1-2): 55–73.

[38] Guasch J. L., Laffont J. J., Strau S., "Concessions of Infrastructure in Latin America: Government-Led Renegotiation", *Journal of Applied Econometrics*, 2007, 22 (7): 1267–1294.

[39] Gurgan A.P., Touran A., "Public-Private Partnership Experience In The International Arena: Case Of Turkey", *Journal of Management in Engineering*, 2013, 30(6):1943-1979.

[40] Hart O. A., "Discussion of the Foundations of the Incomplete Contracting Model", *Firms, Contracts, and Financial Structure*, 1995: 73–93.

[41] Hart, "Incomplete Contracts and Public Ownership: Remarks, and an Application to Public-Private Partnerships", *Economic Journal*, 2003, 113 (486): C69–C76.

[42] Hammami M., Ruhashyankiko, Jean-François, Yehoue E. B., "Determinants of Public-Private Partnerships in Infrastructure", *IMF*

Working Paper, No.06/99, 2006.

[43] Hayes L., Recovery A., "Local Government Response", *Australian Journal of Emergency Management*, 1998, 13(2).

[44] Henjewele C., Fewings P., Rwelamila P. D., "De-marginalising the Public in PPP Projects through Multi-stakeholders Management", *Journal of Financial Management of Property & Construction*, 2013, 18 (3): 210–231.

[45] Henjewele C., Sun M., Fewings P., "Comparative Performance of Healthcare and Transport PFI Projects: Empirical study on the influence of Key Factors", *International Journal of Project Management*, 2014, 32 (1): 77–87.

[46] Hirose K., Fujita M., Takeuchi M., et al., "Transaction Costs, Relational Contracting and Public Private Partnerships: A Case Study of UK Defence", *Journal of Purchasing & Supply Management*, 2003, 9 (3): 97–108.

[47] H. M. Treasury, "Private Finance Initiative and Private Finance 2 Projects: 2017 Summary Data".

[48] Hoppe E. I., Kusterer D. J., "Schmitz P W. Public-private Partnerships versus Traditional Procurement: An Experimental Investigation", *Social Science Electronic Publishing*, 2013, 89 (2): 145–166.

[49] Iossa E., Martimort D., "Risk Allocation and the Costs and Benefits of Public-private Partnerships", *Rand Journal of Economics*, 2012, 43 (3): 442–474.

[50] Iossa E., Martimort D., "The Simple Microeconomics of Public-Private Partnerships", *Journal of Public Economic Theory*, 2015, 17(1): 4–48.

[51] Irwin David, *Privazation in America,* Washington, D.C.: Touche Ross. 1987.

[52] Jensen O., Blancbrude F., Jensen O., et al., "The Handshake: Why Do Governments and Firms Sign Private Sector Participation Deals? Evidence from the Water and Sanitation Sector in Developing Countries", *Policy Research Working Paper*, 2006: 1–25（25）.

[53] Jacobs B.. Networks, "Partnerships and European Union Regional Economic Development Initiatives in the West Midlands", *Policy & Politics*, 1997, 25（1）: 39–50.

[54] Jean Luc Migué, Gérard Bélanger, Niskanen W., "Toward a general theory of managerial discretion", *Public Choice*, 1974, 17（1）: 27–47.

[55] Krumm, T., Mause, K., "Factors Explaining the Use of Public-Private Partnerships: Evidence from the UK", In 60th Political Studies Association Conference, Edinburgh, March, 2010.

[56] Levin J., Tadelis S., "Contracting for Government Services: Theory and Evidence from U.S. Cities", *Journal of Industrial Economics*, 2010, 58（3）: 507–541.

[57] Lindqvist E., "Will Privatization Reduce Costs?", Working Paper Series 736, Research Institute of Industrial Economics. 2007.

[58] MacDonald M., "Review of Large Public Precurement in the UK", Guidance Report Prepared for the HM Treasury, 2002.

[59] Marcelo, Darwin & House, Schuyler & Mandri-Perrott, Cledan & Schwartz, Jordan., "Do Countries Learn from Experience in Infrastructure PPP? PPP Practice and Contract Cancellation",World Bank Working

Paper, WPS 8054, 2017.

[60] Martimort D., "Pouyet J. To Build or Not To Build: Normative and Positive Theories of Public-private Partnerships", *International Journal of Industrial Organization*, 2008, 26 (2): 393–411.

[61] Martins A. C., Rui C. M., Cruz C. O., "Public–private Partnerships for Wind Power Generation: The Portuguese Case", *Energy Policy*, 2011, 39 (1): 94–104.

[62] Maskin E., Tirole J., "Public–private Partnerships and Government Spending Limits", *Idei Working Papers*, 2008, 26 (2): 412–420.

[63] McMillan S., Waxman R., "Profit Sharing Between Governments and Multinationals in Natural Resource Extraction: Evidence from a Firm-Level Panel", *Brookings Trade Forum*, 2007(13332):149-175.

[64] Meduri, Surya Sudheer, and Thillai Rajan Annamalai, "Unit Costs of Public and PPP Road Projects: Evidence from India", *Journal of Construction Engineering & Management*, 2012, (1): 35–43.

[65] Moszoro M., Gasiorowski P., "Optimal Capital Structure of Public-Private Partnerships", *Social Science Electronic Publishing*, 2008, 08 (1).

[66] Nadiri and Mamuneas. "The Effects of Public Infrastructure and R & D Capital on the Cost Structure and Performance of U.S. Manufacturing Industries". *Review of Economics & Statistics,* 1994, 76(1):22-37.

[67] Pestieau P., Tulkens H ., "Assessing and explaining the performance of public enterprises", *FinanzArchiv Public Finance Analysis*, 1993, 50(3):293-323.

[68] Peter Raisbeck, Colin Duffield, Ming Xu, "Comparative performance of PPPs and traditional procurement in Australia", *Construction*

Management & Economics, 2010, 28（4）: 345–359.

[69] Raisbeck P., Duffield C., Xu M., "Comparative performance of PPPs and traditional procurement in Australia", *Construction Management & Economics*, 2010, 28（4）: 345–359.

[70] Sadka E., "Public-Private Partnerships—A Public Economics Perspective", *Cesifo Economic Studies*, 2006, 53（3）: 466–490.

[71] Sharma, Chandan, "Determinants of PPP in infrastructure in developing economies", *Transforming Government: People, Process and Policy*, 2012, 6（2）: 149-166.

[72] Spackman M., "Public–private Partnerships: Lessons from the British Approach", *Economic Systems*, 2002, 26（3）: 283–301.

[73] Stevens B. J., "Comparing Public-and Private-sector Productive Efficiency: An Analysis of Eight Activities", *National Productivity Review*, 2010, 3(4):395-406.

[74] Tiong R. L. K., "CSFs in Competitive Tendering and Negotiation Model for BOT Projects", *Journal of Construction Engineering & Management*, 1996, 122（3）: 205–211.

[75] Tirole J., "Incomplete Contracts: Where Do We Stand?", *Econometrica*, 1999, 67.

[76] Trebilcock M., Rosenstock M., "Infrastructure Public–Private Partnerships in the Developing World: Lessons from Recent Experience", *The Journal of Development Studies*, 2015, 51（4）: 335–354.

[77] Williamson O. E., "Transaction-Cost Economics: The Governance of Contractual Relations", *Journal of Law & Economics*, 1979, 22（2）: 233–261.

［78］ Willoughby C., "How Much Can Public Private Partnership Really Do for Urban Transport in Developing Countries?", *Research in Transportation Economics*, 2013, 40（1）: 34–55.

［79］ Zhuravskaya, Konstantin Sonin, "Bankruptcy in Russia: Away From Creditor Protection and Restructuring", *Russian Economic Trends*, 2000, 9(1).

［80］ 曹远征:《PPP 模式开拓"一带一路"基建新局面》,《国际工程与劳务》2015 年第 5 期: 32–33。

［81］ 陈柳钦:《PPP: 新型公私合作融资模式》,《中国科技投资》2005 年第 6 期: 76–80。

［82］ 陈诗一、张军:《中国地方政府财政支出效率研究: 1978—2005》,《中国社会科学》2008 年第 4 期: 65–78。

［83］ 陈志敏、张明、司丹:《中国的 PPP 实践: 发展、模式、困境与出路》,《国际经济评论》2015 年第 4 期: 68–84。

［84］ 符丽丽:《国内 PPP 发展的现状及国际经验比较》,《金融纵横》2016 年第 10 期: 91–98。

［85］ 高明:《公私合作模式在农村基础设施建设中的应用》,《宏观经济管理》2010 年第 7 期: 52–53。

［86］ 韩华为、苗艳青:《地方政府卫生支出效率核算及影响因素实证研究——以中国 31 个省份面板数据为依据的 DEA-Tobit 分析》,《财经研究》2010 年第 5 期: 4–15。

［87］ 胡丽、张卫国、叶晓甦:《基于 SHAPELY 修正的 PPP 项目利益分配模型研究》,《管理工程学报》2011 年第 2 期: 149–154。

［88］ 胡宗义、鲁耀纯、刘春霞:《我国城市基础设施建设投融资绩效评价——基于三阶段 DEA 模型的实证分析》,《华东经济管理》2014 年第 1 期: 85–91。

［89］ 胡宗义、李鹏、刘亦文：《基于 CCA-DEA 的我国区域城市基础设施建设投融资效率及差异评价》，《软科学》2013 年第 4 期：7–11。

［90］ 霍伟东、陈若愚、李行云：《制度质量、多边金融机构支持与 PPP 项目成效——来自非洲 PPP 项目数据的经验证据》，《经济与管理研究》2018 年第 3 期：52–64。

［91］ 黄正华、郑伊：《印度 PPP 发展概述——基于第二届亚洲 PPP 治理论坛暨第三届公共采购国际论坛会议综述》，《中国政府采购》2017 年第 2 期：54–61。

［92］ 贾康、孙洁：《公私合作伙伴机制：新型城镇化投融资的模式创新》，《中共中央党校学报》2014 年第 1 期。

［93］ 冀福俊：《民间资本参与公共基础设施建设对城镇化的影响——基于中国省际面板数据的分析》，《云南财经大学学报》2015 年第 4 期：120–126。

［94］ 吉富星：《PPP 模式的理论与政策》，中国财政经济出版社，2017。

［95］ 柯永建、王守清：《特许经营项目融资（PPP）——风险分担管理》清华大学出版社，2011。

［96］ 柯永建、王守清、陈炳泉：《英法海峡隧道的失败对 PPP 项目风险分担的启示》，《土木工程学报》2008 年第 12 期：97–102。

［97］ 赖丹馨、费方域：《公私合作制（PPP）的效率：一个综述》，《经济学家》2010 年第 7 期：97–104。

［98］ 李农：《新农村基础设施建设中 PPP 模式的应用》，《财政经济评论》2009 年第 1 期：162-171。

［99］ 李以所：《公私合作伙伴关系（PPP）的经济性研究——基于德国经验的分析》，《兰州学刊》2012 年第 6 期：146–154。

［100］ 林俊：《美国 PPP 发展经验及启示》，《财会月刊（下）》2017 年第 30 期：

75-79。

[101] 罗煜、王芳、陈熙:《制度质量和国际金融机构如何影响 PPP 项目的成效——基于"一带一路"46 国经验数据的研究》,《金融研究》2017 年第 4 期:65-81。

[102] 孟惊雷、邱晖、杜忠连:《基于厂商中间层理论视角的 PPP 项目供给效率分析》,《商业经济》2017 年第 6 期:44-48。

[103] 乔虹:《我国各省份 PPP 模式推进效率测度研究——基于 AHP 分析法》,《财经论丛》(浙江财经学院学报)2017 年第 9 期。

[104] 亓霞、柯永建、王守清:《基于案例的中国 PPP 项目的主要风险因素分析》,《中国软科学》,2009 年第 5 期。

[105] 史丁莎:《国际 PPP 市场发展和开放比较研究》,《国际经济合作》,2017 年第 67 期。

[106] 史丁莎:《中国 PPP 市场发展与对外开放研究》,《现代管理科学》2018 年第 1 期:66-68。

[107] 宋志东:《BOT 融资中的风险分担及合同管理》,《吉林省经济管理干部学院学报》2004 年第 1 期:28-31。

[108] 唐祥来、刘晓慧:《供给侧改革下中国 PPP 模式供给效率的 DEA 检验》,《南京财经大学学报》2016 年第 4 期:20-27。

[109] 刘穷志、芦越:《制度质量、经济环境与 PPP 项目的效率——以中国的水务基础设施 PPP 项目为例》,《经济与管理》2016 年第 6 期:58-65。

[110] 刘禹、何佰洲、武文婷:《城市基础设施项目公私合作制模式的新探讨——基于价值集成的视角》,《城市发展研究》2010 年第 2 期:98-103。

[111] 石磊、孙晓丽:《BOT 项目风险转移的悖论——以日本 -BOT 失败项目为研究对象》,《管理案例研究与评论》2011 年第 4 期:248-256。

[112] 宋小宁、陈斌、吴明琴:《基础设施供给模式选择研究——基于公私

合作（PPP）和政府采购的比较》，《厦门大学学报》（哲学社会科学版）2014 年第 3 期：139-146。

[113] 孙德梅、王正沛、孙莹莹：《我国地方政府公共服务效率评价及其影响因素分析》，《华东经济管理》2013 年第 8 期。

[114] 孙洁：《城市基础设施的公私合作管理模式研究》，同济大学博士学位论文，2005。

[115] 孙洁：《我国基础设施建设需采用 PPP 模式》，《中国财政》2013 年第 18 期：62-63。

[116] 王福强、詹琳、赵磊等：《PPP 的全球进展及中国的改革实践》，中国财政经济出版社，2018。

[117] 王宏伟、郑世林、吴文庆：《私人部门进入对中国城市供水行业的影响》，《世界经济》2011 年第 6 期：84-99。

[118] 王晓腾：《我国基础设施公私合作制研究》，财政部财政科学研究所博士学位论文，2015.

[119] 王卓君、郭雪萌、李红昌：《地区市场化进程会促进地方政府选用 PPP 模式融资吗？——基于基础设施领域的实证研究》，《财政研究》2017 年第 10 期：56-66+93。

[120] 吴思康、刘穷志：《PPP 成长的宏观环境：中国的证据》，《中南财经政法大学学报》2017（2）：68-76.

[121] 续竞秦、杨永恒：《地方政府基本公共服务供给效率及其影响因素实证分析——基于修正的 DEA 两步法》，《财贸研究》2011 年第 6 期：89-96。

[122] 姚东旻、李军林：《条件满足下的效率差异：PPP 模式与传统模式比较》，《改革》2015 年第 2 期：34-42。

[123] 杨瑞龙、聂辉华：《不完全契约理论：一个综述》，《经济研究》2006

年第 2 期：104–115。

[124] 余晖、秦虹：《公用领域的"螃蟹"谁敢吃——公私合作制在我国公用事业领域的实践》，《施工企业管理》2006 年第 6 期：5-7。

[125] 袁诚、陆晓天、杨骁：《地方自有财力对交通设施类 PPP 项目实施的影响》，《财政研究》2017 年第 6 期：26–39。

[126] 苑德宇：《民间资本参与是否增进了中国城市基础设施绩效》，《统计研究》2013 年第 2 期：23–31。

[127] 曾福生、郭珍：《中国省际农业基础设施供给效率及影响因素研究——基于 DEA-Tobit 两步法的分析》，《求索》(4):10-13。

[128] 赵静、常非凡：《PPP 模式在世界主要国家的实践及可持续性分析》，《宏观经济管理》2018 年第 6 期：78–85。

[129] 张勇、郝寿义：《应用 PPP 融资模式促进城市基础建设发展》，《生产力研究》2004 年第 11 期：56–58。

[130] 张羽、徐文龙、张晓芬：《不完全契约视角下的 PPP 效率影响因素分析》，《理论月刊》2012 年第 12 期：103–107。

[131] 张喆、贾明、万迪昉：《不完全契约及关系契约视角下的 PPP 最优控制权配置探讨》，《外国经济与管理》2007 年第 8 期：24–29。

[132] 张喆、贾明、万迪昉：《PPP 背景下控制权配置及其对合作效率影响的模型研究》，《管理工程学报》2009 年第 3 期：23–29。

[133] 张万宽：《发展公私伙伴关系对中国政府管理的挑战及对策研究》，《中国行政管理》2008 年第 1 期：46–48。

[134] 郑子龙：《政府治理与 PPP 项目投资：来自发展中国家面板数据的经验分析》，《世界经济研究》2017 年第 5 期：62–77。

[135] 朱玉春、乔文、王芳：《农民对农村公共品供给满意度实证分析——基于陕西省32个乡镇的调查数据》，《农业经济问题》2010 年第 1 期:59-66。

附录A
92个发展中国家发电PPP项目的
平均投资成本

国家名称	所在地区	收入组别	投资成本 （百万美元/MW）	项目总数 （个）
Yemen, Rep.	MENA	Lower middle income	0.16	2
Kazakhstan	ECA	Upper middle income	0.21	9
Armenia	ECA	Lower middle income	0.22	2
Venezuela, RB	LAC	Upper middle income	0.24	2
Cuba	LAC	Upper middle income	0.40	3
Côte d'Ivoire	AFR	Lower middle income	0.42	9
Bolivia	LAC	Lower middle income	0.47	7
Iraq	MENA	Upper middle income	0.56	6
Bangladesh	SAR	Lower middle income	0.69	53
Ethiopia	AFR	Low income	0.71	3
Lebanon	MENA	Upper middle income	0.75	1
Tunisia	MENA	Lower middle income	0.83	2
Russian Federation	ECA	Upper middle income	0.85	41

续表

国家名称	所在地区	收入组别	投资成本 （百万美元/MW）	项目总数 （个）
Nigeria	AFR	Lower middle income	0.90	7
Sierra Leone	AFR	Low income	0.93	3
Macedonia, FYR	ECA	Upper middle income	0.93	1
Georgia	ECA	Lower middle income	0.94	10
Argentina	LAC	Upper middle income	0.99	74
Tanzania	AFR	Low income	1.00	8
Iran, Islamic Rep.	MENA	Upper middle income	1.01	7
Haiti	LAC	Low income	1.03	2
Afghanistan	SAR	Low income	1.03	2
Tajikistan	ECA	Lower middle income	1.04	2
West Bank and Gaza	MENA	Lower middle income	1.10	1
Colombia	LAC	Upper middle income	1.13	32
Botswana	AFR	Upper middle income	1.16	1
Madagascar	AFR	Low income	1.19	1
Burkina Faso	AFR	Low income	1.24	2
Myanmar	EAP	Lower middle income	1.25	5
El Salvador	LAC	Lower middle income	1.25	11
Cambodia	EAP	Lower middle income	1.28	18
Vietnam	EAP	Lower middle income	1.29	81
India	SAR	Lower middle income	1.32	407
Pakistan	SAR	Lower middle income	1.35	78
Malaysia	EAP	Upper middle income	1.35	39
Congo, Rep.	AFR	Lower middle income	1.35	1
Egypt, Arab Rep.	MENA	Lower middle income	1.38	31
Philippines	EAP	Lower middle income	1.40	111

国家名称	所在地区	收入组别	投资成本 （百万美元 /MW）	项目总数 （个）
Ghana	AFR	Lower middle income	1.40	11
Dominican Republic	LAC	Upper middle income	1.40	24
Ecuador	LAC	Upper middle income	1.41	9
Cameroon	AFR	Lower middle income	1.52	2
Senegal	AFR	Low income	1.53	11
Mexico	LAC	Upper middle income	1.54	72
Sri Lanka	SAR	Lower middle income	1.54	72
Brazil	LAC	Upper middle income	1.55	431
Albania	ECA	Upper middle income	1.55	13
Guatemala	LAC	Lower middle income	1.55	30
Belize	LAC	Upper middle income	1.58	4
Peru	LAC	Upper middle income	1.60	72
Thailand	EAP	Upper middle income	1.63	127
Algeria	MENA	Upper middle income	1.64	5
Zambia	AFR	Lower middle income	1.65	6
China	EAP	Upper middle income	1.70	430
Mauritius	AFR	Upper middle income	1.70	2
Mali	AFR	Low income	1.72	2
Zimbabwe	AFR	Low income	1.74	3
Lao PDR	EAP	Lower middle income	1.75	25
Bhutan	SAR	Lower middle income	1.76	1
Nepal	SAR	Low income	1.78	31
Costa Rica	LAC	Upper middle income	1.79	29
Jamaica	LAC	Upper middle income	1.87	11

续表

国家名称	所在地区	收入组别	投资成本（百万美元/MW）	项目总数（个）
Ukraine	ECA	Lower middle income	1.87	22
Panama	LAC	Upper middle income	1.89	20
Angola	AFR	Upper middle income	1.94	4
Turkey	ECA	Upper middle income	1.95	144
Togo	AFR	Low income	1.96	1
Indonesia	EAP	Lower middle income	1.96	69
Kenya	AFR	Lower middle income	1.99	19
Honduras	LAC	Lower middle income	2.02	25
Mozambique	AFR	Low income	2.03	4
Vanuatu	EAP	Lower middle income	2.04	1
Uganda	AFR	Low income	2.06	22
Nicaragua	LAC	Lower middle income	2.07	13
Namibia	AFR	Upper middle income	2.07	5
Montenegro	ECA	Upper middle income	2.15	1
Jordan	MENA	Lower middle income	2.18	30
Bosnia and Herzegovina	ECA	Upper middle income	2.21	1
Mongolia	EAP	Lower middle income	2.24	4
Romania	ECA	Upper middle income	2.25	29
Guinea	AFR	Low income	2.42	1
Bulgaria	ECA	Upper middle income	2.69	34
Papua New Guinea	EAP	Lower middle income	2.71	1
Serbia	ECA	Upper middle income	2.78	7
Cape Verde	AFR	Lower middle income	2.86	1
Rwanda	AFR	Low income	2.89	8

续表

国家名称	所在地区	收入组别	投资成本 （百万美元/MW）	项目总数 （个）
Morocco	MENA	Lower middle income	3.35	11
South Africa	AFR	Upper middle income	3.40	67
Liberia	AFR	Low income	4.79	2
Gabon	AFR	Upper middle income	4.85	2
Tonga	EAP	Upper middle income	4.85	1
St. Lucia	LAC	Upper middle income	6.67	1

附录B
92个发展中国家在不同技术下
发电项目的投资成本

国家名称	发电技术	平均成本 （百万美元/MW）	该技术下的成本排名
China	Biogas	2.21	1
Turkey	Biogas	3.57	2
Philippines	Biogas	3.97	3
Russian Federation	Biogas	4.79	4
Serbia	Biogas	7.20	5
Ecuador	Biomass	0.63	1
India	Biomass	0.97	2
Brazil	Biomass	1.14	3
Argentina	Biomass	1.27	4
Sri Lanka	Biomass	1.28	5
Pakistan	Biomass	1.39	6
Turkey	Biomass	1.67	7
China	Biomass	1.67	8

国家名称	发电技术	平均成本 （百万美元/MW）	该技术下的成本排名
Thailand	Biomass	1.72	9
Bangladesh	Biomass	2.00	10
Nicaragua	Biomass	2.00	11
Sierra Leone	Biomass	2.00	12
Philippines	Biomass	2.18	13
Malaysia	Biomass	2.88	14
Cambodia	Biomass	3.17	15
Honduras	Biomass	3.37	16
South Africa	Biomass	3.98	17
Rwanda	Biomass	4.31	18
Indonesia	Biomass	5.00	19
Kenya	Biomass	11.11	20
Ukraine	Coal	0.02	1
South Africa	Coal	0.05	2
Argentina	Coal	0.09	3
Kazakhstan	Coal	0.12	4
Russian Federation	Coal	0.16	5
Dominican Republic	Coal	0.21	6
China	Coal	0.61	7
Zimbabwe	Coal	0.65	8
Bulgaria	Coal	0.74	9
Sri Lanka	Coal	0.83	10
Malaysia	Coal	0.93	11
India	Coal	0.96	12
Colombia	Coal	0.99	13

续表

国家名称	发电技术	平均成本 （百万美元/MW）	该技术下的成本排名
Vietnam	Coal	1.03	14
Mauritius	Coal	1.09	15
Thailand	Coal	1.11	16
Bangladesh	Coal	1.11	17
Pakistan	Coal	1.21	18
Indonesia	Coal	1.46	19
Philippines	Coal	1.57	20
Morocco	Coal	1.68	21
Brazil	Coal	1.95	22
Guatemala	Coal	1.97	23
Lao PDR	Coal	1.98	24
Bosnia and Herzegovina	Coal	2.21	25
Turkey	Coal	2.32	26
Zambia	Coal	2.77	27
Peru	Coal	3.26	28
Ethiopia	Diesel	0.07	1
Bulgaria	Diesel	0.07	2
Sierra Leone	Diesel	0.08	3
Russian Federation	Diesel	0.13	4
Angola	Diesel	0.16	5
Haiti	Diesel	0.16	6
Yemen, Rep.	Diesel	0.16	7
Afghanistan	Diesel	0.16	8
Rwanda	Diesel	0.16	9
Bolivia	Diesel	0.22	10

国家名称	发电技术	平均成本 （百万美元/MW）	该技术下的成本排名
Venezuela, RB	Diesel	0.32	11
Argentina	Diesel	0.41	12
Colombia	Diesel	0.42	13
Ecuador	Diesel	0.44	14
Peru	Diesel	0.48	15
Bangladesh	Diesel	0.52	16
Côte d'Ivoire	Diesel	0.54	17
Tunisia	Diesel	0.55	18
Guatemala	Diesel	0.61	19
Tanzania	Diesel	0.65	20
Panama	Diesel	0.65	21
China	Diesel	0.65	22
Brazil	Diesel	0.71	23
Turkey	Diesel	0.71	24
Sri Lanka	Diesel	0.72	25
Thailand	Diesel	0.74	26
Nicaragua	Diesel	0.75	27
Honduras	Diesel	0.75	28
Cambodia	Diesel	0.75	29
El Salvador	Diesel	0.76	30
Pakistan	Diesel	0.78	31
Uganda	Diesel	0.81	32
Ghana	Diesel	0.84	33
Dominican Republic	Diesel	0.86	34
Kenya	Diesel	0.90	35

国家名称	发电技术	平均成本 （百万美元/MW）	该技术下的成本排名
Philippines	Diesel	0.90	36
Jordan	Diesel	0.98	37
Malaysia	Diesel	1.05	38
West Bank and Gaza	Diesel	1.10	39
Indonesia	Diesel	1.14	40
Senegal	Diesel	1.20	41
Mexico	Diesel	1.32	42
Jamaica	Diesel	1.36	43
Cameroon	Diesel	1.47	44
Mali	Diesel	1.52	45
Togo	Diesel	1.96	46
India	Diesel	1.97	47
Guinea	Diesel	2.42	48
Papua New Guinea	Diesel	2.71	49
Vietnam	Diesel	3.09	50
China	Enhanced Geothermal	0.26	1
El Salvador	Enhanced Geothermal	0.69	2
Pakistan	Enhanced Geothermal	0.88	3
Philippines	Enhanced Geothermal	1.31	4
Congo, Rep.	Enhanced Geothermal	1.35	5
Guatemala	Enhanced Geothermal	2.31	6
Costa Rica	Enhanced Geothermal	2.55	7
Kenya	Enhanced Geothermal	2.77	8
Indonesia	Enhanced Geothermal	2.83	9
Turkey	Enhanced Geothermal	2.86	10

国家名称	发电技术	平均成本 （百万美元/MW）	该技术下的成本排名
Nicaragua	Enhanced Geothermal	3.15	11
Malaysia	Enhanced Geothermal	4.56	12
Honduras	Enhanced Geothermal	5.14	13
Kazakhstan	Large Hydro（>50MW）	0.02	1
Armenia	Large Hydro（>50MW）	0.02	2
Russian Federation	Large Hydro（>50MW）	0.23	3
Argentina	Large Hydro（>50MW）	0.44	4
China	Large Hydro（>50MW）	0.59	5
Bolivia	Large Hydro（>50MW）	0.62	6
Thailand	Large Hydro（>50MW）	0.76	7
Mexico	Large Hydro（>50MW）	0.87	8
Vietnam	Large Hydro（>50MW）	0.97	9
Tajikistan	Large Hydro（>50MW）	1.04	10
Georgia	Large Hydro（>50MW）	1.05	11
Myanmar	Large Hydro（>50MW）	1.06	12
Brazil	Large Hydro（>50MW）	1.19	13
India	Large Hydro（>50MW）	1.29	14
Ecuador	Large Hydro（>50MW）	1.31	15
Colombia	Large Hydro（>50MW）	1.38	16
Lao PDR	Large Hydro（>50MW）	1.65	17
Cambodia	Large Hydro（>50MW）	1.73	18
Uganda	Large Hydro（>50MW）	1.73	19
Bhutan	Large Hydro（>50MW）	1.76	20
Philippines	Large Hydro（>50MW）	1.85	21
Indonesia	Large Hydro（>50MW）	1.85	22

国家名称	发电技术	平均成本 （百万美元/MW）	该技术下的成本排名
Nepal	Large Hydro（>50MW）	1.89	23
Peru	Large Hydro（>50MW）	1.89	24
Guatemala	Large Hydro（>50MW）	1.96	25
Turkey	Large Hydro（>50MW）	2.08	26
Zambia	Large Hydro（>50MW）	2.25	27
Pakistan	Large Hydro（>50MW）	2.36	28
Panama	Large Hydro（>50MW）	2.40	29
Albania	Large Hydro（>50MW）	2.79	30
Costa Rica	Large Hydro（>50MW）	3.29	31
Georgia	Natural Gas	0.02	1
El Salvador	Natural Gas	0.14	2
Venezuela, RB	Natural Gas	0.17	3
Côte d'Ivoire	Natural Gas	0.27	4
Iran, Islamic Rep.	Natural Gas	0.36	5
China	Natural Gas	0.37	6
Cuba	Natural Gas	0.40	7
South Africa	Natural Gas	0.40	8
Vietnam	Natural Gas	0.40	9
Armenia	Natural Gas	0.42	10
Bolivia	Natural Gas	0.44	11
Philippines	Natural Gas	0.48	12
Argentina	Natural Gas	0.55	13
Iraq	Natural Gas	0.56	14
Peru	Natural Gas	0.61	15
Honduras	Natural Gas	0.62	16

国家名称	发电技术	平均成本 （百万美元/MW）	该技术下的成本排名
Mexico	Natural Gas	0.64	17
Colombia	Natural Gas	0.74	18
Russian Federation	Natural Gas	0.77	19
Malaysia	Natural Gas	0.78	20
Nigeria	Natural Gas	0.81	21
Bangladesh	Natural Gas	0.86	22
Pakistan	Natural Gas	0.87	23
Brazil	Natural Gas	0.88	24
Turkey	Natural Gas	0.88	25
India	Natural Gas	0.89	26
Romania	Natural Gas	0.90	27
Egypt, Arab Rep.	Natural Gas	0.92	28
Macedonia, FYR	Natural Gas	0.93	29
Morocco	Natural Gas	0.94	30
Dominican Republic	Natural Gas	0.94	31
Indonesia	Natural Gas	0.95	32
Thailand	Natural Gas	0.96	33
Tanzania	Natural Gas	0.99	34
Jordan	Natural Gas	1.01	35
Tunisia	Natural Gas	1.11	36
Botswana	Natural Gas	1.16	37
Algeria	Natural Gas	1.30	38
Myanmar	Natural Gas	1.40	39
Ghana	Natural Gas	1.52	40
Cameroon	Natural Gas	1.58	41

续表

国家名称	发电技术	平均成本 （百万美元/MW）	该技术下的成本排名
Jamaica	Natural Gas	1.87	42
Mozambique	Natural Gas	2.00	43
Rwanda	Natural Gas	2.70	44
Panama	Natural Gas	2.81	45
Senegal	Natural Gas	3.25	46
Lebanon	Natural Gas, Diesel	0.75	1
Indonesia	Natural Gas, Diesel	1.04	2
Zambia	Small Hydro（<50MW）	0.08	1
Burkina Faso	Small Hydro（<50MW）	0.47	2
Bolivia	Small Hydro（<50MW）	0.56	3
Argentina	Small Hydro（<50MW）	0.69	4
China	Small Hydro（<50MW）	0.85	5
Georgia	Small Hydro（<50MW）	1.05	6
India	Small Hydro（<50MW）	1.10	7
Vietnam	Small Hydro（<50MW）	1.18	8
Philippines	Small Hydro（<50MW）	1.19	9
Madagascar	Small Hydro（<50MW）	1.19	10
Sri Lanka	Small Hydro（<50MW）	1.25	11
Albania	Small Hydro（<50MW）	1.33	12
Bulgaria	Small Hydro（<50MW）	1.35	13
Belize	Small Hydro（<50MW）	1.44	14
Costa Rica	Small Hydro（<50MW）	1.48	15
Mexico	Small Hydro（<50MW）	1.50	16
Guatemala	Small Hydro（<50MW）	1.61	17
Cambodia	Small Hydro（<50MW）	1.62	18

国家名称	发电技术	平均成本 （百万美元/MW）	该技术下的成本排名
Nepal	Small Hydro（<50MW）	1.75	19
Malaysia	Small Hydro（<50MW）	1.79	20
Serbia	Small Hydro（<50MW）	1.91	21
Pakistan	Small Hydro（<50MW）	1.92	22
Panama	Small Hydro（<50MW）	1.99	23
Colombia	Small Hydro（<50MW）	2.02	24
Brazil	Small Hydro（<50MW）	2.03	25
Ecuador	Small Hydro（<50MW）	2.04	26
Peru	Small Hydro（<50MW）	2.09	27
Lao PDR	Small Hydro（<50MW）	2.38	28
Honduras	Small Hydro（<50MW）	2.62	29
Nicaragua	Small Hydro（<50MW）	2.72	30
Turkey	Small Hydro（<50MW）	2.73	31
Romania	Small Hydro（<50MW）	2.74	32
Uganda	Small Hydro（<50MW）	2.92	33
Indonesia	Small Hydro（<50MW）	3.39	34
Zimbabwe	Small Hydro（<50MW）	3.56	35
South Africa	Small Hydro（<50MW）	3.68	36
Angola	Small Hydro（<50MW）	3.71	37
Rwanda	Small Hydro（<50MW）	3.86	38
Gabon	Small Hydro（<50MW）	4.85	39
China	Solar CSP	3.05	1
India	Solar CSP	3.51	2
Thailand	Solar CSP	5.14	3
Morocco	Solar CSP	6.99	4

续表

国家名称	发电技术	平均成本 （百万美元 /MW ）	该技术下的成本排名
South Africa	Solar CSP	7.19	5
Sierra Leone	Solar PV	0.70	1
Colombia	Solar PV	0.86	2
Zimbabwe	Solar PV	1.00	3
Vietnam	Solar PV	1.02	4
Pakistan	Solar PV	1.02	5
Kazakhstan	Solar PV	1.05	6
Cambodia	Solar PV	1.25	7
Zambia	Solar PV	1.28	8
Myanmar	Solar PV	1.33	9
Nigeria	Solar PV	1.40	10
Senegal	Solar PV	1.43	11
Egypt, Arab Rep.	Solar PV	1.45	12
Turkey	Solar PV	1.48	13
Iran, Islamic Rep.	Solar PV	1.50	14
Indonesia	Solar PV	1.52	15
Dominican Republic	Solar PV	1.66	16
Russian Federation	Solar PV	1.68	17
Uganda	Solar PV	1.69	18
Mexico	Solar PV	1.77	19
Mongolia	Solar PV	1.80	20
El Salvador	Solar PV	1.84	21
Afghanistan	Solar PV	1.90	22
Panama	Solar PV	1.90	23
India	Solar PV	1.91	24

国家名称	发电技术	平均成本 （百万美元/MW）	该技术下的成本排名
Mali	Solar PV	1.91	25
Malaysia	Solar PV	1.99	26
Guatemala	Solar PV	2.00	27
China	Solar PV	2.00	28
Burkina Faso	Solar PV	2.00	29
Namibia	Solar PV	2.07	30
Mozambique	Solar PV	2.10	31
Honduras	Solar PV	2.17	32
Jamaica	Solar PV	2.22	33
Ukraine	Solar PV	2.33	34
Jordan	Solar PV	2.40	35
Romania	Solar PV	2.52	36
Thailand	Solar PV	2.54	37
Argentina	Solar PV	2.61	38
Philippines	Solar PV	2.62	39
Rwanda	Solar PV	2.84	40
Brazil	Solar PV	3.06	41
Peru	Solar PV	3.15	42
Morocco	Solar PV	3.62	43
South Africa	Solar PV	3.67	44
Bulgaria	Solar PV	3.72	45
Tonga	Solar PV	4.85	46
St. Lucia	Solar PV	6.67	47
Sri Lanka	Solar PV	8.00	48
Pakistan	Waste	0.64	1

续表

国家名称	发电技术	平均成本 （百万美元/MW）	该技术下的成本排名
India	Waste	0.72	2
Brazil	Waste	1.00	3
El Salvador	Waste	1.00	4
South Africa	Waste	1.37	5
Kenya	Waste	1.43	6
Malaysia	Waste	1.48	7
Thailand	Waste	1.54	8
Uganda	Waste	1.72	9
Belize	Waste	1.97	10
Peru	Waste	2.00	11
Philippines	Waste	2.00	12
Tanzania	Waste	2.40	13
Mexico	Waste	3.65	14
China	Waste	3.86	15
Liberia	Waste	4.72	16
Vietnam	Waste	6.27	17
Sri Lanka	Waste	8.19	18
India	Wind	1.17	1
China	Wind	1.35	2
Egypt, Arab Rep.	Wind	1.49	3
Turkey	Wind	1.65	4
Guatemala	Wind	1.68	5
Ecuador	Wind	1.73	6
Philippines	Wind	1.74	7
Costa Rica	Wind	1.75	8

国家名称	发电技术	平均成本 （百万美元 /MW）	该技术下的成本排名
Argentina	Wind	1.86	9
Brazil	Wind	1.86	10
Honduras	Wind	1.93	11
Bulgaria	Wind	1.95	12
Peru	Wind	1.99	13
Ethiopia	Wind	2.00	14
Vanuatu	Wind	2.04	15
Ukraine	Wind	2.05	16
Serbia	Wind	2.08	17
Mexico	Wind	2.09	18
Indonesia	Wind	2.11	19
Montenegro	Wind	2.15	20
Panama	Wind	2.24	21
Vietnam	Wind	2.26	22
Mauritius	Wind	2.32	23
Jordan	Wind	2.32	24
Pakistan	Wind	2.35	25
Romania	Wind	2.36	26
Mongolia	Wind	2.38	27
Thailand	Wind	2.42	28
Sri Lanka	Wind	2.49	29
Jamaica	Wind	2.49	30
Nicaragua	Wind	2.54	31
Kenya	Wind	2.64	32
South Africa	Wind	2.69	33

续表

国家名称	发电技术	平均成本 （百万美元/MW）	该技术下的成本排名
Dominican Republic	Wind	2.70	34
Cape Verde	Wind	2.86	35
Algeria	Wind	3.03	36
Morocco	Wind	3.20	37

附录C
75个国家综合技术效率、纯技术效率和规模效率的平均值

国家名称	所在地区	收入组别	综合技术效率	纯技术效率	规模效率
Brazil	LAC	Upper middle income	0.85	0.97	0.87
China	EAP	Upper middle income	0.84	0.98	0.86
India	SAR	Lower middle income	0.64	0.85	0.75
Malaysia	EAP	Upper middle income	0.42	0.59	0.75
Colombia	LAC	Upper middle income	0.84	0.90	0.93
Mexico	LAC	Upper middle income	0.67	0.75	0.89
Indonesia	EAP	Lower middle income	0.29	0.46	0.66
Peru	LAC	Upper middle income	0.77	0.80	0.94
Thailand	EAP	Upper middle income	0.38	0.50	0.69
Philippines	EAP	Lower middle income	0.58	0.65	0.83
Bangladesh	SAR	Lower middle income	0.38	0.50	0.76
Argentina	LAC	Upper middle income	0.84	0.85	0.96
Costa Rica	LAC	Upper middle income	0.17	0.38	0.62
Sri Lanka	SAR	Lower middle income	0.14	0.34	0.73

国家名称	所在地区	收入组别	综合技术效率	纯技术效率	规模效率
Vietnam	EAP	Lower middle income	0.57	0.63	0.81
Pakistan	SAR	Lower middle income	0.30	0.47	0.70
Nepal	SAR	Low income	0.12	0.33	0.67
Panama	LAC	Upper middle income	0.34	0.42	0.84
Guatemala	LAC	Lower middle income	0.29	0.40	0.76
Russian Federation	ECA	Upper middle income	0.97	0.98	0.98
Turkey	ECA	Upper middle income	0.53	0.64	0.75
Dominican	LAC	Upper middle income	0.45	0.60	0.78
Morocco	MENA	Lower middle income	0.40	0.44	0.87
South Africa	AFR	Upper middle income	0.37	0.51	0.68
Uganda	AFR	Low income	0.16	0.32	0.64
Bulgaria	ECA	Upper middle income	0.67	0.75	0.90
Cambodia	EAP	Lower middle income	0.36	0.53	0.67
Honduras	LAC	Lower middle income	0.34	0.37	0.90
Jamaica	LAC	Upper middle income	0.47	0.61	0.78
Jordan	MENA	Lower middle income	0.22	0.32	0.74
El Salvador	LAC	Lower middle income	0.55	0.70	0.81
Ghana	AFR	Lower middle income	0.23	0.41	0.66
Kenya	AFR	Lower middle income	0.09	0.11	0.79
Lao PDR	EAP	Lower middle income	0.29	0.34	0.70
Nigeria	AFR	Lower middle income	0.41	0.49	0.85
Romania	ECA	Upper middle income	0.43	0.67	0.60
Albania	ECA	Upper middle income	0.45	0.72	0.67
Algeria	MENA	Upper middle income	0.55	0.66	0.76
Ecuador	LAC	Upper middle income	0.50	0.52	0.91

续表

国家名称	所在地区	收入组别	综合技术效率	纯技术效率	规模效率
Egypt	MENA	Lower middle income	0.58	0.78	0.76
Nicaragua	LAC	Lower middle income	0.15	0.36	0.73
Senegal	AFR	Low income	0.30	0.55	0.71
Iraq	MENA	Upper middle income	0.40	0.56	0.77
Rwanda	AFR	Low income	0.21	0.56	0.52
Venezuela	LAC	Upper middle income	0.53	0.73	0.77
Iran	MENA	Upper middle income	0.46	0.47	0.98
Kazakhstan	ECA	Upper middle income	0.77	0.78	0.99
Mozambique	AFR	Low income	0.72	0.76	0.94
Tanzania	AFR	Low income	0.13	0.37	0.75
Ukraine	ECA	Lower middle income	0.81	0.89	0.87
Zambia	AFR	Lower middle income	0.32	0.36	0.86
Angola	AFR	Upper middle income	0.12	0.13	0.90
Armenia	ECA	Lower middle income	0.71	0.71	1.00
Belize	LAC	Upper middle income	0.07	0.13	0.81
Gabon	AFR	Upper middle income	0.21	0.48	0.55
Georgia	ECA	Lower middle income	0.69	0.78	0.75
Liberia	AFR	Low income	0.04	0.67	0.33
Macedonia	ECA	Upper middle income	0.50	0.63	0.66
Mongolia	EAP	Lower middle income	0.20	0.39	0.65
Myanmar	EAP	Lower middle income	0.26	0.27	0.92
Serbia	ECA	Upper middle income	0.17	0.51	0.63
Tunisia	MENA	Lower middle income	0.46	0.50	0.92
Afghanistan	SAR	Low income	0.32	0.83	0.44
Burkina Faso	AFR	Low income	0.71	0.82	0.85

续表

国家名称	所在地区	收入组别	综合技术效率	纯技术效率	规模效率
Cameroon	AFR	Lower middle income	0.13	0.83	0.14
Congo, Rep.	AFR	Lower middle income	0.10	0.10	1.00
Ethiopia	AFR	Low income	0.16	0.53	0.38
Haiti	LAC	Low income	0.08	0.34	0.48
Mauritius	AFR	Upper middle income	0.22	0.25	0.65
Papua New Guinea	EAP	Lower middle income	0.24	0.45	0.72
Sierra Leone	AFR	Low income	0.06	0.52	0.45
Tajikistan	ECA	Lower middle income	0.05	0.05	1.00
Togo	AFR	Low income	0.50	0.51	0.77
Yemen	MENA	Lower middle income	0.52	0.68	0.82
Zimbabwe	AFR	Low income	0.94	0.96	0.98

附录D
超效率模型下各国各年的综合技术
效率、纯技术效率和规模效率及排序

年份	国家名称	综合技术效率得分	综合技术效率排名	纯技术效率得分	纯技术效率排名	规模效率得分	规模效率排名
	Argentina	4.4796	4	4.7191	2	0.9492	6
	Brazil	0.2242	18	0.3057	17	0.7334	12
	China	0.6395	8	1.3269	6	0.4820	16
	Colombia	100.0000	1	0.0000	21	0.0000	21
	Costa Rica	0.1706	19	1.5458	5	0.1104	19
	Dominican Republic	0.4605	11	0.9691	11	0.4752	17
1994	Ecuador	0.0605	21	0.1064	20	0.5686	14
	Guatemala	0.3074	15	0.3533	16	0.8702	9
	Honduras	0.2383	17	0.2834	18	0.8407	10
	India	0.9283	7	1.1783	7	0.7879	11
	Indonesia	0.4215	12	0.4673	14	0.9018	8
	Jamaica	0.3567	13	0.3829	15	0.9315	7
	Malaysia	1.1794	6	3.9182	4	0.3010	18

续表

年份	国家名称	综合技术效率得分	综合技术效率排名	纯技术效率得分	纯技术效率排名	规模效率得分	规模效率排名
1994	Mexico	7.6308	3	7.7265	1	0.9876	5
	Nepal	0.3208	14	0.4988	13	0.6432	13
	Pakistan	4.3067	5	4.3067	3	1.0000	2
	Panama	0.2770	16	0.2770	19	1.0000	3
	Peru	10.2511	2	1.0000	9	10.2511	1
	Philippines	0.5683	9	1.0690	8	0.5316	15
	Tanzania	0.0814	20	1.0000	9	0.0814	20
	Thailand	0.4963	10	0.4989	12	0.9947	4
1995	Argentina	0.0000	21	0.0000	21	0.0000	21
	Belize	0.1590	20	0.3643	19	0.4364	17
	Bolivia	13.0938	1	21.8775	1	0.5985	15
	Brazil	12.2751	2	14.2073	2	0.8640	9
	China	2.1038	3	2.2268	4	0.9447	5
	Colombia	0.8262	7	0.9147	10	0.9033	8
	Costa Rica	0.2515	18	0.3605	20	0.6975	13
	Dominican Republic	0.3636	16	0.4572	17	0.7954	12
	El Salvador	0.5490	11	3.2555	3	0.1686	19
	Guatemala	0.2774	17	0.5728	15	0.4842	16
	India	0.3852	13	0.3887	18	0.9908	1
	Indonesia	1.1779	4	1.2671	5	0.9296	6
	Jamaica	0.3785	15	1.0150	8	0.3729	18
	Malaysia	0.4663	12	0.4816	16	0.9683	4
	Mexico	1.0829	5	1.1888	6	0.9108	7
	Pakistan	0.3836	14	0.5933	14	0.6466	14
	Peru	0.6020	10	0.6968	13	0.8640	10

年份	国家名称	综合技术效率得分	综合技术效率排名	纯技术效率得分	纯技术效率排名	规模效率得分	规模效率排名
1995	Philippines	0.7190	9	0.8818	11	0.8154	11
	Sri Lanka	0.1631	19	1.0000	9	0.1631	20
	Thailand	1.0385	6	1.0590	7	0.9806	2
	Turkey	0.7387	8	0.7567	12	0.9763	3
1996	Argentina	0.0000	26	0.0000	26	0.0000	26
	Brazil	0.9461	5	1.2378	4	0.7643	16
	China	1.5171	4	42.2254	1	0.0359	25
	Colombia	0.4061	6	0.7687	7	0.5283	18
	Congo, Rep.	0.1000	17	0.1000	20	1.0000	2
	Costa Rica	0.0695	23	0.0731	23	0.9517	8
	Ecuador	4.9045	3	5.0541	3	0.9704	4
	Guatemala	0.0755	21	0.0856	22	0.8812	12
	India	0.1216	12	0.4866	11	0.2498	21
	Indonesia	0.0745	22	0.5391	10	0.1383	24
	Kazakhstan	9.2885	2	11.6465	2	0.7975	15
	Kenya	0.1129	14	0.1174	19	0.9613	5
	Lao PDR	0.1375	11	0.1398	16	0.9834	3
	Malaysia	0.2190	8	0.2281	14	0.9600	7
	Mexico	23.8893	1	1.0000	5	23.8893	1
	Moldova	0.0000	26	0.0000	26	0.0000	27
	Nepal	0.0491	24	0.0511	24	0.9608	6
	Nicaragua	0.1038	15	0.1204	17	0.8618	13
	Pakistan	0.1555	10	0.9042	6	0.1720	23
	Panama	0.1010	16	0.1187	18	0.8502	14
	Papua New Guinea	0.0404	25	0.0435	25	0.9289	9

续表

年份	国家名称	综合技术效率得分	综合技术效率排名	纯技术效率得分	纯技术效率排名	规模效率得分	规模效率排名
1996	Peru	0.1743	9	0.1894	15	0.9205	11
	Philippines	0.0962	19	0.2524	13	0.3812	19
	Sri Lanka	0.0901	20	0.0973	21	0.9259	10
	Thailand	0.1151	13	0.5888	8	0.1955	22
	Turkey	0.0998	18	0.3511	12	0.2842	20
	Venezuela, RB	0.3375	7	0.5625	9	0.6000	17
1997	Argentina	0.4888	10	0.5523	16	0.8850	9
	Bangladesh	0.0647	19	0.4799	18	0.1349	20
	Brazil	0.8564	6	2.7980	7	0.3061	18
	Cambodia	0.0205	23	0.0485	22	0.4230	15
	China	0.4650	11	7.0607	4	0.0659	21
	Colombia	2.9580	2	2.9918	6	0.9887	7
	Costa Rica	0.0077	25	0.0223	24	0.3461	17
	Guatemala	0.0687	18	0.0907	20	0.7573	11
	India	0.6192	9	0.6196	14	0.9994	6
	Indonesia	0.3594	13	0.8350	12	0.4305	14
	Kazakhstan	50.4490	1	53.3264	3	0.9460	8
	Malaysia	0.0889	17	0.1156	19	0.7696	10
	Mexico	2.5693	3	100.0000	1	0.0257	24
	Morocco	0.7605	7	0.7605	13	1.0000	1
	Mozambique	1.4286	4	1.9298	8	0.7403	12
	Pakistan	0.1348	16	3.0708	5	0.0439	22
	Papua New Guinea	0.4429	12	0.8605	11	0.5147	13
	Philippines	0.1957	14	0.4856	17	0.4030	16
	Senegal	0.0302	21	0.0302	23	1.0000	2

年份	国家名称	综合技术效率得分	综合技术效率排名	纯技术效率得分	纯技术效率排名	规模效率得分	规模效率排名
1997	South Africa	1.4000	5	1.4000	9	1.0000	3
	Sri Lanka	0.0259	22	1.0000	10	0.0259	23
	Tanzania	0.0539	20	0.0539	21	1.0000	4
	Thailand	0.1669	15	0.6013	15	0.2776	19
	Venezuela, RB	0.6531	8	100.0000	2	0.0065	25
	Vietnam	0.0108	24	0.0108	25	1.0000	5
1998	Argentina	1.1617	10	1.3618	11	0.8531	18
	Bangladesh	0.5156	22	0.5192	23	0.9929	5
	Brazil	3.5250	1	10.0940	2	0.3492	28
	Burkina Faso	0.9538	13	1.0000	16	0.9538	9
	China	1.3138	9	11.1831	1	0.1175	29
	Colombia	1.1224	12	1.4784	9	0.7592	22
	Costa Rica	0.3196	26	0.3238	26	0.9870	6
	Cuba	0.9080	15	1.0352	15	0.8770	17
	Ecuador	3.0059	3	4.4204	3	0.6800	23
	El Salvador	0.7334	18	1.2165	12	0.6029	25
	Georgia	1.4996	7	2.4911	5	0.6020	26
	Guatemala	1.3811	8	1.3811	10	1.0000	1
	Honduras	0.9451	14	1.1145	14	0.8480	20
	India	0.6344	20	0.9381	19	0.6762	24
	Indonesia	0.2126	27	0.2184	27	0.9734	7
	Malaysia	0.0702	29	0.0778	29	0.9019	15
	Mauritius	0.4190	24	0.4375	24	0.9578	8
	Mexico	1.1303	11	1.1376	13	0.9936	4
	Nepal	0.1635	28	0.1743	28	0.9383	11

续表

年份	国家名称	综合技术效率得分	综合技术效率排名	纯技术效率得分	纯技术效率排名	规模效率得分	规模效率排名
1998	Nicaragua	0.5708	21	0.9574	18	0.5963	27
	Panama	0.6847	19	0.7787	21	0.8793	16
	Paraguay	2.2177	5	2.4305	7	0.9124	13
	Peru	1.6160	6	1.8997	8	0.8506	19
	Philippines	0.3750	25	0.3750	25	1.0000	2
	Romania	0.5011	23	0.5264	22	0.9520	10
	Russian Federation	2.2727	4	2.4826	6	0.9155	12
	Thailand	0.8370	17	0.9242	20	0.9057	14
	Venezuela, RB	0.8440	16	1.0000	16	0.8440	21
	Zimbabwe	3.2582	2	3.2582	4	1.0000	3
1999	Argentina	0.4290	14	0.6422	12	0.6679	16
	Bangladesh	2.0861	6	1.0000	9	2.0861	1
	Brazil	2.2828	5	4.1375	6	0.5517	20
	Cambodia	0.2329	18	0.2334	20	0.9978	5
	China	1.2330	8	5.3150	5	0.2320	21
	Costa Rica	0.1242	22	1.0000	9	0.1242	22
	Dominican Republic	0.6639	9	100.0000	2	0.0066	23
	Egypt, Arab Rep.	0.6626	10	0.7491	11	0.8845	12
	El Salvador	0.3315	17	0.5082	16	0.6524	18
	Ghana	0.5788	12	0.6197	14	0.9340	9
	Guatemala	2.4091	4	2.5690	7	0.9377	8
	India	0.6103	11	0.6103	15	0.9999	4
	Indonesia	0.3616	16	0.4084	18	0.8852	11
	Kenya	0.1070	23	0.1890	23	0.5658	19
	Malaysia	0.4125	15	0.4143	17	0.9957	6

年份	国家名称	综合技术效率得分	综合技术效率排名	纯技术效率得分	纯技术效率排名	规模效率得分	规模效率排名
1999	Mexico	6.5825	3	6.6748	4	0.9862	7
	Nicaragua	0.2283	19	0.2830	19	0.8067	13
	Panama	1.2658	7	1.7510	8	0.7229	14
	South Africa	14.9149	2	21.5887	3	0.6909	15
	Sri Lanka	0.1316	21	0.2010	21	0.6548	17
	Thailand	100.0000	1	100.0000	1	1.0000	2
	Tunisia	0.5762	13	0.6258	13	0.9207	10
	Vietnam	0.2007	20	0.2007	22	1.0000	3
2000	Argentina	3.5040	4	3.5322	4	0.9920	2
	Bangladesh	0.4503	14	1.0000	14	0.4503	16
	Brazil	0.0000	20	0.0000	20	0.0000	20
	China	1.4232	7	1.9810	6	0.7184	12
	Colombia	4.1765	2	4.1771	3	0.9999	1
	Dominican Republic	0.9062	11	1.0070	13	0.8999	7
	El Salvador	0.6289	13	1.1441	11	0.5497	15
	India	0.1770	17	0.2349	19	0.7535	11
	Kazakhstan	0.9961	10	3.4481	5	0.2889	17
	Malaysia	4.0476	3	4.4773	2	0.9040	6
	Mexico	0.4422	15	0.5333	16	0.8293	8
	Nepal	0.0418	19	1.0000	14	0.0418	19
	Panama	0.2047	16	0.2490	18	0.8221	9
	Peru	1.3759	8	1.4129	9	0.9737	4
	Philippines	1.7730	5	1.7962	8	0.9871	3
	Thailand	1.4901	6	1.9275	7	0.7731	10

年份	国家名称	综合技术效率得分	综合技术效率排名	纯技术效率得分	纯技术效率排名	规模效率得分	规模效率排名
2000	Turkey	1.2675	9	1.3338	10	0.9503	5
	Venezuela, RB	0.7615	12	1.1009	12	0.6917	13
	Vietnam	6.3570	1	25.5820	1	0.2485	18
	West Bank and Gaza	0.1623	18	0.2582	17	0.6285	14
2001	Bangladesh	0.4559	14	0.5129	14	0.8889	10
	Brazil	0.9654	10	3.4103	4	0.2831	16
	Cambodia	0.2291	17	1.0000	10	0.2291	17
	China	2.5433	3	5.2893	2	0.4808	15
	Colombia	2.1543	4	3.3144	5	0.6500	14
	Dominican Republic	1.2302	8	1.8073	7	0.6807	13
	Egypt, Arab Rep.	1.4394	7	1.4394	8	1.0000	2
	El Salvador	2.7734	1	1.0000	10	2.7734	1
	India	0.0000	19	0.0000	19	0.0000	19
	Malaysia	0.6628	11	0.8714	12	0.7606	12
	Mexico	0.5999	12	0.5999	13	1.0000	3
	Morocco	0.0418	18	0.0418	18	1.0000	4
	Nigeria	0.3460	15	0.3590	16	0.9637	7
	Peru	1.7681	6	1.9213	6	0.9203	9
	Philippines	2.6475	2	3.4714	3	0.7627	11
	South Africa	1.0117	9	1.0311	9	0.9811	6
	Sri Lanka	0.3048	16	0.3259	17	0.9353	8
	Thailand	0.4814	13	0.4896	15	0.9833	5
	Vietnam	2.0463	5	100.0000	1	0.0205	18

续表

年份	国家名称	综合技术效率得分	综合技术效率排名	纯技术效率得分	纯技术效率排名	规模效率得分	规模效率排名
	Albania	0.2457	17	1.0000	11	0.2457	19
	Argentina	2.1013	6	2.3525	8	0.8932	8
	Azerbaijan	0.0815	21	100.0000	1	0.0008	21
	Brazil	1.8876	7	7.4633	4	0.2529	18
	Cambodia	2.7590	3	1.0000	11	2.7590	1
	China	16.8246	2	71.4532	3	0.2355	20
	Colombia	37.7430	1	76.3599	2	0.4943	13
	Dominican Republic	0.8608	9	0.8615	13	0.9991	2
	Guatemala	0.1833	19	0.3567	18	0.5140	12
	India	0.2899	15	1.0590	10	0.2738	17
2002	Jamaica	0.1378	20	0.1838	21	0.7500	10
	Malaysia	0.2605	16	0.7605	15	0.3426	16
	Mexico	0.7506	10	1.6200	9	0.4633	14
	Nigeria	0.4116	13	0.4232	17	0.9727	4
	Panama	0.3334	14	0.3425	19	0.9733	3
	Peru	2.4498	5	2.5425	7	0.9635	6
	Philippines	2.5698	4	3.2028	6	0.8024	9
	Sri Lanka	0.5351	11	0.8455	14	0.6329	11
	Tunisia	0.1999	18	0.2198	20	0.9094	7
	Turkey	1.3500	8	3.2887	5	0.4105	15
	Vietnam	0.5034	12	0.5181	16	0.9717	5
	Afghanistan	0.1435	23	2.2079	7	0.0650	29
	Angola	0.0145	29	0.0145	29	1.0000	3
2003	Argentina	100.0000	1	100.0000	3	1.0000	4
	Armenia	3.4507	5	3.5006	6	0.9857	11

续表

年份	国家名称	综合技术效率得分	综合技术效率排名	纯技术效率得分	纯技术效率排名	规模效率得分	规模效率排名
	Belize	0.0295	26	0.0295	26	1.0000	5
	Brazil	1.1441	7	5.4967	5	0.2081	27
	Bulgaria	0.7636	9	0.7636	13	1.0000	6
	China	4.8921	4	13.1187	4	0.3729	26
	Colombia	0.3894	12	100.0000	2	0.0039	30
	Costa Rica	0.0455	25	0.0455	25	1.0000	2
	Ecuador	0.2091	18	0.2091	22	1.0000	7
	Georgia	4.9524	3	1.0000	11	4.9524	1
	Haiti	0.1437	22	0.1529	23	0.9399	13
	Honduras	0.2050	19	0.3011	19	0.6809	19
	India	0.1961	20	0.3438	18	0.5705	21
	Indonesia	0.2818	17	0.3939	17	0.7154	17
	Jordan	0.2923	16	0.2930	20	0.9974	10
2003	Malaysia	0.4910	11	0.8805	12	0.5577	22
	Mexico	0.6526	10	1.2206	9	0.5347	24
	Morocco	0.1745	21	0.2560	21	0.6819	18
	Nepal	0.0171	28	0.0205	28	0.8323	15
	Peru	0.3809	14	0.6021	16	0.6326	20
	Philippines	1.3916	6	1.4723	8	0.9452	12
	Russian Federation	6.6000	2	100.0000	1	0.0660	28
	South Africa	0.0067	30	0.0093	30	0.7212	16
	Sri Lanka	0.0262	27	0.0262	27	0.9975	9
	Thailand	0.3305	15	0.6067	15	0.5448	23
	Uganda	1.0027	8	1.1860	10	0.8454	14
	Venezuela, RB	0.0719	24	0.0719	24	1.0000	8
	Vietnam	0.3856	13	0.7363	14	0.5237	25

续表

年份	国家名称	综合技术效率得分	综合技术效率排名	纯技术效率得分	纯技术效率排名	规模效率得分	规模效率排名
2004	Algeria	0.6486	13	0.7046	14	0.9205	9
	Argentina	1.5174	7	1.5236	9	0.9959	2
	Brazil	2.7935	4	5.2387	5	0.5332	12
	Bulgaria	1.1541	8	100.0000	3	0.0115	21
	Cambodia	1.0806	9	1.4400	10	0.7504	11
	China	2.6176	5	10.9452	4	0.2392	18
	Colombia	1.6560	6	1.6612	8	0.9968	1
	Costa Rica	0.0966	19	0.1867	20	0.5174	13
	Cuba	0.6501	12	1.3431	11	0.4840	14
	Georgia	0.0838	21	0.3345	19	0.2504	17
	India	0.9220	11	1.9889	7	0.4636	15
	Indonesia	0.4076	15	0.4293	17	0.9493	8
	Iran, Islamic Rep.	1.0041	10	1.0544	12	0.9524	7
	Malaysia	2.8404	3	2.9333	6	0.9683	6
	Mexico	0.3658	17	0.4425	16	0.8266	10
	Morocco	35.1000	1	100.0000	1	0.3510	16
	Nepal	0.0942	20	1.0000	13	0.0942	19
	Peru	0.3740	16	0.3787	18	0.9877	4
	Philippines	0.4871	14	0.4934	15	0.9873	5
	Russian Federation	3.1414	2	100.0000	2	0.0314	20
	Sri Lanka	0.1390	18	0.1397	21	0.9951	3
2005	Algeria	0.5608	16	0.5973	20	0.9389	8
	Argentina	1.1558	8	1.1640	13	0.9930	2
	Brazil	0.8018	14	5.6873	3	0.1410	22
	Bulgaria	1.0226	10	1.1434	14	0.8943	13

续表

年份	国家名称	综合技术效率得分	综合技术效率排名	纯技术效率得分	纯技术效率排名	规模效率得分	规模效率排名
	Cambodia	0.0847	26	0.6601	19	0.1283	25
	China	2.1132	5	16.1194	2	0.1311	24
	Colombia	4.8417	1	5.5110	4	0.8786	14
	Costa Rica	0.3088	17	0.3948	22	0.7823	17
	India	1.3764	7	1.4248	11	0.9661	4
	Indonesia	0.1368	22	1.9986	8	0.0684	27
	Lao PDR	1.1140	9	1.6206	10	0.6874	19
	Malaysia	0.9731	11	1.0270	16	0.9476	6
	Mexico	2.3464	3	2.9479	6	0.7960	16
	Nepal	0.0972	24	0.1486	26	0.6542	20
	Nigeria	0.2540	20	0.2662	24	0.9540	5
2005	Pakistan	2.6779	2	2.9865	5	0.8967	12
	Panama	0.3044	18	100.0000	1	0.0030	28
	Peru	2.1443	4	2.1614	7	0.9921	3
	Philippines	0.9471	12	0.9471	18	1.0000	1
	Romania	0.8991	13	1.1254	15	0.7989	15
	Rwanda	0.0947	25	0.1313	28	0.7209	18
	Senegal	0.2867	19	0.3151	23	0.9100	11
	South Africa	0.0806	27	1.0000	17	0.0806	26
	Sri Lanka	0.2292	21	0.2459	25	0.9321	9
	Tanzania	0.0547	28	0.3999	21	0.1368	23
	Thailand	0.7261	15	1.2534	12	0.5793	21
	Uganda	0.1300	23	0.1425	27	0.9120	10
	Vietnam	1.7369	6	1.8339	9	0.9471	7

续表

年份	国家名称	综合技术效率得分	综合技术效率排名	纯技术效率得分	纯技术效率排名	规模效率得分	规模效率排名
	Algeria	0.0736	27	0.1473	24	0.5000	28
	Angola	0.3378	16	0.3749	19	0.9011	23
	Argentina	1.0527	6	1.1204	11	0.9396	20
	Armenia	0.1270	22	0.1274	25	0.9973	4
	Bangladesh	0.5302	11	0.5468	16	0.9697	15
	Brazil	0.4843	13	5.2109	6	0.0929	31
	Bulgaria	1.8579	5	1.8859	10	0.9852	11
	China	6.8791	2	24.0478	2	0.2861	30
	Cuba	0.3317	19	0.3363	22	0.9862	10
	Dominican Republic	0.2213	21	0.2557	23	0.8652	24
	Ecuador	0.6585	8	0.6592	14	0.9990	2
	Guatemala	0.0531	30	0.0541	33	0.9802	14
2006	India	0.2522	20	3.0051	8	0.0839	32
	Indonesia	0.0525	32	0.0706	31	0.7441	27
	Jamaica	0.0841	25	0.0850	28	0.9899	9
	Jordan	0.3920	15	7.3942	4	0.0530	33
	Kenya	0.4174	14	0.4196	18	0.9949	8
	Lao PDR	0.0428	34	0.0997	26	0.4290	29
	Macedonia, FYR	0.6467	9	100.0000	1	0.0065	36
	Malaysia	0.0459	33	0.0488	34	0.9417	19
	Mexico	0.4860	12	0.4884	17	0.9950	7
	Myanmar	0.0666	29	0.0807	29	0.8254	26
	Pakistan	0.0945	23	0.0948	27	0.9974	3
	Panama	0.6434	10	0.6542	15	0.9834	13
	Peru	4.8880	4	5.1043	7	0.9576	17

续表

年份	国家名称	综合技术效率得分	综合技术效率排名	纯技术效率得分	纯技术效率排名	规模效率得分	规模效率排名
	Philippines	0.7507	7	0.8949	13	0.8388	25
	Russian Federation	14.1688	1	15.0913	3	0.9389	21
	South Africa	0.0267	36	0.0295	36	0.9062	22
	Sri Lanka	0.0529	31	1.0000	12	0.0529	34
	Syrian Arab Republic	0.0934	24	2.6421	9	0.0354	35
2006	Tajikistan	0.0773	26	0.0773	30	1.0000	1
	Tanzania	0.3355	17	0.3463	21	0.9686	16
	Thailand	0.0402	35	0.0404	35	0.9973	5
	Turkey	6.4097	3	6.4330	5	0.9964	6
	Uganda	0.0676	28	0.0687	32	0.9847	12
	Yemen, Rep.	0.3352	18	0.3559	20	0.9420	18
	Algeria	0.5248	16	0.5869	18	0.8942	12
	Argentina	1.0579	7	1.0657	12	0.9927	7
	Bangladesh	0.0333	29	0.0341	31	0.9751	8
	Belize	0.0038	36	0.0038	36	1.0000	1
	Brazil	0.5444	14	4.9693	7	0.1096	31
	Bulgaria	0.7371	12	0.8628	15	0.8544	13
2007	Cambodia	0.0128	31	0.0346	30	0.3711	24
	China	1.3571	5	33.0899	5	0.0410	33
	Colombia	0.4539	17	0.5527	19	0.8213	14
	Costa Rica	0.3909	18	100.0000	3	0.0039	36
	Djibouti	1.2000	6	100.0000	2	0.0120	35
	Ecuador	0.7920	11	0.7943	17	0.9971	4
	Egypt, Arab Rep.	0.9041	8	1.2982	11	0.6964	16

续表

年份	国家名称	综合技术效率得分	综合技术效率排名	纯技术效率得分	纯技术效率排名	规模效率得分	规模效率排名
	Georgia	0.8038	10	0.8298	16	0.9686	9
	Ghana	0.0132	30	0.0376	29	0.3521	25
	India	0.7318	13	3.7202	9	0.1967	28
	Indonesia	0.0489	27	0.0868	26	0.5628	21
	Iran, Islamic Rep.	0.0584	26	0.0584	28	1.0000	2
	Iraq	0.0611	25	0.0611	27	1.0000	3
	Jordan	0.0632	24	0.2332	22	0.2711	27
	Macedonia, FYR	0.0102	33	0.0294	33	0.3469	26
	Madagascar	0.0062	34	0.0065	34	0.9568	10
	Malaysia	0.1117	21	0.1702	24	0.6561	18
	Mexico	0.3210	19	0.4981	20	0.6444	19
2007	Nigeria	0.0806	23	0.1534	25	0.5258	22
	Pakistan	0.1767	20	0.2519	21	0.7017	15
	Panama	0.8388	9	0.8852	14	0.9476	11
	Peru	8.0662	2	11.7900	6	0.6842	17
	Philippines	1.7338	4	1.7398	10	0.9965	5
	Russian Federation	0.5259	15	3.9811	8	0.1321	30
	Sierra Leone	0.0937	22	1.0000	13	0.0937	32
	Sri Lanka	0.0043	35	0.0043	35	0.9944	6
	Sudan	2.3008	3	100.0000	1	0.0230	34
	Uganda	0.0122	32	0.0308	32	0.3969	23
	Ukraine	27.1794	1	43.2314	4	0.6287	20
	Vietnam	0.0355	28	0.2020	23	0.1760	29

续表

年份	国家名称	综合技术效率得分	综合技术效率排名	纯技术效率得分	纯技术效率排名	规模效率得分	规模效率排名
	Algeria	2.0478	6	2.4082	12	0.8503	14
	Argentina	3.7933	3	3.8136	8	0.9947	7
	Bangladesh	0.0084	32	0.0323	30	0.2608	31
	Belize	0.0063	33	0.0063	37	1.0000	5
	Brazil	1.0972	8	4.9808	5	0.2203	35
	Bulgaria	0.8197	10	0.9559	14	0.8575	13
	Cambodia	0.0037	36	0.0037	39	1.0000	1
	China	2.4521	5	3.9266	7	0.6245	20
	Colombia	0.4839	17	0.7222	18	0.6700	18
	Congo, Rep.	0.1000	24	0.1000	27	1.0000	2
	El Salvador	0.0225	30	0.0225	32	1.0000	3
	Gabon	0.5769	15	1.0000	13	0.5769	22
2008	India	0.7238	12	0.7865	16	0.9202	11
	Indonesia	0.0524	25	0.2022	24	0.2592	32
	Iraq	0.0305	28	0.0519	29	0.5881	21
	Kenya	0.0051	35	0.0143	33	0.3551	27
	Lao PDR	0.0127	31	0.0639	28	0.1984	36
	Malaysia	0.1736	23	100.0000	1	0.0017	39
	Mexico	0.3613	19	0.3730	22	0.9687	9
	Moldova	3.9067	2	4.1882	6	0.9328	10
	Morocco	0.4333	18	0.6221	19	0.6966	16
	Nepal	0.0036	38	0.0133	34	0.2664	29
	Nigeria	0.5357	16	0.8578	15	0.6245	19
	Pakistan	0.2092	22	0.4414	21	0.4740	24
	Panama	0.6671	14	23.3946	3	0.0285	38

续表

年份	国家名称	综合技术效率得分	综合技术效率排名	纯技术效率得分	纯技术效率排名	规模效率得分	规模效率排名
2008	Peru	0.3124	20	0.3187	23	0.9803	8
	Philippines	2.4797	4	2.8188	10	0.8797	12
	Romania	0.9565	9	3.2352	9	0.2957	28
	Russian Federation	1.1220	7	8.9896	4	0.1248	37
	Senegal	0.2500	21	0.5540	20	0.4513	26
	Sri Lanka	0.0037	37	0.0053	38	0.6915	17
	Tajikistan	0.0269	29	0.0269	31	1.0000	4
	Thailand	0.0478	27	0.1918	25	0.2491	34
	Togo	0.0061	34	0.0115	35	0.5310	23
	Turkey	0.0486	26	0.1044	26	0.4657	25
	Uganda	0.0027	39	0.0102	36	0.2621	30
	Ukraine	70.0168	1	100.0000	2	0.7002	15
	Vietnam	0.7501	11	0.7502	17	1.0000	6
	Yemen, Rep.	0.7000	13	2.7998	11	0.2500	33
2009	Albania	0.1946	23	0.3042	30	0.6396	23
	Algeria	6.0417	1	8.5807	2	0.7041	20
	Angola	0.0057	42	0.0072	42	0.7851	14
	Argentina	0.9065	9	1.7112	13	0.5297	25
	Bangladesh	0.0470	28	0.0477	35	0.9850	3
	Benin	3.5088	3	4.5454	5	0.7719	16
	Bhutan	0.0274	33	0.5418	28	0.0506	35
	Brazil	0.5476	13	7.3842	3	0.0742	33
	Bulgaria	0.4690	16	0.8145	24	0.5757	24
	Cameroon	0.0272	34	0.6561	26	0.0414	38
	China	0.4960	15	2.3255	10	0.2133	32

续表

年份	国家名称	综合技术效率得分	综合技术效率排名	纯技术效率得分	纯技术效率排名	规模效率得分	规模效率排名
	Colombia	1.8265	7	2.4014	9	0.7606	17
	Costa Rica	0.0111	38	0.0143	38	0.7764	15
	Dominican Republic	0.5344	14	0.5468	27	0.9772	5
	Ethiopia	0.3042	19	1.0000	19	0.3042	29
	Georgia	1.0905	8	1.5495	14	0.7038	21
	Ghana	0.0376	32	0.8631	22	0.0436	37
	Guinea	0.2226	22	0.2750	31	0.8094	12
	Haiti	0.0133	36	0.5205	29	0.0256	40
	India	0.3518	18	1.4342	15	0.2453	31
	Indonesia	0.6424	12	1.9548	11	0.3286	28
	Iraq	0.0636	25	1.9269	12	0.0330	39
	Jordan	0.0407	29	0.0438	36	0.9296	8
2009	Kenya	0.0402	30	0.0508	34	0.7908	13
	Liberia	0.0095	41	0.0105	40	0.8976	9
	Macedonia, FYR	0.8490	10	0.8490	23	1.0000	1
	Malaysia	0.0487	27	1.0145	18	0.0480	36
	Mexico	0.7806	11	1.1896	17	0.6562	22
	Pakistan	0.0553	26	0.1193	33	0.4635	26
	Panama	0.1821	24	0.2114	32	0.8615	10
	Peru	2.2278	6	2.6549	8	0.8391	11
	Philippines	0.0187	35	0.0254	37	0.7376	19
	Romania	0.0391	31	0.6958	25	0.0562	34
	Russian Federation	4.3524	2	5.8177	4	0.7481	18
	Senegal	0.3017	20	100.0000	1	0.0030	42
	Sri Lanka	0.0128	37	0.0135	39	0.9488	7

续表

年份	国家名称	综合技术效率得分	综合技术效率排名	纯技术效率得分	纯技术效率排名	规模效率得分	规模效率排名
2009	Syrian Arab Republic	3.4545	4	3.5388	6	0.9762	6
	Turkey	0.2493	21	0.8823	21	0.2825	30
	Uganda	0.0100	39	0.0102	41	0.9836	4
	Ukraine	3.3936	5	3.3944	7	0.9997	2
	Vanuatu	0.0100	40	1.0000	19	0.0100	41
	Vietnam	0.4089	17	1.1992	16	0.3410	27
2010	Albania	0.5452	15	0.5801	22	0.9399	14
	Argentina	70.0890	1	71.4797	3	0.9805	8
	Bangladesh	1.2446	8	1.2488	12	0.9966	3
	Brazil	1.5478	7	3.9458	6	0.3923	26
	Bulgaria	0.5958	14	0.7361	16	0.8095	23
	Cambodia	0.2493	22	0.3021	27	0.8253	22
	Cameroon	0.2411	26	1.4947	9	0.1613	34
	Cape Verde	0.1064	32	0.1116	34	0.9534	12
	China	0.6196	12	0.6306	20	0.9824	6
	Colombia	1.1595	9	1.4011	10	0.8276	21
	Dominican Republic	0.2428	25	0.8513	15	0.2853	29
	Egypt, Arab Rep.	0.4524	18	0.5756	23	0.7860	24
	El Salvador	1.7743	6	100.0000	1	0.0177	35
	Guatemala	0.2433	24	1.3888	11	0.1752	33
	Honduras	0.1360	31	0.1360	33	1.0000	1
	India	1.9200	5	10.0000	4	0.1920	32
	Indonesia	0.2440	23	0.2486	29	0.9812	7
	Iraq	1.1117	10	1.1458	13	0.9703	9
	Jamaica	0.1685	29	0.7302	17	0.2307	31

续表

年份	国家名称	综合技术效率得分	综合技术效率排名	纯技术效率得分	纯技术效率排名	规模效率得分	规模效率排名
2010	Lao PDR	0.5348	16	0.6429	19	0.8319	20
	Liberia	0.0994	33	100.0000	2	0.0010	36
	Malaysia	0.1748	28	0.6297	21	0.2776	30
	Mexico	2.6592	4	7.9889	5	0.3329	28
	Nepal	0.1411	30	0.1574	32	0.8963	16
	Nicaragua	0.0764	35	0.0794	36	0.9619	11
	Panama	0.0965	34	0.0976	35	0.9887	5
	Peru	0.5346	17	0.5523	24	0.9680	10
	Philippines	0.2640	21	0.2798	28	0.9436	13
	Russian Federation	2.6863	3	3.1248	7	0.8596	18
	Rwanda	0.0603	36	0.1715	31	0.3514	27
	South Africa	0.6696	11	1.0000	14	0.6696	25
	Sri Lanka	0.3950	20	0.4646	25	0.8502	19
	Thailand	0.1884	27	0.2116	30	0.8901	17
	Tunisia	0.6168	13	0.6567	18	0.9393	15
	Turkey	0.4502	19	0.4508	26	0.9987	2
	Vietnam	2.7958	2	2.8108	8	0.9947	4
2011	Albania	4.7992	2	7.0501	3	0.6807	30
	Argentina	1.5462	5	4.0055	6	0.3860	35
	Bangladesh	0.1182	15	0.1188	19	0.9946	7
	Botswana	0.0447	23	0.0469	27	0.9527	21
	Brazil	0.5812	10	5.2131	4	0.1115	41
	Bulgaria	0.3081	12	0.3458	14	0.8911	23
	China	0.3896	11	0.9733	12	0.4003	34
	Colombia	0.0463	22	0.0463	28	1.0000	1

年份	国家名称	综合技术效率得分	综合技术效率排名	纯技术效率得分	纯技术效率排名	规模效率得分	规模效率排名
2011	Dominican Republic	0.0264	33	0.0265	36	0.9969	4
	Gabon	0.0079	42	0.0080	42	0.9870	10
	Georgia	0.0380	26	0.0385	30	0.9871	9
	Ghana	0.0803	16	0.0806	21	0.9966	5
	Guatemala	0.0716	17	0.0959	20	0.7467	28
	Honduras	0.0171	39	0.0176	41	0.9700	14
	India	0.9103	9	22.0855	2	0.0412	42
	Indonesia	0.0606	19	0.0608	24	0.9969	3
	Jamaica	1.4279	6	2.3413	8	0.6099	32
	Kenya	0.0438	24	0.0449	29	0.9766	12
	Lao PDR	0.0371	28	0.0379	31	0.9785	11
	Malaysia	0.0172	38	0.0230	38	0.7467	29
	Mexico	0.1846	14	0.2324	16	0.7941	27
	Morocco	0.0075	43	0.0076	43	0.9957	6
	Nepal	0.0333	31	0.0349	33	0.9545	20
	Nicaragua	0.0188	37	0.0194	40	0.9695	15
	Nigeria	1.3096	7	1.3549	9	0.9666	17
	Pakistan	0.0407	25	0.0488	26	0.8326	24
	Panama	0.0140	40	0.0211	39	0.6647	31
	Peru	4.7185	3	4.8449	5	0.9739	13
	Philippines	1.0888	8	1.1731	10	0.9281	22
	Romania	0.0225	36	0.0595	25	0.3783	36
	Russian Federation	10.6653	1	32.2018	1	0.3312	37
	Rwanda	0.0364	29	0.0375	32	0.9692	16
	Sierra Leone	0.0258	35	0.0323	34	0.8003	26

续表

年份	国家名称	综合技术效率得分	综合技术效率排名	纯技术效率得分	纯技术效率排名	规模效率得分	规模效率排名
2011	Sri Lanka	0.0294	32	0.0306	35	0.9595	19
	Tanzania	0.0693	18	0.0717	22	0.9665	18
	Thailand	0.0559	20	0.1915	17	0.2920	38
	Togo	2.5000	4	2.5000	7	1.0000	2
	Tonga	0.0106	41	1.0000	11	0.0106	43
	Turkey	0.0377	27	0.2669	15	0.1413	40
	Uganda	0.0516	21	0.0645	23	0.8003	25
	Ukraine	0.2512	13	0.5431	13	0.4625	33
	Vietnam	0.0345	30	0.1867	18	0.1850	39
	Zambia	0.0259	34	0.0262	37	0.9875	8
2012	Albania	0.1191	20	0.1451	27	0.8207	19
	Algeria	0.0421	36	0.5682	16	0.0741	38
	Argentina	0.0488	32	0.0492	39	0.9915	5
	Bangladesh	0.1453	18	0.1951	26	0.7450	21
	Bosnia and Herzegovina	0.1901	14	1.4999	8	0.1267	33
	Brazil	35.3914	1	52.6489	1	0.6722	25
	Bulgaria	0.0487	33	0.0492	40	0.9901	6
	China	0.7035	6	1.1354	9	0.6196	27
	Colombia	3.3300	3	3.3723	5	0.9874	7
	Costa Rica	0.0384	38	0.2528	23	0.1521	32
	Dominican Republic	0.0947	23	0.0994	31	0.9518	14
	Egypt, Arab Rep.	0.1535	16	1.6096	6	0.0954	34
	Gabon	0.0400	37	0.4440	18	0.0900	35
	Ghana	0.4663	10	0.4732	17	0.9855	8

续表

年份	国家名称	综合技术效率得分	综合技术效率排名	纯技术效率得分	纯技术效率排名	规模效率得分	规模效率排名
	Guatemala	0.0611	26	0.0741	34	0.8238	18
	India	0.4816	9	9.9918	2	0.0482	39
	Indonesia	0.0993	22	0.1401	28	0.7088	23
	Jordan	0.6858	7	0.6960	12	0.9854	9
	Kenya	0.0886	24	0.0904	33	0.9794	10
	Lao PDR	0.1471	17	0.2987	21	0.4926	30
	Malaysia	0.3801	11	0.3821	19	0.9950	3
	Mexico	0.2566	12	0.3747	20	0.6848	24
	Mongolia	0.0531	28	0.5939	15	0.0895	36
	Morocco	0.2146	13	0.2455	24	0.8742	17
	Nepal	0.0650	25	0.0651	35	0.9988	1
	Nicaragua	0.0481	34	0.0521	38	0.9226	16
	Pakistan	0.0514	31	0.0641	36	0.8018	20
2012	Peru	2.0816	4	3.7802	4	0.5507	29
	Philippines	0.0531	29	0.0531	37	0.9984	2
	Romania	0.0603	27	0.0960	32	0.6280	26
	Russian Federation	1.4366	5	1.5122	7	0.9500	15
	Rwanda	0.0425	35	1.0000	10	0.0425	40
	Serbia	0.0358	39	1.0000	10	0.0358	41
	South Africa	0.0338	40	0.1183	29	0.2854	31
	Sri Lanka	0.0279	41	0.0285	41	0.9789	11
	Thailand	0.1205	19	0.2024	25	0.5953	28
	Turkey	0.6418	8	0.6732	14	0.9534	13
	Uganda	0.0525	30	0.6881	13	0.0763	37
	Ukraine	3.9539	2	3.9809	3	0.9932	4
	Vietnam	0.0999	21	0.1025	30	0.9752	12
	Zambia	0.1828	15	0.2539	22	0.7198	22

续表

年份	国家名称	综合技术效率得分	综合技术效率排名	纯技术效率得分	纯技术效率排名	规模效率得分	规模效率排名
	Albania	0.0258	24	1.0000	13	0.0258	31
	Argentina	0.0234	28	0.0403	28	0.5797	21
	Bangladesh	0.0690	18	0.1249	22	0.5523	23
	Brazil	3.2586	3	6.5827	4	0.4950	24
	China	0.8752	9	1.0867	12	0.8054	18
	Colombia	1.1110	6	1.1848	10	0.9377	11
	Costa Rica	0.0201	30	0.0202	31	0.9936	4
	Ecuador	0.0467	20	0.0500	25	0.9350	12
	Ghana	0.0417	21	0.0419	27	0.9963	3
	Honduras	0.8973	8	1.1373	11	0.7890	19
	India	0.5382	13	2.4842	8	0.2167	29
	Indonesia	2.6674	5	3.1818	6	0.8383	16
2013	Iraq	0.2225	15	0.2312	17	0.9623	8
	Jamaica	0.9509	7	100.0000	1	0.0095	32
	Jordan	0.0348	23	0.0800	23	0.4356	27
	Kenya	0.0169	32	0.0185	33	0.9108	14
	Liberia	0.0019	33	100.0000	2	0.0000	33
	Malaysia	0.0927	17	0.2064	18	0.4488	26
	Mexico	0.8607	11	1.5363	9	0.5602	22
	Morocco	0.0185	31	0.0185	32	1.0000	1
	Mozambique	77.4976	1	85.7868	3	0.9034	15
	Myanmar	0.0396	22	0.0428	26	0.9252	13
	Nigeria	0.1803	16	0.1816	20	0.9927	5
	Pakistan	0.0211	29	0.0218	30	0.9662	7
	Panama	0.0242	27	0.0258	29	0.9400	10

续表

年份	国家名称	综合技术效率得分	综合技术效率排名	纯技术效率得分	纯技术效率排名	规模效率得分	规模效率排名
2013	Peru	0.5023	14	0.7796	16	0.6444	20
	Philippines	0.0256	25	0.0551	24	0.4640	25
	Romania	0.8293	12	0.9947	14	0.8337	17
	Russian Federation	6.5379	2	6.5379	5	1.0000	2
	South Africa	0.0248	26	0.2036	19	0.1218	30
	Thailand	0.0478	19	0.1708	21	0.2797	28
	Turkey	0.8664	10	0.8889	15	0.9747	6
	Vietnam	2.7768	4	2.9477	7	0.9420	9
2014	Bangladesh	0.0534	11	0.0597	16	0.8941	13
	Brazil	2.6485	4	12.8038	3	0.2069	27
	China	12.7825	2	31.9430	2	0.4002	22
	Colombia	0.5667	7	0.5734	9	0.9884	3
	Costa Rica	0.0197	23	0.0218	27	0.9026	10
	Ethiopia	0.0231	17	0.0511	18	0.4520	20
	Ghana	0.0174	28	0.0336	23	0.5186	19
	Guatemala	0.2207	8	0.2552	11	0.8651	16
	Honduras	0.2059	9	0.2268	12	0.9080	9
	India	2.3610	5	2.3718	6	0.9954	2
	Indonesia	0.0103	30	0.0365	21	0.2821	25
	Jordan	0.0183	26	0.0203	30	0.8989	12
	Kenya	0.0187	25	0.0308	24	0.6086	18
	Lao PDR	0.0182	27	0.0404	19	0.4495	21
	Mauritius	0.0199	22	0.0570	17	0.3493	23
	Mexico	0.1176	10	0.1211	14	0.9711	6
	Morocco	0.0454	12	0.1339	13	0.3389	24

续表

年份	国家名称	综合技术效率得分	综合技术效率排名	纯技术效率得分	纯技术效率排名	规模效率得分	规模效率排名
	Mozambique	0.0231	17	0.0248	25	0.9292	8
	Nepal	0.0193	24	0.0218	28	0.8851	14
	Nicaragua	0.0231	17	1.0000	7	0.0231	29
	Panama	0.0219	20	0.0243	26	0.8996	11
	Peru	3.4023	3	3.5361	4	0.9622	7
	Romania	2.3518	6	2.3951	5	0.9819	4
2014	Russian Federation	28.9616	1	34.8123	1	0.8319	17
	Rwanda	0.0163	29	1.0000	7	0.0163	30
	Senegal	0.0204	21	0.0208	29	0.9800	5
	Serbia	0.0350	14	0.0350	22	1.0000	1
	Thailand	0.0355	13	0.2573	10	0.1379	28
	Turkey	0.0329	15	0.0374	20	0.8793	15
	Vietnam	0.0317	16	0.1187	15	0.2672	26
	Bangladesh	0.5330	11	0.9202	10	0.5792	19
	Brazil	0.0000	28	100.0000	1	0.0000	28
	China	5.3350	1	7.0710	4	0.7545	12
	Colombia	1.4070	6	2.8141	6	0.5000	21
	Costa Rica	0.2107	15	0.3804	18	0.5538	20
2015	Dominican Republic	0.1396	20	0.6386	13	0.2186	25
	El Salvador	0.1292	22	0.1752	24	0.7377	14
	Guatemala	0.1845	18	0.2732	19	0.6753	16
	Honduras	0.1992	17	0.2574	21	0.7740	11
	India	2.3359	3	10.0633	3	0.2321	24
	Indonesia	0.0888	26	0.1456	26	0.6099	17
	Jamaica	0.1087	23	0.1821	23	0.5967	18

续表

年份	国家名称	综合技术效率得分	综合技术效率排名	纯技术效率得分	纯技术效率排名	规模效率得分	规模效率排名
2015	Jordan	0.1005	25	0.1104	28	0.9103	6
	Malaysia	4.5225	2	37.7317	2	0.1199	26
	Mexico	0.5558	9	0.6363	15	0.8735	8
	Montenegro	0.1396	21	0.4029	16	0.3464	22
	Morocco	1.9398	4	2.8285	5	0.6858	15
	Nigeria	0.2373	14	0.2683	20	0.8847	7
	Pakistan	0.1081	24	0.1183	27	0.9137	5
	Peru	1.7062	5	1.7384	7	0.9815	1
	Philippines	0.5455	10	0.6375	14	0.8557	9
	Russian Federation	0.5629	8	0.7495	12	0.7510	13
	Senegal	0.3271	12	1.0000	8	0.3271	23
	South Africa	0.1597	19	0.1635	25	0.9766	2
	Thailand	0.2003	16	0.2078	22	0.9637	3
	Turkey	0.7911	7	0.8602	11	0.9196	4
	Uganda	0.0700	27	1.0000	8	0.0700	27
	Zambia	0.3032	13	0.3850	17	0.7874	10
2016	Armenia	1.4310	5	100.0000	2	0.0143	31
	Bangladesh	0.3824	14	0.8550	16	0.4472	18
	Brazil	0.4268	12	2.5206	6	0.1693	29
	China	0.2414	22	0.9403	14	0.2567	27
	Colombia	0.8297	7	2.3307	7	0.3560	21
	Costa Rica	0.5797	8	1.7029	10	0.3404	23
	Ecuador	0.3934	13	0.4550	20	0.8645	8
	Egypt, Arab Rep.	0.2300	23	0.2772	25	0.8297	9
	Ghana	0.3288	16	0.9145	15	0.3595	20

续表

年份	国家名称	综合技术效率得分	综合技术效率排名	纯技术效率得分	纯技术效率排名	规模效率得分	规模效率排名
2016	Honduras	0.1320	29	0.1345	30	0.9816	2
	India	0.5008	10	1.7929	9	0.2793	26
	Indonesia	0.5222	9	1.4736	11	0.3544	22
	Iran, Islamic Rep.	0.1503	28	0.1593	28	0.9435	5
	Iraq	2.8636	2	3.0700	4	0.9328	6
	Jamaica	5.0932	1	6.3999	3	0.7958	10
	Jordan	0.2472	21	0.3761	21	0.6573	14
	Lebanon	0.4444	11	1.2307	12	0.3611	19
	Mexico	0.8628	6	2.7480	5	0.3140	24
	Mongolia	0.1302	30	0.1486	29	0.8762	7
	Nepal	0.1960	25	1.0000	13	0.1960	28
	Pakistan	0.1911	26	0.3453	22	0.5535	16
	Panama	0.3520	15	0.5847	18	0.6020	15
	Peru	0.2921	18	0.2990	24	0.9768	3
	Philippines	0.2719	19	0.4924	19	0.5522	17
	Russian Federation	1.9081	3	100.0000	1	0.0191	30
	Senegal	0.2279	24	0.7797	17	0.2923	25
	South Africa	0.0428	31	0.0577	31	0.7413	12
	Thailand	0.2567	20	0.2584	26	0.9937	1
	Turkey	0.3218	17	0.3312	23	0.9715	4
	Uganda	0.1608	27	0.2265	27	0.7101	13
	Vietnam	1.5690	4	2.0843	8	0.7528	11
2017	Afghanistan	0.4927	32	0.6615	27	0.7448	31
	Albania	2.1453	2	100.0000	2	0.0215	45
	Argentina	0.7564	16	0.9008	21	0.8397	24

年份	国家名称	综合技术效率得分	综合技术效率排名	纯技术效率得分	纯技术效率排名	规模效率得分	规模效率排名
	Bangladesh	1.3462	6	1.3465	13	0.9998	1
	Brazil	0.0000	47	100.0000	1	0.0000	47
	Burkina Faso	0.4670	34	0.6311	31	0.7401	33
	Cambodia	0.7489	19	1.0000	16	0.7489	29
	China	0.7644	15	12.7839	5	0.0598	44
	Colombia	1.0617	7	1.1082	15	0.9580	17
	Dominican Republic	0.3744	41	0.5074	38	0.7379	35
	Egypt, Arab Rep.	0.6689	22	0.8763	22	0.7633	28
	El Salvador	0.5851	28	0.5927	33	0.9872	8
	Ghana	0.4946	31	0.6612	28	0.7481	30
	Honduras	0.3902	40	0.3921	43	0.9949	5
	India	1.0479	9	4.5038	6	0.2327	42
2017	Indonesia	0.6927	21	0.9395	17	0.7373	36
	Iran, Islamic Rep.	0.6340	26	0.6514	29	0.9732	13
	Jamaica	0.5449	29	0.5454	35	0.9991	2
	Jordan	0.3616	42	0.3889	44	0.9297	20
	Kazakhstan	0.0965	45	0.0997	47	0.9679	14
	Lao PDR	0.7183	20	0.7336	25	0.9792	12
	Malaysia	0.6382	25	0.6392	30	0.9985	3
	Mali	0.6175	27	0.6277	32	0.9837	9
	Mexico	1.0563	8	1.4895	11	0.7092	37
	Mongolia	0.4290	38	0.4376	42	0.9805	10
	Morocco	0.7531	18	0.7587	24	0.9927	7
	Mozambique	0.8470	14	4.2990	7	0.1970	43
	Myanmar	0.6686	23	0.6706	26	0.9971	4

续表

年份	国家名称	综合技术效率得分	综合技术效率排名	纯技术效率得分	纯技术效率排名	规模效率得分	规模效率排名
	Namibia	0.4458	36	0.4791	40	0.9304	19
	Nepal	0.4572	35	0.4596	41	0.9948	6
	Nigeria	0.6686	23	0.9050	20	0.7389	34
	Pakistan	0.9067	10	1.1253	14	0.8057	27
	Peru	0.4920	33	0.5546	34	0.8870	21
	Philippines	0.5031	30	0.5137	37	0.9793	11
	Romania	0.0759	46	100.0000	3	0.0008	46
	Russian Federation	1.7839	4	3.9228	8	0.4548	41
	Rwanda	1.8710	3	2.7663	9	0.6763	38
2017	Senegal	0.8765	13	0.9079	19	0.9654	15
	Serbia	0.4279	39	0.4944	39	0.8655	22
	St. Lucia	0.1404	44	0.1886	46	0.7444	32
	Thailand	0.4393	37	0.5261	36	0.8349	25
	Turkey	0.8830	11	1.4002	12	0.6307	39
	Uganda	0.2546	43	0.3032	45	0.8400	23
	Ukraine	22.2375	1	44.8287	4	0.4961	40
	Vietnam	1.7472	5	2.0932	10	0.8347	26
	Zambia	0.7536	17	0.7911	23	0.9526	18
	Zimbabwe	0.8777	12	0.9160	18	0.9582	16

图书在版编目(CIP)数据

政府和社会资本合作的实施效率：发展中国家规律
与中国特征 / 杜月著. -- 北京：社会科学文献出版社，
2019.12

ISBN 978-7-5201-4023-2

Ⅰ.①政… Ⅱ.①杜… Ⅲ.①政府投资-合作-社会
资本-研究-中国 Ⅳ.①F832.48②F124.7

中国版本图书馆CIP数据核字（2019）第296762号

政府和社会资本合作的实施效率
——发展中国家规律与中国特征

著　　者 / 杜　月

出 版 人 / 谢寿光
组稿编辑 / 恽　薇
责任编辑 / 王楠楠

出　　版 / 社会科学文献出版社·经济与管理分社（010）59367226
　　　　　　地址：北京市北三环中路甲29号院华龙大厦　邮编：100029
　　　　　　网址：www.ssap.com.cn
发　　行 / 市场营销中心（010）59367081　59367083
印　　装 / 三河市尚艺印装有限公司

规　　格 / 开　本：787mm×1092mm　1/16
　　　　　　印　张：16.5　字　数：226千字
版　　次 / 2019年12月第1版　2019年12月第1次印刷
书　　号 / ISBN 978-7-5201-4023-2
定　　价 / 78.00元

本书如有印装质量问题，请与读者服务中心（010-59367028）联系